秩父の地名伝説の虚実（うそほんと）

髙田哲郎

東京図書出版

まえがき

私が住んでいる所は通称「猿ヶ谷戸（さるやと）」。小鹿野町の中心街から少し外れた山裾の地域で、現在約八〇戸ほどの集落である。五〇年ほど前に私がその土地に越してきた時には、まだ田んぼに囲まれている地域で、人家は永い間一三戸のままで推移してきた所だった。

市街地よりずっと日照時間も長いのに、家が増えなかったのは、田んぼが広がっていたことからも分かるように、この辺りは湿地帯で、井戸を掘っても表面の泥水が浸み込んでしまって、飲料水に適さなかったことによる。だから、古くからの一三軒の家は皆、山に引き上がった所に横並びに建っていて、生活用水は山の沢水を引いていた。それも粘土質の山で、水質も上等なものではなくて、水には苦労していたようである。

全体的には過疎の町なのにもかかわらず、そこが急に八〇戸以上に膨れ上がったのは、田んぼの中にバイパスが通り、併せて町の水道が引かれたためである。

さて、「猿ヶ谷戸」の地名だが、土地の人たちの呼び方は、サルガヤド・ザルガヤド・サルガイト・ザルガイト・サルゲート・ザルゲートなど、さまざまである。紹介する人があってこの土地を購入しようとしたとき、地主さんに地名の由来を伺ったことがある。長年ここで暮らして来たという、当時七〇歳くらいの地主さんは、「この山の天辺にでっかい猿が棲んでいたから、猿が居処っていうんだぃな」と、事も無げに答えた。

なるほど、猿が居る所かと思っていると、「その猿がなァ」と、地主さんは言葉を継いだ。「その猿が、毎日のように夕方になるちゅうと、山から降りて来て、畑ぇ荒らしたり、柿をもいで食ったりして、ここいらの者を困らしたんだとよ。山に帰ると、夜中にゃあ大小便をして、地辺が濡れてたから、大雨でも降るちゅうと崩れ出して、木なんどを押ん流して、そこの沢を押し出したんだとよう。今でも雨の多い年にゃ、そこの沢は時々荒れるだぁ」

「その猿は今でもいるのですか」と、私はおもしろがって尋ねた。

「さあ、どうだがな。その子孫だかどうだか、今でもたまにゃあ猿が出て来ることもあらいなぁ」という事だったが、ふと、思い出したように地主さんは言った。

「だから、大雨が降って沢の水が小便のような臭えがしたら、そこにゃあ近づくなって言われてるよ。鉄砲水が出て、山が崩れるから。それから、夜になったら柿を食うもんじゃぁねえよ。山の猿みちょうに、寝小便が出るからって、お婆さんなんどによく言われたもんだ」

五〇年近くも昔の話である。私はそのとき、地名にはおもしろい話があるもんだなと思っただけで、それ以上には関心を持たなかった。しかし、いまから一〇年前の東日本大震災以降、自然災害の危険予知など、地名に託された遠い祖先からのメッセージが読み解かれ、見直されるようになってくると、私も遅播きながらその事に注意を払うようになり、思い返してみると、猿ヶ谷戸の伝説にも大変な意味が込められている事に気がついた。

その意味は一昨年上梓した、『秩父の地名の謎101を解く』に詳述しているので、主旨だけを記すと、サルは崩れ・滑り・礫などを表すザラ・ザレとも同類の言葉で、それにヤト・ヤツ・ヤチという沢・谷・湿地帯を表す関東方言を加えた「猿ヶ谷戸」は、「猿ヶ居処（いど）」ではなく、地滑り・土石流が起きやすい土地という意味だったのである。

それは先に記した通り、サルガイト・ザルゲートなど幾通りもの訛音になって、関東各地の地名になっているが、見れば皆、同様の水害危険地域である。

そうなると、「猿」の字は、本書「出牛」の項で述べている通り、洪水が押し出す場所にはよく「牛」の字がついているし、埋め土した土地の名は「梅」で表しているように、庶民が庶民に向けて、庶民に分かりやすい文字を当てていたと考えられるのである。

更に、猿の字を当てることによって、崩れやすい山の軟弱な地盤や土砂災害の経験を、猿の大小便のために地盤が緩むことがあるという、巧みな説明も生み出している。大雨による山崩れで土砂が流出する時には、水が腐ったような異様な臭いが発生することから、猿の小便という発想が生まれたものと思われるが、これは見事な庶民の知恵である。

因（ちな）みに、地名は文字よりも何万年も古くから発生し、後に適当な文字が当てられたために、その文字が独り歩きしていろいろな物語が生まれている。それが伝説である。

私がこの土地に来てから聞いた話だが、昭和三四年（一九五九）の伊勢湾台風の時には裏山が崩れて、地区の西側の狭い谷に土石流が発生し、私の家のすぐ近くまで土砂が押し出されたという事だった。家の少し上の山裾に農業用水の幅広い堀が通っていたので、そこで土砂を食い止めたが、それがなければ、私の家の辺りまで土砂は押し出していたろうという事である。

去年（二〇二〇）各地に大きな水害をもたらした台風一九号の時には、今度は地区の東側の谷を崩れた岩や倒木が塞いで溢水を起こし、道路や数軒の家に土石流が押し寄せて、改めて猿ヶ谷戸の名称を考えさせられた。

地名の由来を調べていて気付いたのだが、秩父には、いや、全国どこでも言える事だが、地名の由来を語るおもしろい伝説がたくさんあるということである。それは、とても信じられない荒唐無稽な話だったり、たまには教訓的な話だったり、思いもよらないメッセージが込められている話だったりする。

だが、荒唐無稽と思われる話にも、それを語り継いできた先人の思いを考えれば、その地名の由来を懸命に考えた先人の息遣いと、郷土への愛着や誇りなどが見えてくるものである。まして、長い年月の積み重ねの陰に隠されてしまった、先人からの大切なメッセージを掘り起こして活用しながら、子孫に伝えていくことは、震災によってその意義に改めて気づかされた、現代に生きる者の責務ではないだろうかと考えるようになった。

地名を読めば、その土地に住む先人達が、自分の土地をどう見て、どう暮らして来たのかが分かる。その地名の由来を考えることは、先祖の思いを、ひいては故郷への思いを深くすることである。

そんな思いで、故郷・秩父のいろいろな地名の由来と、それを語る幾つかの地名伝説が伝えようとする意味を読み取ってみたい。これまで探ってきた地名についての本、『秩父の地名の謎101を解く』と『秩父の地名の謎99を解く』と重なる部分もあるが、併せて問題提起をという思いを諒とされて、ご一緒に考え、深めていただければ幸いである。

なお、この本の表記については、引用文はなるべく原文通りに記したので、例えば「一二」と「十二」など、文字の不統一があること、また、形式名詞の「こと」と「事」・「とき」と「時」などは、文脈のなかで読みやすいと思われるところで、適宜使い分けているので、必ずしも正確な遣い方にはなっていないことを付記しておく。

秩父の地名伝説の虚実◇目次

西行の戻り橋——白久にも黒い坊主が寝てござる

秩父市荒川の白久地区には、有名な西行伝説がある。

《諸国行脚をしていた西行法師が、白久の円通寺の近くまで来たとき、疲れて道端の草の上に腰を下ろして休んでいるうちに、つい眠くなってうとうととまどろんでしまった。そこへ人の足音がしたので目を覚ましたところ、通りかかった農夫が、法師の陽に灼けた顔を見て、「白久にも黒い坊主が寝てござる」と呟いた。

それを聞いた西行はすぐさま起き上がり、「白久という字も墨で書くなり」とやり返した。

我ながらうまく返したと思った法師は、今度は、鎌を持っている農夫を見て、「雨催い鎌を振り振りいずこへぞ行く」と問いかけてみた。すると、農夫はすかさず、「冬萌きて夏枯草を刈りに行くなり」=麦刈りにと答えた。武芸や和歌の道には長じている西行も、農業のことには全く無知だったのでこの意味は分からず、秩父では一介の農夫でも優れた歌問答が出来ると、舌を巻いてすごすご引き返していった》

この種の伝説は、「西行戻りの伝説」といって、全国各地にある。特に多いのは、「夏枯草」＝麦刈りの問答である。秩父でも白久の他に、市内大野原や皆野町金沢で採録されているが、この辺りで有名なのが、秩父に隣接する大里郡寄居町末野の、「西行戻り橋」である。秩父鉄道波久礼駅から約二〇〇メートル市街地に寄った逆川に架かる小さな橋だが、橋のたもとには町で設置した説明板がある。それを要約すると――。

《秩父に和歌の修行に向かった西行法師が、この橋を通りかかると、一人の小僧が背板を背負って鎌を振り振りやって来た。その様子がかわいいので、西行は思わず、「ボク、どこへ行く」と声をかけた。すると小僧は「冬萌きて夏枯れ草を刈りに行く」と答えて、すたすたと行ってしまった。西行には意味が分からず、首をひねりながら佇んでいると、すぐ前のあばら家で娘が機織りをしているのが見えた。近くに寄ってみると、娘が織っているのは見事な白絹だった。西行はそれが欲しくなり、「それを売るか」と尋ねた。すると、娘は機を織る手も休めずに、「うるかとは川の瀬にすむ鮎のはらわた」と返してきた。

西行はびっくりして、秩父の入り口のこの土地でさえ、小僧も娘も見事な歌を詠むのだから、まだまだ秩父に行くには修行が足りないと自覚して、この橋から引き返した》

この話は江戸時代から語られていたと見えて、『秩父風土記』（両神・坂本版）にも次のように採録されている。

「西行法師、旅の一女綿掛けける（を見て）、それをうるかと問われれば、一女〈荒川の瀬に立つ鮎の腸なればそれをうるかといふべかりけり〉。

西行法師　返し〈秋さび野鮎の腸をやうるかとは聞きしにまさる秩父ねのはは〉」

同書は、何の前置きもなく、場所についても触れもせずに、唐突な感じでこれを記しているが、続けて「今、末野村より矢那瀬村……」と、秩父往還の説明を始めているところをみると、これは明らかに末野の「戻り橋」についての説明のつもりだったろうことが推測できる。

「売るか」との問いを鮎の腸の「うるか」に掛けていなした例は、伊勢の宇治の橋に伝わる伝説に、西行が詠んだ歌として、「宇治川の瀬に伏す鮎の腹もこそうるかといへる腸はありけれ」がある。しかし、豊後国＝現大分県や、肥後国＝現熊本県の伝説では、西行に対して、小僧が「谷川の瀬にすむ鮎の腹にこそうるかといへる腸はありけれ」と答えている。神奈川県厚木市では、「この川を鮎とる川と知りながら綿をうるかと染衣の法師」と、手厳しくやられている。

　このことから、末野の歌もオリジナルなものではないが、末野の娘のように下の句だけで答えた例は他に見ない。ただ、文政年間（一八一八～二九）以前に筆写されたと推定されている『秩父風土記』所載のものはちゃんとした短歌形式になっているのだから、その後に上の句を省略して伝えて来たものらしい。

また、『秩父風土記』をはじめ各地の問答歌は、いずれも綿の売り買いに関わるものになっているのだが、末野ではそれが絹になっている。これも絹織物の産地・秩父に合わせて自然な味を出そうとして、後に現地の人が修正したものと考えられる。

末野の伝説ではここで秩父行きを諦めて戻ったはずの西行が、秩父では、いまは秩父市の一地域になっている、旧黒谷村と大野原村境・国道一四〇号線の下小川橋の辺りで、絹機を織っていた娘・麦刈りに行く娘と、「うるか」・「夏枯草」の問答を繰り返して、秩父に行くにはまだ早いと観念してすごすごと引き返したことになっている。そのために橋に続く黒草坂は「西行の戻り坂」と呼ばれていた。

ここでの話の結末は、秩父の妙見様が、西行の歌の道の慢心を諫めるために、娘に化身して歌問答で言い負かし、秩父に入れずに追い返したということになっている。

末野は「戻り橋」、黒谷・大野原は「戻り坂」だが、長野県の別所温泉近くの「西行の戻り橋」は、話の内容が違っている。

《西行法師が掘抜峠（ほりぬきとうげ）に差し掛かると、童達が蕨（わらび）を摘んでいた。かわいらしい子ども達なので、西行がいたずら心を起こして、からかってやろうと、「これ子らよワラビ（藁火）を採って手を焼くな」と、声をかけた。すると、一人の童が西行を見て、「これ坊主檜笠（火がさ）を被（かぶ）って頭（ず）を焼くな」と返し、童達はドッと笑った。

西行はこれには参って、返す言葉もなくその場を離れたが、温泉近くの湯川にさしかかると、どうにもあの童達の事が気になって、そこから取って返した。けれども、そこにはもう童達の姿は見えなかった》

日光市の同様の伝説は、西行が腰かけて休んだ、「西行の戻り石」である。神奈川県の江の島や、宮城県松島では、「西行の戻り松」。ほぼ似通った話だが、「夏枯草」は、上の句が「冬萌きて」の他に、「冬蒔きて」・「冬青く」・「冬茂り」・「冬茎立ち」・「冬草の」など多様である。

この一連の西行伝説は、陸奥から四国・九州まで隈なく行脚した西行の足跡を思わせるが、秩父には実際に入った記録はない。だが、西行と歌の掛け合いをしているのが、みんな子どもか若い女性であり、西行が一本取られていることは、秩父の話も全国に共通する。

そして、黒谷・大野原に残る伝説が、子どもは実は妙見様だったというように、他所の伝説のほとんどが、登場する童や娘は実はその地の神仏の化身だったという事になっている。そういえば、白久でも円通寺の近くという場所の設定である。

この一連の伝説は、元はその地の信仰対象と西行との掛け合いで、歌の名手である西行が手もなく負かされることによって、その地の神仏の威力を示すものだったようである。おそらく、それが語られているうちに、話の内容のおもしろさの方に重点が移ってしまって、彦一頓智話のように語り継がれて、信仰面が消えていったものと解される。

それにしても、「白久の黒い坊主」と「白久の文字も黒い墨で書く」という頓智問答のような掛け合いは、相手も珍しく、童や娘ではなく農夫であるという点も含めて、他に例を見ない「ご当地（オリジナル）ソング」である。

江戸時代を通して秩父では俳諧の連歌がたいへん盛んだったことは、各地の集落の小さな神社などに、作品額が掲げられていることからもうかがえる。白久の話は、たぶん地元の文人が、西行伝説にことよせて作り上げた創作だろうと思われる。

小鹿野町両神の山居に残る伝説は、似てはいるが、弘法伝説になっている。

《十五夜の晩に、腹を空かせた旅の僧が山居にやって来た。旅僧はある家の前で、月見団子が供えてあるのを見て、その団子を所望した。けれども、家のお上さんは、「この団子はお月さまのものだから、くれるわけにはいかない」と言って断った。次の家でも、十五夜さまのお供えの他は、みんな夕飯に食べてしまった後だったので、「もっと早く来てくれれば、上げる事も出来たのに」と気の毒そうに言った。

その隣の家では、一人の娘が庭に出て、団子を食べながら十五夜の月を愛（め）でていた。僧が同じように団子を所望すると、娘は恥ずかしそうにして、「もし、これでよろしかったら」と、半分にした団子を差し出した。

娘は団子を半分に割って、それを口に入れたところだった。僧は押し頂いてから、「十五夜の月は丸いと思いしに」と呟いた。すると娘は、「遅かりし　はや片割れの月となりたり」と答えた。僧は、もっと早く来れば満月のような団子を上げたのにという娘の心を解して、何と利発な娘さんなんだろうと感心した。

その後、僧は、この逸材をこのままここに埋もれさせてしまってはもったいないと思って、娘と家族を説得して、都幾川の慈光寺に伴って学業を修めさせた。その僧こそは名高い弘法大師だった》

都幾川の慈光寺は天台宗の古刹である。そのために弘法大師との縁は薄く、弘法筆と伝える心経の写しと石碑を伝えるのみであり、弘法伝説もない。それに対して、西行は慈光寺の本尊・聖観世音菩薩の化身である、小僧との問答に負けて引き返したという、「西行の見返り桜」や「西行橋」の類話が残る。

山居は、本書でも「弘法様の一杯水」の項などで取り上げている通り、弘法伝説の聖地といえるほどそれが色濃く残っている土地だけに、ここではやはり西行ではなく、弘法大師でなければならなかったのだろうが、それなら慈光寺ではなく、高野山にでもすれば整合性が取れただろうにと思われる。しかし、伝説だからそんな細かいところはどうでもいい、という事かもしれない。

それにしても、これも山居修行の僧か、地元の文人の創作だろうが、西行伝説に倣ったようでいて、なかなかうまく出来ている話である。なお、先の娘の返しは、「あとの半分月が食べたり」という伝えもある。口承の伝説が、語り手によって自由に派生していく例である。

岩殿沢——観音様の岩の殿堂

小鹿野町飯田の岩殿沢の奥まったところに、秩父霊場札所三一番・観音院がある。正式には鷲窟山観音院といい、本尊は聖観世音菩薩である。

《ある時、畠山重忠と家臣らの一行がこの山に差しかかった。岩の累々と重なるこの山に登ってきた重忠一行は、馬を休ませて一休みした。その時の馬の蹄の跡がいまでも岩畳に残っている。

重忠は向こうの山に累々と重なる岩を見て、弓の腕自慢の家来・本田親常に、「あの山の岩を射通せるか」と、問うた。親常は、「とくと、ご覧ぜよ」と答えて、弓を引き絞った。音たてて飛んだ矢は、見事に向山の岩を貫いた。その岩の穴は、「矢抜け穴」と呼ばれて、いまもその穴を遠望することが出来る。

一休みした重忠は狩りを始めた。ふと見ると、太い枝を張った大木の枝先に大きな鷲の巣が掛かっている。重忠はその巣を射落とすように、親常に命じた。親常は簡単に射落とせると思って、矢を射かけたが、意外なことに、命中はするのだが矢は撥ね返されてしまう。焦った親常は矢継ぎ早に射掛けるのだが、どうしても通じない。不審に思った重忠が、木登り名人の家来に命じて巣を降ろさせてみた。巣の中にはなんと、聖観世音像が寝て御座った。重忠はこれは観音様の思し召しと感じて、そこの岩屋に立派なお堂を建立して、聖観世音像を安置し奉った》

全国に広がる弘法大師の伝説は別格として、秩父の伝説の主人公の三傑を挙げれば、日本武尊・平将門・畠山重忠である。いずれも歴史上名の知られた人物である。その人望にあやかり、その偉人が表す奇瑞を語って価値を高めようというのが、伝説の主眼である。

本堂は、大きく突き出た窟屋根に覆われていて、正に鷲窟山と呼ぶに相応しく、左側にそそり立つ岸壁からは、瀑布が落ちて「清浄の池」に注いでいる。清浄の池の脇の岩壁には、弘法大師が一夜にして爪で彫り上げたと伝える、たくさんの磨崖仏がある。大師が彫ったのは十万八千体だというが、軟らかい砂岩の岩肌は、滝のしぶきを浴びて風化が進み、いま拝めるのは三〇〇体ほどになっている。

参道の入り口には、裏山の岩をくりぬいて作ったという、三メートル余りもある巨大な二体の仁王様が立っている。これは明治元年（一八六八）に完成したものだという。

観音霊場の創建伝説に畠山重忠を持って来たのは、重忠が、平安末期から秩父を拠点に関東一円に勢力を伸ばした秩父平氏の嫡子として秩父に生まれ、源平合戦の源氏方の武将として、その活躍が華々しく語り継がれて来たことによる。加えて、弘法大師の磨崖仏伝説によって彩を添えれば、霊場としての価値はこの上ないものになるはずである。

このように見て来ると、鷲窟山全体が岩の殿堂であり、伝説に相応しい周囲の自然のたたずまいである。これがこの沢を中心とした地域を指す、岩殿沢という地名の由来にもなっているものである。

寄保（よっぽ）（1）――蛇の尾っぽから生まれた地名

秩父市は下吉田の赤柴に、寄保という小地名がある。この地名の成り立ちには次のような伝説がある。

《昔、赤柴のある男が前山の沢に薪拾い（たきぎひろい）に登っていくと、沢沿いの山道に縄（なわ）っ切れが落ちていた。男はそれに気付かずに踏んづけて通ると、それはなんと蛇の尾っぽだった。蛇はすぐに足に絡みついてきた。男がびっくりして足を上げると、蛇はかま首をもたげて、赤い舌をチロチロ出して、男を睨みつけている。男は恐ろしくなって、夢中で持っていた鎌（かま）を振るって、蛇を振りほどき、頭をつぶして、胴体を二つ三つに切ってしまった。

どうにも気持ちが悪かったが、このまま家に帰るわけにもいかないので、山に入って薪を集めた。薪がほどほどに集まったので、さて、一丸（ひとまる）きしようかと、持って来た縄を出すと、それは蛇になっていた。そんなはずはない、さっき蛇を殺したのでそんな風に見えるのだと思って、その縄で薪を束ねようとすると、縄はかま首をもたげて、いまにも飛び掛かろうとする風情である。

男は舌打ちをして、その縄を打ち捨て、別の縄で薪を縛ろうとすると、それも蛇になっていた。何度やっても同じことなので、男はとうとう諦めて、持って来た縄はみんなずたずたに切って沢に投げ捨てて、藤蔓を切って薪を結わえた。

幾日か経って、男はまた縄を持って山に入った。ところが、薪を結わえようとすると、必ず、縄は蛇になってしまって、何の役にも立たなかった。それからは、その山に入るときには、縄は持たずに行って、藤や蔓草で薪を束ねるようになった。

その話を聞いて、誰からともなく、この沢は「尾っぽ沢」と呼ばれるようになり、いつしか「よっぽ沢」に変わっていたという》

蛇の尾っぽを踏んだから、尾っぽ沢になった。それがいつしか、よっぽ沢になったという説明は、よくある地名伝説の生まれ方である。では、何故、蛇の尾っぽなのかというと、地名としては何の尾でもいいのだが、この話は尾っぽよりも蛇が主役なのである。

尾っぽが主役なら、兎の尾でも、狐の尾でも構わないのだが、それではこの話は前に進まない。尾は導入部ではあるけれども、やはりここでは蛇の尾でなければならなかった。というのは、蛇の尾を踏んだので、蛇が絡みつく。驚いて蛇を殺して胴体まで切ってしまう。私は蕨採りに山に入ったあるお婆さんから、そうした体験を聞いたことがあるが、山仕事をしている男なら、幾らでもありそうな話である。

さて、そのために、縄が蛇になってしまって役立たなくなったとは。現代人の感覚や語感では、もう分からなくなってしまったが、この伝説が作られた頃には、聞いた人は皆、なるほど、これはおもしろい話だと、膝を叩いたはずである。

古い日本語では、蛇をヘミとか、クチナワと言った。平安時代に書かれた辞典『和名抄』（九三四頃）にも出て来るし、平安時代の才女と言われた清少納言は、『枕草子』の「おそろしきもの」の項で、「いきすだま・おにわらび」と並べて、「くちなわいちご」を挙げている。「いきすだま」は生霊。「おにわらび」は伸びすぎて噛み切れないほど硬くなった蕨で、「くちなわいちご」は、蛇苺（へびいちご）の事である。

蛇＝クチナワ。縄が蛇になったとは、縄が朽ち（く）縄になって、使い物にならなくなったという、洒落・落とし噺だったのである。

昔の生活は何でも使えるだけ使う、リユース・リサイクル社会だった。縄なども擦（す）り切れるまで使うのが普通だった。私が子どもの頃はまだその時代で、山に薪拾いに行くときなどは、薪をほどいた縄を持って行き、何度でもそれを繰り返した。しまいには縄が弱くなり、束ねるために力を加えて引っ張ると千切れてしまう。

ときには千切れた二本を繋いで使ったりもしたのだが、山に藤蔓でもあれば、それを切って使った。

戦国時代末期に秩父を支配していたのは、寄居の鉢形城に拠(よ)る北条氏だが、秩父衆と呼ばれていた地侍達に、合戦に備えて持参すべきものを指示した文書が残っている。天正一〇年（一五八二）二月付のものだが、それによると、「一人につき、鍬(くわ)・まさかり一丁と二抱の縄」とある。大人が両手を広げた長さが一尋(ひとひろ)、一〇尋を単位に一房とか一抱というから、これは二〇尋の縄を持って来いというものである。おもしろいのは、縄がなければ「とずら」でもいいと記している事である。とずらとは、藤葛(とうかずら)の転化したものであろうか、長野以北の方言で藤葛(ふじかずら)の事である。当時の田んぼの少ない山村では、藁縄(わらなわ)がいかに大事な、しかも不足がちな、生活用品だったかという事が分かる。

指示文書は、秩父衆以外にも、参加する者は皆同様に持参するようにと、付け加えている。たぶん、合戦に備えて百姓を動員し、柵(さく)を結ったり、逆茂木(さかもぎ)を植え込んだりするために、用具持参を指示したものだろうが、藁縄とそれに代わる藤葛という、当時の生活感覚が滲(にじ)み出ている文書である。

ビニールやナイロンといった化学繊維が世間に普及したのは、まだ五、六〇年前の事である。それまでは長い間、紐や縄は植物繊維で作られていて、農山村で一般的に使われていたのは藁縄である。寄保の地名伝説はそのような伝統的な生活体験から生み出された、機知にとんだ伝説なので、好んで語り継がれたことだろうと思われる。

寄保（よっぽ）(2)——消えた危険予知の伝言

ところで、寄保の地名の由来については、もう一つの話がある。

《昔、大雨が幾日も続いた時のこと。久しぶりで雨が止んだと思ったその晩、上（かみ）の耕地の布里から橋倉の方で、とてつもない地響きが聞こえて来た。朝、起きて見ると、橋倉と赤柴の境を流れていた沢に、吉田川の水が激しい勢いで溢れ込んでいた。上流からの濁流と、吉田川の溢れた水とがぶつかり渦巻いて、赤柴台地の裾の崖を激しく洗い流した。そのために、台地の西の端が崩れ落ちて、水が退いた後には、そこには大きな窪地が出来ていた。

人々は、夕べの地響きが台地が崩れた音だったと知って驚き、家が飲み込まれなかったことにホッとした。そして、一夜にして出来たその窪地を、「夜（よ）っ堀（ぽり）」と呼んだ。そのヨッポリがいつの間にかヨッポとなり、「寄保（よっぽ）」と書くようになった》

山崩れや地滑りで急激に広げられた谷川を、「押堀（おっぽり）」という例はたくさんある。秩父市には旧影森村との境に、武甲山から押し出した押堀と呼ぶ谷川があり、そこを通過する国道一四〇号線の、交差点の信号名は、「押堀橋」である。また、荒川をはじめ、河川の堤防などが洪水で崩されたところを、「押出（おんだし）」と呼ぶ例はたくさんある。

そこからみると、一夜にして出来た「夜堀」はありうることと思われるが、あるいは、これも元は「押堀」だったのが、夜中の地崩れの音の印象から、「夜堀」になったとも考えられる。

それからもう一つ、参考になるのが、久喜市の旧除堀村（よけぼりむら）の名称である。村の台地を二分して流れる江川は、普段は水量も少ないのだが、上流に大雨が降ると氾濫するので、掘削して流れをよくした。余った水を除（よ）ける堀・水害を除ける堀である。村名になるくらいだから、大事な掘削工事だったことが分かる。あるいはヨッポも除堀だったかもしれない。

このような水害による地名伝説は、大蛇か龍の仕業とされることが多いのだが、ここではまだリアルに語られているところをみると、その事実の記憶がまだそんなに古いものではないことがうかがえる。

いずれにしても、過去の自然災害を記録し、その周辺の危険性を、警告する意味を持った地名であることは、間違いない。しかし、そのためには、押堀・夜堀・あるいは除堀を、寄保と表記してしまっては意味をなさない。意味をなさないどころか、地元の人さえ、よっぽど、おかしい地名と思ってか、先の「くちなわ」伝説まで生み出している。それによっておもしろさが先に立ち、危険地域の警告は更に遠のいてしまったということになる。

鬼ヶ沢の土橋——源平合戦に倣った鬼退治

秩父市寺尾の土橋という地名にまつわる伝説である。

《昔、宝光寺の辺りでは、夜になると盗人が出て、あっちの家、こっちの家と忍び込んでは、何やら彼にやら盗って行ってしまうので、村人は困り切っていた。

ある晩の事、村の五平さんが町に用足しに出かけ、ついでに寄った屋台店で一杯機嫌になって帰って来ると、留守にした家に灯りがついている。変だなと思ってそっと近づいて見ると、家の中には幾人もの人影が見えた。

五平さんは酔いも吹っ飛んで、こりゃあ大変だと、近所の組頭の家を叩き起こした。組頭は留守だったが、作男の寅八つぁんが起き出して来て、訳を聞くと、「そりゃあ、いつもの盗人に違えねえ。二人でぶっ締めてやるべぇ」と言って、納屋から大鎌を担ぎ出した。

寅八つぁんは木登りの名人である。五平さんの庭の大欅にするすると登って様子を見ようとした。五平さんは欅の根元に隠れて、そっと様子を見た。そこへ盗人達が戸を開けてぞろぞろと出て来た。それを見て、五平さんは腰を抜かした。寅八つぁんはすんでのところで木から落ちそうになり、慌てて枝にしがみついた。

二人が見たものは、なんと絵本でしか見た事のない鬼達だった。金棒を担いで真っ先に出て来たのは赤鬼だ。続いて青鬼、赤・黄の斑鬼（まだらおに）、黒い子鬼も交じっていた。

みんな手に手に大風呂敷を持ったり、葛籠（つづら）なんどを担いでいるが、おっかなくって、とても「ぶっ締めてやる」どころじゃない。二人は震えながら、鬼達が暗闇に消えるのを見送った。やがて、気を取り直して家に入ってみると、鍋（なべ）から釜（かま）から布団まで、家財道具は有りったけ持っていかれて、何一つ残っていなかった。

翌朝、二人は組頭が帰って来るのを待って、夕べの有様を報告すると、組頭は、「鬼が相手じゃぁ、わしらがにゃあ、何も出来ねえなぁ。こりゃあ、困ったぞい」と、腕を組んでいたっけが、ポンと膝を叩いて、「そうだ。宝光寺の和尚さまだら、何とかいい知恵があるだんべぇ」と言った。

和尚さんは、「そうか。ここにもそんな者が出るようになったか」と言って、「実はな、わしが若ぇ頃、大江山で修行していた時の事だが、あそこでも同じような事があってな。その時は、わしのお師匠様が〈橋落としの術〉を使って、見事に鬼退治をしたもんだ」と言った。

それは妙案だとばかりに、組頭は村の衆を集め、和尚さんの指導で、まず耕地の真ん中を流れる沢の上流に堰(せき)を作って水を溜めた。次は、今までは飛び石で渡っていた沢に橋を架けた。橋といっても、見かけは立派な橋だが、大勢の重さには耐えられない土橋である。

その夜、村人は水がいっぱい溜まった堰の脇に集まって、夜が更けるのを待った。やがて、その頃になると、鬼達がやって来た。「あれ、いい橋が出来たじゃねえか」という鬼のドラ声が聞こえた。「どれ、皆で渡り初めと洒落(しゃれ)べえじゃねえけ」「そりゃあ、いいな」

橋を渡る気配と同時に、陽気なドラ声が悲鳴に変わった。ドドーッと土橋が崩れ落ちる音。「それーっ」とばかりに村人は一斉に堰を切った。ドーッと流れ出した堰の水は鉄砲水となって、鬼達を巻き込んでそのまま荒川まで押し流した。荒川の流れはもっと激しい。鬼達がどうなったかは、誰も知らない。

鬼が落ちた沢は、その後、鬼ヶ沢と呼ばれるようになり、事のついでに土橋の跡には立派な橋が架けられたが、その話が広まると、耕地の名前まで土橋と呼ばれるようになった》

秩父市寺尾に伝わる地名伝説である。鬼ヶ沢と呼ばれる沢は全国各地にある。聞いただけで、だいたいイメージ出来そうな名称だが、代表的なのが、富士登山道の御中道を横切る、幾多の沢の中の一つである鬼ヶ沢だろうか。両側の急傾斜の樹林帯の中を、溶岩の岩肌をむき出しにして、一挙に滑り落ちる雪崩沢(なだれさわ)は、他の砂礫(されき)に覆われた沢に比べて、いかにも鬼の形容が相応しい感じである。

近くでは、上信電鉄の「鬼が沢橋梁（きょうりょう）」が有名である。明治三〇年（一八九七）、高崎〜藤岡〜下仁田間に、旧上野（こうづけ）鉄道の軽便鉄道が敷設された時に架けられた、国産としては最も古いレンガ積みの鉄橋である。地方の鉄橋ではあるが、藤岡・下仁田の養蚕業の発展に尽くし、日本の蚕糸を世界に繋げた橋梁として、両市町の重要文化財に指定され、保存が図られている。その橋梁が跨（また）いでいるのが、岩のゴロゴロした鬼ヶ沢である。

「鬼ヶ沢橋梁」はもう一つある。岩手県花巻市と釜石市とをつなぐ、ＪＲ東日本の釜石線の陸中大橋駅の近くにある、高さ五四メートル・長さ一〇五メートルのトラス橋である。

「鬼ヶ沢」は他にも大小さまざまあるが、鳥取県境港市（さかいみなとし）の鬼ヶ沢は特に沢ではないが、昔、鬼ヶ沢という大池があったという話が伝わっている。そこの妖怪を退治したと伝える勝田四郎という人物は、境港から弓ヶ浜にかけて開拓した恩人として勝田神社に祀られている。その勝田四郎伝説をもつ、鬼ヶ沢と呼ばれる小さな古墳状の雑木林が、広い水田地帯に小島のようにぽつんと浮いている。これは珍しい鬼ヶ島である。

「橋落とし」は、古代から戦国時代まで続いた、合戦の戦法である。有名なのが、『平家物語』に出て来る、「宇治川の合戦」である。寿永三年（一一八四）一月下旬のこと、後白河法皇は、平家を都から追放した木曽義仲が、戦功に驕（おご）って傍若無人な振る舞いを繰り返すことを怒って、鎌倉の源頼朝に義仲追討を命じる。

頼朝の命を受けた義経は、秩父出身の畠山重忠や、梶原景季（かじはらかげすえ）・佐々木信綱（ささきのぶつな）など、有力武将を引き連れて、京の宇治川の河岸に駆けつける。それを知った木曽義仲は、事前に宇治橋の橋板を外してしまう。その上に、義仲は橋に沿った川の中に乱杭（らんぐい）を立て、それに縄を引き渡して、馬が渡れないようにする。

折から、上流の比良の山々・滋賀の山などの雪解け水で、川は増水し、逆巻く波の激しさは、とても馬でも渡れないように見えた。義経は、このまま渡るのは危険と判断して、迂回するか、水が引くのを待つかと思案する。このように橋を渡れないようにして、敵の攻撃力を削ぐのが、橋落とし戦術である。

ついでに『平家物語』の続きを読むと、義経の思案を見て、畠山重忠が、「私が瀬踏（せぶ）みをしてみましょう」と申し出る。試しに渡ってみようということである。それならオレもと、名馬自慢の梶原・佐々木が名乗り出る。『平家物語』の中でも有名な、「宇治川の先陣争い」の場面である。

真っ先に宇治川に馬を乗りこもうとする景季を見た信綱は、「馬の腹帯が緩んでいるぞ」と声をかけ、景季がちょっと怯（ひる）んでいる隙に、ざんぶと川に馬を進め、馬の脚に絡まる綱を太刀で切り払いながら、対岸に乗り上げて、一番乗りの名乗りを上げる。一方、重忠は川の中ほどで馬の額を矢で射抜かれ、倒れた馬から投げ出されて、荒波に抗しながら歩いて対岸を目指す。

あと数歩で岸にという所で、従って来た烏帽子子＝元服の面倒を見た若武者・大串重親の馬が倒れ、溺れそうになった重親が、重忠の腰にしがみついてきた。大力の重忠は、「いつまで、オレに面倒みさせる気だ」と言いながら、重親の首筋をつかんで陸地に放り上げた。

すぐに立ち上がった重親は、大声で名乗りを上げた上で、恥ずかしげもなく、「我こそは、徒歩渡りの一番乗りなり！」と叫んだので、これを見聞きした敵味方の兵達が一度にドッと笑った、というエピソードも付いている。

『太平記』（一三四五頃）の巻一四「官軍箱根を引き退く事」では、箱根竹下合戦で、足利尊氏に敗れた新田義貞の軍勢が、増水した天竜川にロープで舟をつないで浮橋を作って渡り、渡り終わると綱を切って、追手の追撃を阻む場面がある。

異本によれば、義貞は綱を切ろうとした兵を押しとどめ、渡し守と共に橋を警護するように命じて静かに去ったので、尊氏の兵達は義貞の心根に感涙を流したことになっているが、いずれにしても、橋落としは合戦につきものの戦術だったことが分かる。

中世の武将の城は、今に残る天守閣のあるあの壮大な城のようなものではなく、館か砦のような小規模なものが多かった。秩父にも城跡・砦跡と称するものが六十数カ所あると言われているが、幾つかの山城を除いては、いずれも在地領主の館兼用のものが多い。

その特徴の一つは、要害堅固を条件にするために、川の合流地点に突き出た三角地帯の高台に、築城している事である。ここなら背後と両面は崖のために攻撃される恐れはないから、陸地の正面の警護を厳重にすればよい。そのために、前面には二重、三重に空堀を作り、敵の侵入に備えるのが普通の様式である。その堀を堀切といった。

普段は堀切に橋を架けて出入りするが、敵の攻撃に際しては橋を落として侵入を防ぐ。無理に堀を渡ろうとする敵兵は、砦の上から弓・鉄砲で狙い撃ちである。

伝説の宝光寺の所在地は、東側は断崖で、南側の直下は荒川が流れるという、V字状の丘陵上にあり、ここは中世の砦跡だったという。ということになると、夜になるとやって来て悪さをするという伝説の鬼は、砦に夜襲をかける敵を意味するものと思えてくる。この橋落としの伝説は、中世にこの辺りで行われた合戦が、投影されているものではないだろうか。

なお、山形県東村山郡中山町には、大字土橋地内に鬼ヶ沢地名がある。寺尾の地名と全く同じ組み合わせなので、同じような伝説でもあったらおもしろいと思って、町役場の観光課に問い合わせて調べてもらったが、残念ながらそれらしい話はなかった。

豆焼沢（まめやきざわ）——旅人が焼き豆で飢えをしのいだ？

国道一四〇号線の埼玉・山梨県境をつなぐ雁坂トンネルは、全長六六二五メートルで、一般国道山岳トンネルとしては全国一の長さである。日本三大峠と言われる雁坂峠を貫くものだから、トンネル入り口から見下ろす谷川ははるか下に見える。その谷川の名は豆焼沢。

流れは滝川渓谷に合流し、栃本渓谷を経て二瀬ダムに至る。深山幽谷というに相応しい渓谷で、猟師でもなければとても足を踏み入れることは出来ないような場所である。こんな所を流れる沢の名が、なんで豆焼沢なのかと、不思議に思う地名である。

そこにはこんな伝説がある。

《昔、雁坂峠はまだ踏み分け道の、ようやく人が通れるくらいの山道で、霧でも出ると日本武尊の一行さえ道を踏み間違えそうになったのだから、それはそれは危ない峠だった。ある日、甲州からこの峠を越えてきた二人連れの旅人が、途中で霧に巻かれて道に迷い、とうとう暗い谷底に降りてしまった。

そのうちに日が暮れて、辺りが暗くなったので、二人は仕方なく谷川の大岩の陰に身を寄せた。二人はあちこちとさ迷い歩いたので、疲れきって腹を空かせていた。だが、夕方には大滝の宿屋に泊まるつもりだったので、夕飯の用意は何もなかった。

二人は焚き火を囲みながら、腹が減ったなあ、何か食うものはないかなあと、互いに呟き交わしていたが、そのうちに一人の男が、「あった」と大声で言って、懐から二粒の豆をつまみ出した。一つまみの豆を懐に入れて来て、峠を上りながら小腹が空くと取り出しては、ポリポリかじっていたのだが、歩いているうちに二粒だけ背中の方に紛れ込んでいたらしい。

男は大喜びして、豆を焚き火にくべて焼こうとしたが、仲間の男は、「なぁんだ、豆っ粒か。それも一っ粒じゃ、かえって腹が空くだけだ」といって、取り合おうとしなかった。

あくる日、栃本に住む猟師が、いつものように雁坂の山に狩に出ると、下の谷底から煙が上がっているのが見えた。猟師が不思議に思って降りて見ると、岩陰に寝ている男を一人の男が介抱していた。一人は自分の足で歩けたが、もう一人の男は弱り切っていたので、猟師が背負って麓まで救い出した。

いざという時には豆二粒でもこんなに役に立つものだ。この話を聞いた村の人達はそこを豆焼沢と呼んで、この話を語り続けたと》

山仕事に入る杣(そま)や猟師は、一握りの大豆(まめ)を用意していくという事を、聞いたことがある。山で道に迷ったり、足でも痛めたりして動けなくなった時に、大豆を噛んでいれば、何日かはもつというのである。そのうちに誰かが捜しに来てくれる。煎り豆ならいつまでも噛んでいると、わずかな数で空腹がしのげる。生の大豆なら谷川の水に浸せば大きく膨らんで、腹を満たしてくれるという。

たぶん、この伝説にも、山人のそんな生活の知恵が、反映しているものなのだろう。では、伝説はそれとして、豆焼沢の本来の意味は何か。豆にもたくさんの種類があるが、私達が普通に豆と言った時には大豆のことである。節分の豆撒きと言えば、それは大豆である。

だいたい豆・大豆の付く地名はどんな所なのだろうかと、探ってみると、お隣の比企郡鳩山町に大豆戸(まめど)地名があった。横浜市北区にも同じ大豆戸がある。宮城県仙台市には大豆(まめ)沢(ざわ)、千葉県東金市には大豆谷(まめがい)がある。いずれも大豆と書いてマメと読ませているが、もう一つの共通点は崖地であるという事である。

地形的条件はほとんど同じで、東北地方に多いのは大豆田である。読みはマメタかマメダで、ダイズの読みはない。ところが、関西地方には豆・大豆の付く地名はほとんどない。これで考えられるのは、崖地を表すマメは、旧い関東方言のママが転化したものだという事である。地図を重ねて見ると、方言のママが残る地域と、豆地名のある地域は地理的にぴたりと重なるのである。

あの切り立った崖に囲まれた豆焼沢は、「断崖（まま）・谷（や）・処（き）」の沢という名だったようである。末尾の処（き）だが、場所を示す「処」は此処（ここ）・其処（そこ）・何処（どこ）というように、普通はコだが、地名になるとキと転化している場合が多い。猪木・犬木は「井（い）の処（き）」で水の湧く処。柿の木・桐の木は「欠けた処」・「切れた処」で崖を表す。花ノ木も「端（はな）の処（き）」で崖の縁である。

弘法様の一杯水――貴重な水を称える気持ち

《昔、弘法大師が修行のために両神山にやって来た。大師は山頂に登って霊気に浴し、イザナギ・イザナミ二神を拝して、降りると山中の七つの滝に打たれて身を清め、山菜を食として日夜修行に励んだ。

なにしろ両神山は、修行に適した険しい巌山だから、水が少ない。山の七合目に清滝と呼ぶ行場があったが、そこから上には水場がなく、修験者達は苦労していた。それを知った弘法大師は、修行の満願の日に、行場の近くで九字の呪文を唱え、手にした金剛杖で地面を突いた。すると不思議なことに、そこから滾々と清水が湧きだした。弘法大師は一礼すると、次の修行の場を目指して去って行った》

いま、この清水は弘法の井戸と呼ばれ、その脇には石像の弘法大師さまが祀られている。この両神山の北側に志賀坂峠がある。武州側の小鹿野町と上州との境を接する峠で、信州とも繋がっているので、昔から重要な往還として賑わっていた。昔、縄文時代には、信州和田峠の黒曜石がこの道を通って運び込まれ、鏃に加工されて、鳥獣を捕るのに利用された。戦国時代には、甲斐の武田信玄がここから軍勢を送り込み、麓の戦平で、迎え討った日尾城の北条軍と合戦を繰り広げた記録がある。

《さて、この峠にも水場がない。麓まで降りれば、どっち側にも豊かな水をたたえた谷川が流れているのだが、麓まではとても遠い。この峠を越えてきた弘法さまは、喉が渇いて仕方がなかったので、通りかかった猟師に水の飲めるところはないかと尋ねた。猟師は、「そんな処は、ありましねぇ」と答えてから、こう言った。「この峠を越す者は、みんな水に困っているんで、茶店があればなぁって言うんだが、何しろ水が無えんで、茶店も出来ねえんでがんす」

弘法さまは、「それは気の毒だ。ワシが何とかして進ぜよう」と言って、持っていた金剛杖で地面を叩き、九字を切ると、あら不思議、そこから清らかな清水が湧きだした。これを見た通行人達は、我勝ちにと水をごくごく飲んだもんだから、さすがの水も次第に少なくなり、いまではタックン、タックンと滴り落ちる程度になってしまった。けれども、どんな日照りの年でも、水は涸れることはないものだから、それからは、ここを通る人達は互いに分け合って、一杯ずつ飲んで行くという。

それからは誰言うとなく、これを弘法の一杯水と呼んで、大事にしている。いま、そこには小さな石の弘法さまが祀られている》

《昔、諸国を遍歴していた弘法さまが、両神の四阿山にやってきた。登山の途中に山居という耕地があった。弘法さまは喉が渇いたので、一軒の農家に立ち寄って、「一杯の水を下さらんか」と声を掛けた。家の中から腰の曲がったお婆さんが出て来て、「ようがんすよ。すぐに汲んで来るから、ちょっくら、そこに掛けて待っててくんな」と言うと、水桶を提げて出て行った。

弘法さまは裏の井戸からでも汲んで来るのだろうと気軽に考えて、お婆さんが言う通りに、その家の縁側に腰かけて辺りの風景を眺めていた。そのうちに弘法さまは気が付いた。すぐに汲んで来ると言ったお婆さんがなかなか帰って来ないのだ。

心配になった弘法さまが立ち上がると、ずっと下の方の坂道を、桶を提げたお婆さんが、よっこら、すっこらと登って来るのが見えた。お婆さんは息を切らせて登って来ると、「待たせて済まなかった申し」と言って、縁の欠けた茶碗に水を汲んで差し出した。弘法さまが飲んでみると、それはそれは冷たい沢の水だった。

弘法さまはすっかり恐縮して、「わざわざ沢まで行かなくても、井戸の水でよかったのに」と言うと、お婆さんは、「ここには井戸はありましねぇ。いつでも下の沢まで水汲みに行くんでがんす」と答えて腰を伸ばした。

弘法さまはそれを聞いて、「そのお歳で、毎日の水汲みは大儀で御座ろう。お礼に拙僧が井戸を作って進ぜようぞ」と言うなり、外に出て錫杖でトントンと地面を突いた。するとその地面が小さく割れて、清水が滾々と湧いてきた。

それを聞いた山居の下の見違の人々は、四阿山から降りて来る弘法さまを待ち受けて、「オラが耕地にも、ぜひ、井戸を掘っておくんなせえ」と、口々に頼んだ。弘法さまは、二つの耕地で水争いでも起きたらいけないと思って、早速、錫杖で井戸を掘ってやった。

この二つの井戸は、共に「弘法の井戸」と呼ばれ、人々はその水を汲むたびに、弘法さまの遺徳を偲んでいる》

全国の偉人伝説の中で、弘法伝説はずば抜けて多いという。なかでも、右に挙げたような類話は数多く、一括りして、「弘法清水」の伝説と呼ばれている。その訳は中世から江戸時代に掛けて、様々な形で繰り広げられた、高野聖＝遊行僧の活躍である。

高野聖の起源は、正暦五年（九九四）の高野山の大火による焼失の再興を目指して、布教と勧進＝社寺の建立・修繕費用の寄付の募集をしながら、諸国を巡る宗教者を全国に派遣したことに始まる。その後、農村部に普及するにつれて、読み書きも出来ない多くの民衆に布教するために、踊り念仏や、「苅萱物語」＝父を尋ねて高野山に登り、父と名乗れない父親の僧を師に修行に励んだ少年・石堂丸の、涙を誘う仏教物語などを語って歩く遊行僧が増える。

聖達は踊りや法話を通して高野山や弘法大師の霊験を語り、神札を売る布教活動とともに、高野参詣を勧めたり、先導するような経済活動も行って、宿坊制度を維持する活動も続けていた。これに便乗して、高野山には認められない偽坊主が、文字も歴史も知らない農山村の民衆の前で、奇術まがいの不思議な手品を見せたり、言葉巧みに弘法伝説を語って、我こそは弘法大師の生まれ変わりであるなどと、騙して歩いた詐欺師もいた。

そういう虚実の遊行僧が入り交じって、諸国に弘法清水の法話を語り歩いたために、ここにも、そこにも、同じような弘法井戸の伝説が定着している訳である。

もうひとつこの話が受け入れられる素地は、元来住民が持っていた水神信仰である。思いがけない所に湧いている水によって喉を潤したり、そこに生活できる水の神秘性と恩恵は、住民にとってかけがえのないものである。この神秘性の解明と崇敬の念を吸収してくれたのが、弘法大師の霊験譚だった。

なお、弘法伝説に多いのは、この井戸に関わるものの次には、芋や野菜の栽培を教えたという、飢餓救済の話である。前述の山居には、天候不順による不作で困っていた村人のために、弘法大師が新種のイモとネギをもたらしたという話も残っている。

これは中・近世の、飢餓にあえぐ農山村の関心事を反映していて、願望と共感をもって普及したものと言われている。

一位ヶたわ——女人禁制への冒険

両神山の登山道の途中に一位ヶたわという休憩所がある。女人禁制とされていた両神山に強いて登ろうとした巫女が、山の神の怒りに触れ、ここまで来て一休みしたところで、石にされてしまったという伝説がある。

何故、女人禁制なのか。古い日本人の信仰として、忌み嫌うものは死と血だった。それは神聖な神には絶対に見せてはならないものだった。

神に最も大事なものは清浄という観念である。神社にはここより清浄な神域として、鳥居があり、注連縄が張ってある。人がそこに入る時には、本来ならば、斎戒沐浴＝斎は心を清め、戒は身の過ちを戒め、沐は髪を洗い、浴は身を洗って、鳥居をくぐらなければならないのだが、それを簡略にしたものが、鳥居脇の水場で、手を洗い口を漱ぐ行為である。

更に神に接するときには、神官からお祓いをしてもらう。それを表す言葉が、「祓い給え・清め給え」。二重・三重の清浄化である。

人はそれだけ穢れた存在なのだから、月々生理のある女人は更に穢れをもつと考えられていた。それをよく表しているのが、例えば『日本書紀』の武烈天皇の条。当時、女性の陰部をホトまたはホトドコロといったが、ここではそれを表記するのに「不浄」の字を当ててホトドコロと読ませている。五穀豊穣や子孫繁栄の観点からは、秀処（ほと）・穂処（ほと）などと表記しているにもかかわらずにである。

両神山麓の山居は文字通り山籠もりの修行僧の歴史を持つ集落だが、ここには男井戸・女井戸と呼ばれる二つの井戸がある。水に困っているこの地に弘法大師が掘ったという井戸である（前項参照）。ところが、この神聖な井戸は、月のもののある女性が水を汲むと、虫が湧いて使い物にならなくなる。困り果てた住民がもう一度弘法大師に頼んで、別な井戸を掘ってもらったのが、男井戸・女井戸の謂れ（いわれ）であるという。ここにも、女性や出血を不浄視する思想が反映していると見ることが出来る。

昔は、出血を伴うお産には特別に産屋（うぶや）を建てた。集落で共用の産屋を持っている所もあった。食事も葬儀のときと同様に別釜で炊いた。それがだんだん省略されて、自宅で出産したり、自宅に死体を置くときには、神棚に半紙を張って、神域と区別するようになった。その風習は今でも残っている地域がある。山村では、葬儀から帰った家族には別釜を焚く習慣は、四、五〇年前まではよく見られた。

山の神は、「死服（しにぶく）より血服（ちぶく）」といって、死の禁忌よりも血の穢れを嫌うと考えられていた。山仕事に従事する人は、家に出産があると、一定期間山に入らずに忌に服した。

巫女が石にされたのは、その信仰的な慣習に背いたためであると、語り継がれてきた。巫女は地方によってはイチコと呼ばれ、秩父地方ではイチイと言った。そのイチイと一位ヶたわとが結びついて出来たのが、この伝説である。

なお、何かのタブーに逆らって石にされたという伝説は各地にある。例えば、横瀬町中前田にあるジジイ・ババア石や、尾田蒔のババア石は、沈む太陽を呼び戻そうとして、石にされてしまったと伝えられている。一位ヶたわと全く同じものとしては、日光中宮祠の巫女石がある。

ところで、山にはよくタワと呼ぶところがある。そこは地形的に山の鞍部（あんぶ）、つまり撓（たわ）んでいる所である。峠なら頂上。登山道の途中なら、ホッと一息ついて、目の前の登りを見上げる所である。どっちにしても、ちょっくら腰を下ろす所である。

撓んでいる所だからタワ。果実がたくさん実って枝がしなう事をタワムといい、柿がタワワに成ったという。タワはタオとかタオリに転じ、上に何かが付くと、トリになる場合もある。雲トリ＝雲取などはその一例である。

一位ヶ撓（たわ）があるなら、二位ヶ撓・三位ヶ撓があってもよさそうなものだが、「巫女ヶ撓（いちいがたわ）」の伝説に押されて、消えてしまったものなのか。そこには気の毒な巫女さんの石像がひっそりと立っている。せめてもの慰めは、いつの間にか、一介の巫女さんが、地元の人達には、「一位の局（つぼね）」と、大変な敬称で呼ばれていることである。

子は清水——会津民謡にも「親は諸白・子は清水」

「弘法清水」の次は、「子は清水」を取り上げてみよう。秩父市下吉田の井上耕地と矢畑耕地の境に十二天神社があるが、その近くに「子は清水」と呼ばれる湧水がある。

《それは天平勝宝（七四九～五七）という昔のこと、近くの村に働き者の親父と、怠け者の息子が住んでいた。働き者の親父は、山仕事で、毎日クタクタになるまで働いて帰って来る。息子の方はのんびりと遊んでいて、夕方になると酒ばかり飲んでいるので、親父がいくら働いても、暮らしは楽にならなかった。

ある日、親父が山から帰るとき、喉が渇いたので、少し道を外れた岩間から湧いている水を飲みに降りた。一口飲んでみると、驚いたことに、岩間から湧いているのは、飛び切り上等な味のする酒だった。それからというもの、親父は疲れた時にはここに立ち寄って、一口、二口、清水を飲んで疲れを癒していた。

怠け者の息子は、ある日、酒が飲みたくても金はなし、珍しく素面で家の中でぶらぶらしていると、そこへ親父が帰って来た。親父は酒の匂いがした。おかしいなと思っていると、また、次の日も酒の匂いがする。

翌日、息子は山の麓で親父の帰りを待ち受けて、こっそり後をつけてみた。親父はそれとも知らずに、いつものように沢に降りて、一杯の酒を頂いて、疲れを癒して家路を急いだ。

息子は、これだとばかりに、岩間の清水を飲んでみた。ところがなんと、それはただの冷たい水で、酒の味などこれっぽちもしなかった。

息子は初めて神の教えに気付き、それからは心を入れ替えて働き者になったという》

親父には酒で、子は清水――、どこかで聞いたことがある響きだなと思ったら、民謡の、『会津磐梯山』の一節だった。「ハアー恋（鯉）の滝沢　舟（鮒）石越えて　親は諸白（もろはく）　子は清水」。諸白は江戸時代の高級酒の総称である。

福島県の会津若松市に、十二天社の伝説と全く同じ内容の「強清水」の伝説があった。民謡はそれを詠ったものだが、土地を代表する民謡に歌い込まれているくらいだから、よほど有名な伝説だとみえる。

場所は、旧二本松街道の休み場として栄えた、強清水地区である。岩間から湧き出す冷たい清水が旅人の喉を潤し、この伝説が広まったものである。今では清水には小屋が掛けられ、強清水茶屋が栄えている。

ここの「子は清水」伝説では、「今から七〇〇年ほど前、大久保山の木こりの与曾一・与曾二という親子」と具体的な親子の名前が出て来るが、十二天社の方は、天平勝宝という年号まで出て来るのに、主人公の固有名詞は出て来ない。そのことにはあまり意味はないだろうが、問題は結末の部分である。

十二天社の伝説では、息子はすぐに自分から悟りを開いているのだが、会津の方は、息子の夢枕に弁天様が立って、お告げをするという形をとっているのである。それによって悟った息子の与曾二は、前非を悔い改めて、弁財天のお堂を建て、一生、堂守として尽くしたというまとめである。水辺や湖沼の畔、または池の中の島には、よく弁財天が祀られている。

つまり、会津の強清水の由来を語る伝説は、筋の通った弁財天の霊験譚なのである。ところが、どうやらこれを輸入したらしい下吉田の伝説は、いま語られている限りにおいては、粗筋だけのおもしろさを借用しただけで、本来の心を置き去りにしてしまったようである。伝説の心を生かすなら、せっかくその傍に十二天神社があるのだから、そこに結び付ければ、伝説が完結したはずである。

ただ、かつてはその十二天神社との関連で語られていたものと思われる。そのことを明かすものとして、神社境内に「昔聞け親は酒なり子は清水」の句碑が立つ。作者・斎藤楠斎は明治時代の村の俳人である。

明治以降、近代化が進むにしたがって、また、娯楽が多様化するにつれて、伝説のようなものが軽視されるようになった結果、こうした欠落現象は各地に現れている。

同じ福島県の郡山市湖南町には黒森強清水がある。秋田県秋田市・新潟県佐渡市にも強清水の地名がある。長野県の霧ヶ峰の強清水は高原状火山の岩間から湧く清水である。諏訪市角間新田の草刈り場だった高原だが、いまスキー場やキャンプ場に開発されて、観光・休養村として発展している。

これら各地の強清水を総合して見ると、地名としての「強（こわ）」は「強石（こわいし）」と同じ用法で、強清水は、厳（いか）つい巌（いわお）を割って湧出している清水、という意味になるようである。

黒草・平草——浅草・草津と並べてみると

小鹿野町般若の札所三二番・法性寺の辺りを柿の久保という。寺の右手を流れる谷川には、今でもその痕跡を示す少量の硫黄泉が滲み出ているが、昔はここにいい薬湯が湧いていた。病気でも、怪我でも、火傷でも、この湯につかればたちどころに治ったものだから、土地の人達はとても重宝していた（本書「般若」の項参照）。

《その効果は山の獣たちも知っていて、夜になると、けがをした猿や病気になった鹿などがこの湯に浸かりに来た。湯に入る時だけは、天敵の狐も兎も争いはせずに、一緒に入っていたということだ。

ある日、土地の猟師が山奥で大きな猪を見つけて、何本もの矢を射かけたが、猪は倒れもせずに逃げ去った。猪が踏みしだいた草木の跡をつけると、例の薬湯の方角に向いているので、猟師はこれは占めたものだと思って、ゆっくりと薬湯の方へ降りて行った。

物陰からそっとのぞくと、思った通り、猪は薬湯に浸かっていた。刺さったはずの何本かの矢は、逃げながら木の枝にでも引っ掛けたのか、一本も刺さっていない。猪は気持ちよさそうに、湯の中で目を閉じていた。

猟師は今度こそと思って、猪に向けて弓を引き絞った。その時、辺りの木の上で、猿がギャア、ギャアと鋭い声で鳴き立てた。猟師が一瞬ひるんだとき、事を察した猪は薬湯の中に潜り込んで、鋭い牙と前足で湯の底を掘りだした。

猿はそのまま森の中に逃げてしまうし、濁った薬湯の中に猪も見失ってしまった猟師が、がっかりしてそこに立ちすくんでいると、お湯はボコ、ボコ、ボコ、ボコと穴の中に入って行って、見る間に湯場は空っぽになってしまった。

猪はそのまま穴を掘りまくって、やがて出たところが、上州伊香保の山の中だった。そのときから伊香保には薬湯が出るようになって、柿の久保の湯はそれっきり出なくなってしまったんだと》

猪が穴を掘って逃げて行った先は、語る人によっては、草津温泉だったりする。語り手、聞き手の勘違いもあるのだろうが、この手の話は伊香保だろうが、草津だろうが、どっちでもいい。要は、猟師が猪を射ようとしたために、大事な薬湯を持って行ってしまわれたという事が大事なのである。

つまりは、みだりな殺生を戒めるための仏教説話なのである。場所が札所の近くにあり、次項の「般若」で述べる通り、この薬湯は寺と弘法伝説とも結びついていることから、それは一体のものといえるだろう。

秩父市黒谷・大野原に黒草という地名がある。皆野町三沢には、平草と谷草地名がある。埼玉県内で見ると、草加市がある。八潮市に伊草、川島町にも伊草地名がある。

草加市は東京都荒川区や八潮市とも境を接していて、標高二メートルという関東平野の低湿地で、昔からの水害地帯である。

八潮市は古綾瀬川の氾濫原の沖積地に位置している。旧石器時代に海が後退し、現八潮市の地下六〇メートル辺りが海岸線だった。市の資料館建設の折に、地下四八メートルに堆積していた腐蝕物を炭素年代測定したところ、一万一二〇〇年の数値が出た。表土の腐蝕物は二千年前のものだった。結果、弥生時代初期頃には、海は後退して、現八潮地域が出現したと考えられるという。

八潮市の伊草地区は元・井草村といった。低湿地で藺草が繁茂していたことによる地名と説明されている。

比企郡川島町は、文字通り川に囲まれている町で、越辺川と荒川沿いの低地である。そのなかの伊草地区は、中世の井草郷で江戸時代には井草村になった。古くから河越・松山を経て上州方面に向かう要路で、戦国時代には宿ができ、市立ても行われていた記録がある。永禄六年（一五六三）の文書に、「井草之郷、水そん（損）之地ニ御座候」の文言がある。それによって、当時の領主・岩槻城主の太田氏資が地元の名主・牛村助十郎に対して、堤防築造を命じている。

さて、このように並べてみると、草の付く地名は、水に悩まされやすい低湿地という共通点が浮かび上がる。二つの伊草地名は、どちらも元は井草だった。「伊」は嘉字を当てたもので、本来の意味では「井」の方が当たっている。「井」は、現在では「井戸」のように、固定した水の湧く所というイメージが強いが、古くは川も含めて、生活に利用できる水場はみんな「井」だったのである。

「井草」だけでみると、水場に繁茂する「藺草」で説明できるかもしれないが、では他の草地名はどう説明するかという問題が起きてくる。それを考えるヒントが、硫黄の臭いのする柿の久保の薬湯を、伊香保や草津温泉に移行してしまった、大猪の話である。ここでは草地名として草津に注目してみたい。

草の文字にこだわらずに「クサ津」と書くと、「津」は海や川、また水の流れている所である。では「クサ津」はどんな水かというと、まず「臭い水かな？」という連想が湧く。その通り、草津は（硫黄の臭いのする）クサい水の湧くところである。

昔、新潟でわずかに石油が湧出して、燃える水と言って不思議がられた。これは石油の臭いで、人々は「臭い水（くそうず）」と呼んだ。草津と同じ言い方である。

ならば、「草津＝臭津」。その臭いからすると、「腐津」とも書けそうである。そう、ものが「クサ」って発する臭いを「クサい」というのだから、それは言える。腐ることを古くは「クタる」とも言ったから、腐った状態を「クタクタ」になったという。人間にも当てはめて、正常な気持ちが腐り始めると、「クサクサする」といい、健常な体が腐り始めると、「クタクタになる」という。「クタビレル」も同じである。

どうやら、草地名の集約点は「草津」にあるようだ。もとは海の底だった八潮市の堆積物が示すように、水が溜まったり引いたりする湿地帯には、枯れた植物やら水草やらが、打ち上げられたり、堆積したりして、くたくたになって腐った臭いを放つ。

葦の生い茂った浅い沼地にこのような堆積物が溜まったまま放置されていると、メタンガスが湧き、水まで腐って悪臭を放つ。近年、猪苗代湖で菱（ひし）が増えすぎて、毎年除去作業を行っているというのも、これを防ぐためである。こういう土地が「腐・臭」＝「草」地名の由来である。

本来なら臭津（くさづ）・浅腐（あさくさ）と書くところを、イメージの好感度を求めて、草津・浅草と書いた。伊草・黒草・平草も同じである。地名は長い年月の間に広域になったり、逆に狭くなったりする。また、埋め立てなどの造成により、元の形が失われている場合もあるが、草の付く地名のある土地には、そのような場所がある、または、かつてあったはずである。

なお、猟師に射られた手負いの猪が、温泉に潜って穴を掘り、その湯を伊香保にもって行ってしまった話は、秩父市の武甲山麓の「湯の沢」という沢の名の謂れにも残っている。

般若（はんにゃ）――行基菩薩と弘法大師の行き交う霊地

今は小鹿野町内だが、合併以前は長若村の大字般若だった。私はかつてそこにあった、町立長若中学校に勤務したことがある。名刺を見ると、誰もがいい名前ですねと言った。もちろん私の名前ではない。長若という地名である。

私は相手によっては、こんな作り話を語ったものである。「昔、秦の始皇帝から遣わされて、不老長寿の薬を求めてやって来た徐福（じょふく）が、この土地の老人がみんな若いのを不思議に思って、謂れを尋ねると、秘伝の湯の花を渡された。これを風呂に入れて湯浴（ゆあ）みすれば若返るのだと。徐福は喜んで、ここの人達はみんな長若だと言ったことから、この土地を長若と呼ぶようになった、という伝説があるんですよ」と。なるほどねと、みんな納得した。

実は長若は、明治二二年（一八八九）に、かつての長留村（ながるむら）と般若村（はんにゃむら）が合併した時に、両村の頭の文字を取って作った合併地名なのである。秦の始皇帝には全く関係はないけれど、知らなければそんな想像をくすぐるような地名である。雑談の中でタネを明かすと、これもみんな、笑って納得したものである。

因みに、長若地区は、いま高齢化社会になって、全国で活躍が広がっている、「老人クラブ」の発祥の地であることは、あまり知られていないようである。その事を記した石碑が、小鹿野町総合センター入り口に立っている。

さて、かつての般若村＝小鹿野町般若には、秩父札所三二番の般若山法性寺という曹洞宗の寺がある。奥の院のある寺の後ろの山の岩尾根は、麓から見ると、舟の舳先（へさき）が空間に乗り出しているように見える奇岩なので、俗称は「お舟の観音様」である。なお、本堂の前立てに、冠の上に笠をかぶり、櫂（かい）を持って舟を漕（こ）いでいる観音像が安置されている。これもお舟観音（ふねかんのん）と呼ばれる所以（ゆえん）である。

寺には寺宝となっている大般若経にまつわる、弘法伝説がある。曹洞宗の寺に弘法伝説はといぶかる向きもあろうが、元は真言宗の寺だったという。この寺に限らず、長い歴史の中では、寺の宗派が二転三転している例は、珍しくないことである。

伝説は――。《昔、諸国行脚に出た弘法さまは、各地の名のある寺を訪ねては、般若経を筆写して納めて行った。法性寺に立ち寄った弘法さまは、わき目もふらずに写経に励んでいたが、もう少しで六〇〇巻の写経が終わろうという時に、さすがに疲れ果てて、その場に倒れ込んでしまった。もう少しだから、何とか今日のうちに終わらせたいものだと思いながらも体が動かず、いつの間にか眠り込んでしまった。

すると、夢の中に白髪の老人が現れて、「この寺の背戸の山の岩間から湧いている水を汲んできて、湯浴みをするがいい」と告げて、ふっと消えた。

弘法さまはハッと目覚めて、これは観音様のお告げに違いないと、早速、寺の裏山に行ってみると、大きな岩の間から卵の黄身のような色をした水が湧いていた。それを汲んできて風呂をたてて入ると、不思議なことに疲れは消えて、ふつふつと元気が湧いてきた。

弘法さまは、念願通り、その日のうちに大般若経六〇〇巻の写経を終え、無事に納経を済まして、次の寺を目指して去って行った》

また、別伝では、《曰くありそうな旅僧がやって来て、村人に写経に相応しい所はないかと尋ねた。村人が、法性寺に案内すると、僧はすっかり気に入って、早速写経の準備に取り掛かった。僧は村人や寺の住職に、写経の心が乱れるから、決して覗き見しないでほしいと言って、堂に籠もった。

見るなと言われれば見たくなるのが俗人の常で、村人が夜中にそっと覗いてみると、驚いたことに、大勢の僧侶達が堂に満ちて、一斉に写経の筆を動かしていた。

村人はそっと家に帰り、翌日になってから、その事を住職に告げた。住職も驚いたが、一日経っても物音ひとつしない堂に声をかけてみても、返事がない。不思議に思って堂を開けてみると、そこには僧の姿はなく、六〇〇巻の大般若経が机の上に積んであった。住職はこれを本堂に納めて、盛大に頓写供養をしたところ、たちまち空に七色の瑞雲がたなびき、その中に観世音菩薩のお姿が船に乗って現れた》。

この二つの伝説は、どちらも地元での採話だが、前者は一人で六〇〇巻の写経を成し遂げたという、弘法大師の超能力を語ったものであり、後者は、大勢の者が集まって行う、頓写という写経の一つの作法を語ったものである。頓写とは大勢で集まって、一日に一部の経典を書写することである。

『新編武蔵風土記稿』（文政一三年・一八三〇）では、弘法大師とは言わずに「不思議な僧がやって来て、一夜のうちに大般若経を書き終えた」と、両者を折衷したような書き方をしている。

なお、後者の伝説では、船に乗った観音様を取り巻く瑞雲が、七日七夜寺の空を舞い、やがてそれが七色の長い旗になって、東の土地に舞い降りたので、そこを旗居の入りと言い、その辺りを旗居と呼ぶようになったと、地名伝説も生み出している。その村の名は長留。旗の一枚がその川に落ちて流れたために付けられた名だという。

前記の『風土記稿』には「寺宝、大般若経八巻」とあるが、寺は「永和二年（一三七六）」の奥書のある大般若経を所蔵している。これを実見したという、小鹿野町の郷土史家・故近藤通泰氏は、その著『秩父史談』（一九六〇年刊）に次のように考証を述べている。

「大般若波羅蜜多経　巻第三十九　永和弐□八月　度々修復したらしいが、猶修理を要する。右の文字のある部分は紙を新しくして継ぎ合わせたものらしいが、永和弐の次が欠字になっているのは、古い紙の文字がハッキリしないので、そのまま欠字にしておいたのであろう。ありのままを写しとったことが判る。だから永和の年号は作為したのでは無い。永和は北朝の年号で、永和二年は今から五百八十二年前で、南朝、長慶天皇の天授二年に当たる。

この裏打ちをしたのは寛永二年（一六二五）九月のこと、施主は江戸西紺屋町　田村伊兵衛、修復技術は弓町・表具師　本間源兵衛。周光院菩提のために行ったとある。江戸在住の信者が多かったことが分かる」と。

それ以外の経典は、『風土記稿』によると、後述の十六善神社の別当＝付属寺院・般若院にあったが、鉢形城主・北条氏邦が「稀代の霊宝」として、当院に二巻、法性寺に六巻を残して、皆、城内に収納したために、落城と共に灰燼に帰したようだという。

また、伝説では比企郡の慈光寺に渡ったことになっているが、同寺に現存する国指定の重要文化財・一五二巻は、奥書に貞観一三年（八七一）上野国安部小水麿書写とあって、これは希望的な伝説という他はない。

『風土記稿』では、この般若の地名は法性寺の大般若経に由来すると述べているが、それはその通りだと思う。地名についてはその通りだが、ところで、この寺、法性寺の由来によると、開基は行基菩薩で本尊の聖観世音像は行基の作となっている。

行基は奈良時代の僧で、庶民の中に入って分かりやすい法話を説き、橋を架け、道や船着き場を整備し、堤防や用水池を作るなど、精力的に慈善事業を行った。そのために庶民の間で行基菩薩と呼ばれて熱狂的な支持を得ていた。これは時の政権からは警戒され、ときどき弾圧を受けた。しかし、聖武天皇に認められ、奈良の大仏殿の造立の責任者に任じられ、これに精力を傾けるも、天平感宝元年（七四九）、大仏殿の完成を見ずに他界する。

一方、弘法大師は行基の死後二五年の宝亀五年（七七四）に、今の香川県で生まれ、遣唐使として唐に渡り仏教を修行してきて、皇室と結びつきながらも、行基同様に道路や橋・堤防の整備・井戸の掘削など土木事業の指導をしている。中でも洪水で決壊した、故郷・香川県の満濃池（まんのういけ）の修復工事では、水圧を分散する工法を用いて、一二〇〇年経った今でも活用されている池として有名である。この池は何度補強しても決壊してしまう事から、時の国守が朝廷に弘法大師の派遣を願い出て許されたという記録があるのだから、大師の土木技術の高さがうかがえる。

民衆の人気では優劣付けがたい二人だが、近鉄奈良駅前には行基広場があり、そこには行基菩薩のブロンズ像が立つように、近畿地方の行基人気は高いものがある。対して、中近世の高野聖の布教や宣伝によって、関東圏では弘法大師の方がよほど知名度が高いようである。

弘法大師は漢方医学の知識もあり、温泉の効用も説いて回った。あるいはそんな印象から、法性寺の写経と薬湯の伝説は、行基から弘法にとって代わったという事かもしれない。開基伝説は行基菩薩、大般若経と薬湯伝説は弘法大師というところには、その時々の人気を映す、歴史の流れも感じられておもしろい。

なお、般若地内に「十六」という小名もある。これは地内にあった「大般若十六善神社」に由来する。十六善神とは、本地垂迹説(ほんちすいじゃくせつ)に基づく、大般若経を守護する十六人の神のことである。この神社も、『風土記稿』に記載されている古社だったが、明治の神仏分離令によって、十六善神は社の裏手の山裾にある別当・般若院に移され、ここは日本武神社と改称された。

しかし、いまでもなお、地元では「十六さま」の愛称で呼ばれ、早春の祭りでは地元保存会による、『十六神楽』や歌舞伎が奉納されて賑わっている。強権的な政令では、表面的には変えることが出来たとしても、地名にさえなっている地元の人達の信仰的な意識までは、変えられないといういい例である。

なお、十六善神社の別当・般若院は山裾の地名で「横山さま」と呼ばれているが、『風土記稿』は、取材の折に禁忌の桐の箱を開いたところ、釈迦と十六善神像を描いた掛け軸が出て来たと記している。

その時すでに、「古色に見えたり」としているが、地元の人達の熱意によって、つい先ごろ＝令和一年に町の文化財に認定され、見る影もなくボロボロになっていた、その掛け軸が見事に修復された。

般若のお舟観音の由来は、古く、次項の江戸・豊島氏の業績にも結び付き、弘法の湯は伊香保や草津に湯を引いた猪の話を生み出すなど、法性寺を巡るこの地は多彩な文化に彩られている。なお、法性寺には長享二年（一四八八）銘の秩父札所番付表が保存されていて、江戸時代に変更される前の巡礼の道筋がわかり、秩父札所の歴史を示す貴重な資料とされている。

お舟観音（ふねかんのん）——海運を開いた江戸・豊島氏の信仰

前項に続いて、秩父札所三二番・般若山法性寺の話である。法性寺のまたの名をお舟観音という。

昔、行基菩薩がここを霊山と定め、一夜にして岩山を穿（うが）ち、堂を建てて、自ら六尺二寸の聖観世音菩薩像を彫って安置されたのが、寺の由来だという。山号の般若山は、弘法大師が来山して、これも一夜のうちに大般若経六百巻を写経して、奉納されたのが由来と説く。奉納供養をしているとき、山の頂に紫の雲がたなびき、観音様が舟に乗って、自ら櫂を執って空から降りてこられた。大師はいたく喜び、そのお姿を石に彫り、船の形をした大岩に安置した。

いま、寺の奥の院になっている山頂の大岩は、そのまま巨大な舟の形をしていて、舳先は空に乗り出すように、空間に突き出ている。その姿を見るだけで、お舟観音の呼び名には納得するところだが、観音堂の前立に、冠の上に笠を被り櫂を持って舟を漕いでいる、その観音像を拝見すれば、更に得心がいくはずである。

お舟観音の功徳については、こんな話も残っている。

《昔、江戸の豊島権守という人が、家来を連れて秩父へ向けて旅立った。江戸から秩父に来るには、幾つもの川を渡り、峠を越えなければならなかった。途中、犀ヶ淵と呼ばれる大きな沼地があり、ここは舟で渡るようになっていた。

渡し場に集まった人々とともに舟に乗り込み、沼の中ほどまで進んだとき、にわかに波が荒れだして、舟は渦に巻かれ、同じところをぐるぐる回っていて進まない。昔から、ここには悪い魚がいて、舟で往く人に仇をすると言われていた。その時には、なにがしかの賽銭を納めればいいと聞いたので、人々は持ち物を少しずつ水に投げ入れた。

船頭は、いつもこうすれば渦は収まるのだがと言って、懸命に櫂を漕いだが、渦は一向に収まる気配がない。権守は家来達に命じて、観音経を唱えた。乗客たちも合唱した。すると舟は前に進みだし、渡し場に着くことが出来た。

こうして秩父に到着した権守一行は、観音様のお導きに感謝して、秩父の観音霊場札所を巡拝した。そのとき、岩船山に至り、舟を漕ぐ観音像を拝して、これこそ我らを助け給うた観音様と観じて、三日三晩かけて般若心経を書写して奉納した。

豊島に帰ってからも観音様の供養を怠らず、熱心に観音様の功徳を説いたので、豊島の人々は言うに及ばず、船頭や漁民の間にも観音信仰が広まって、お舟観音に参詣する人が

年々増えていったという》

この話は、庶民への観音信仰を広めるための、よくある仏教説話と思われるが、豊島権守の名が出ることに注目したい。この人物は、平安末期の秩父平氏の傍流である、豊島氏に実在していたからである。秩父平氏は直流の畠山氏の他に、豊島氏・江戸氏・葛西氏・志村氏・渋谷氏・稲毛氏・河越氏などに分家して、それぞれが開発領主として勢力を伸ばしている。

豊島権守は豊島三郎清元といって、秩父の中村郷に居住して秩父氏を興した、将恒（まさつね）の四代目の子孫である。豊島氏の初期段階の居館は、現在の東京都北区上中里の平塚神社か、北区豊島の清光寺と想定されている。所領範囲は、時代により多少変動があったにしても、武蔵国豊島郡＝現・東京都北区・豊島区・板橋区・練馬区・荒川区・文京区辺りである。祖父・常家は源頼義・義家と親密な関係にあったという。

豊島権守が、宗家の地にある観音霊場を尊崇したというのは自然な流れとしても、特にお舟観音に特定したのには、何か理由があるのだろうか。それは、権守一行が沼地で渦に巻き込まれた話が象徴するように、領地の河川や低湿地に多発する水害に悩まされていたことではないか。伝説の「犀（さい）ヶ淵（ふち）」は「塞（さえ）ヶ淵（ふち）」で、通行の困難をもたらす淵という意味と解される。

現在の北区辺りはもちろんの事、豊島郡の郷村は入間川＝現荒川沿いの土地で、治水工事の進んだ現在では想像もつかないほど、水害対策には頭を悩ませていた。豊島郡江戸郷は東京湾岸を擁していたから、船便の物資の交易場や漁港の役割も果たして、縦横に舟が行き来していたはずである。更に、隅田川の河口もあったから、増水の度に、隅田の渡しの管理も大変だったものと考えられている。

また、豊島権守の子息・紀伊権守有経（ありつね）は、三浦水軍で有名な三浦氏に後任を譲るまで、紀伊・土佐の守護を歴任したという。ここから、江戸湾や河川の航行によって身につけた航海術を以て、水軍の役割をも果たしていたことが考えられる。

豊島権守は、河川や海の航行・漁業関係者の間に観音信仰を広め、秩父霊場、分けても、お舟観音霊場への先達を担った人、またその象徴として、この霊験譚に登場しているのではないか。いずれにしても、豊島氏の先祖の地に寄せる思いと、舟運の安全祈願の想いが、お舟観音の信仰に結集したものと思われる。

何の証拠もないが、もっと踏み込んで言えば、豊島氏は、お舟観音の創立にも、深く関わっているのではないか、とさえ思われる。

東京の浅草・浅草寺の秘仏・聖観世音菩薩像は、隅田川で二人の漁師の網にかかって引き揚げられたと伝える。これについて、荒川から流れて来たものとして、元はこの寺にあったのだという伝説が、荒川を擁する秩父や入間川辺に幾つかある。これらの話にも、豊島氏の観音信仰の影を感じるのは、私だけだろうか。

なお、法性寺の住職・荒谷俊文氏にこの原稿の校閲をお願いしたところ、いろいろご指摘いただくと共に、資料として『観音霊験紀』という大判の錦絵を見せていただいた。これは安政二年（一八五五）より、二代広重・三代豊国・国貞が共同して、秩父観音霊場とその由緒などを、順次浮世絵化して発行したもので、その特色は戯作者（げさくしゃ）・万亭応賀（まんていおうが）が解説文を付けている事である。

そのうちの「秩父巡礼三拾二番般若石船山法性寺」と題する絵は、上部に扁額風に寺の風景を描き、中下段にはお舟観音の霊験譚と、それを芝居絵のように絵画化した、船に乗る着飾った女性と女船頭という構図である。

解説文は、題して「豊嶋権守（とよしまごんのかみ）の娘」。《他所に嫁いでいた豊嶋権守の娘が、ある時里帰りしようと、従者と共に舩に乗って犀ヶ淵に差し掛かると、姫は水中の悪魚に魅入られて淵に引き込まれてしまう。そこへ突然現れた美女に救われる。従者が喜んで尋ねると、女性は我は石舩山の者だが、姫の父を始め主従よく観音を信じるがゆえに危難を助けたといって、ふっと消えた。話を聞いた権守はその恩を謝して所々を巡礼して、石舩山に至ると、観音像が娘の被っていた笠を冠って立っていなさった。（続いて、観音経文のありがたさを説いたうえで）……今も本尊は天冠の上に笠を着て舟に棹さしたる尊像なり》と。

地元で語られている話と多少内容が違うが、伝説は語る相手と場所などによって、少しずつ変化していくものだという事を示す例である。

小鹿坂峠(おがさかとうげ)——小鹿が導いた音楽寺

秩父市寺尾と田村の間、県立公園ミューズパークのある尾根を越える峠を、小鹿坂峠という。ここには、慈覚大師が寺を建てるために、霊地を求めて訪ねてきたという伝説が残る。

《慈覚大師は全国に布教して歩いていたが、この度は東国に寺を建てて仏の教えを広めようと、霊地を求めて秩父にやって来た。荒川を渡り長い尾根を引く山の中に足を踏み入れ、見晴らしのよい山頂を探しているうちに方角が分からなくなってしまった。大師が呪文を唱えると、そこに一頭の小鹿が現れて、大師を導くように、振り返り、振り返りして歩き出した。

大師は、これこそ御仏のお導きと悟って後を付けると、やがて見晴らしのよい山頂に出た。はるか向こうには、両神山の神々しい姿が西の空を限っている。振り返ると、目の下には荒川の清流が走り、家並みの向こうには、武甲山の雄姿がそびえ、そこに連なる山々は南の方に次第に高さを増して、秩父の盆地を包んでいた。

大師はこれこそ御仏が導いてくださった霊地と悟り、寺の造営をここと決めた。こうして出来たのが秩父札所二三番の音楽寺である。小鹿が大師を導いた山道は、お寺に参詣する人達と、秩父の宿からここを越えて、山向こうの小鹿野の宿に行き通う人達の、大切な峠道となって、小鹿坂峠と呼ばれている》

かつてこの峠は、大宮郷＝現秩父市と、小鹿野の宿から、上州・信州を繋ぐ重要な峠として、人馬の往来で賑わっていた。明治一七年（一八八四）、秩父事件に決起した農民・困民党の三〇〇〇余人が、吉田の椋神社から小鹿野の宿を通り、この小鹿坂峠を越えて、音楽寺の鐘を突き鳴らしながら、大宮の郡役所を目指して駆け下りたという。

車社会になってから、この峠はほとんど廃道になってしまったが、私が小学生だった昭和一〇年代（一九三五〜）には、まだ利用者が多かった。その頃、一二月の秩父神社のお祭りには、祖父に連れられて、寒風に吹かれてかじかんだ手をこすりながら、ここを越えればもう秩父の町だと励まされ励まされして、峠道を歩いた懐かしい思い出がある。

小鹿坂峠は、大宮の宿＝現・秩父市からここを越して小鹿野宿に向かう、小鹿野街道の謂れである。

定林寺を建てた人――壬生氏と秩父の関係は

《昔、武蔵国に壬生良門という領主がいた。たいへん勇猛な殿さまだったが、ときにそれが過ぎて、乱暴な暴君になることがあった。そんなとき、家来達は眉をひそめてはいたが、誰もが恐れて、殿さまの行いを諫める者がなかった。

林太郎定元は実直な家臣だったが、自分の身分をわきまえて、上の者が殿さまを諫めるのを、じっと待っていた。けれども、誰も動こうとしないので、殿さまの乱暴はますます目に余るものになっていた。

定元は、これ以上殿さまの非行が続いたら、やがて民心は離れてしまうと考えて、ある日、思い切って殿さまに進言した。思った通り、殿さまはカンカンに怒って、定元のわずかな領地を取り上げ、国外追放を申し渡した。

浪人になった定元は、妻子を連れて、諸国をさまよい、やがて、わずかな伝手を頼って、秩父の里にたどり着いた。しかし、頼ってきた知人の家はすでに絶え、知人の行方も分からなかった。妻は、期待の綱がぷつりと切れた事を知り、旅の疲れに心労が重なって、病の床に伏すと間もなく息を引き取った。

定元と息子は、嘆き悲しみながらも妻の亡骸を葬り、菩提を弔ったが、あろうことか、数日後には定元が妻の後を追ってしまった。

見知らぬ土地の空の下、相次いで両親を失い、呆然とたたずむ幼子をみて、近くの寺に住む空照和尚が引き取って、空念と名付けて仏弟子として面倒を見ることにした。

それから数年後、和尚は、小坊主に成長した空念を連れて、法事に出かけた。途中、秩父の山に鷹狩りに来た、壬生の殿さまの一行と出会った。殿さまは、道端で和尚と共に頭(こうべ)を垂れる、小坊主の凛々(りり)しい顔立ちに目を止めて、身許を尋ねた。

父親の名が林太郎定元と聞くと、殿さまは顔色を変えて馬から下り、空念の手を取った。殿さまは、忠を尽くした定元に対する、行き過ぎた行いを悔いて、行方を捜していたところだと言った。

殿さまは空念を館に連れ帰り、直ちに還俗(げんぞく)させると、自ら烏帽子親(えぼしおや)になって元服させ、自らの名・良門と父・定元の名をとって、林源太郎良元の名を贈り父の旧領を与えた。

その後、良門は忠臣・林太郎定元夫妻の菩提を弔うために、二人が息絶えた桜木の地に一宇を建て、定元の名に因んで定林寺と名付けたという》

秩父札所一七番・実正山(じっしょうざん)定林寺は、室町時代と推定される秩父札所三三番(江戸期に三四番になる）の成立期の番付では、この寺が一番だった。寺の縁起＝寺社の成立の由来や霊験を説いた伝説のなかで、寺の創立者が、有名な菩薩や上人、または歴史上名の知れた人物ではなく、全く無名な人物であるところが変わっているが、ここではその名が壬生であることに注目したい。

歴史上、壬生氏が登場するのは、推古天皇一五年（六〇七）二月に、「壬生部を定む」とあるのが最初である。それまでは多くの皇族の子どもは、それぞれの親がそれぞれに乳母（めのと）を雇って、乳を与えたり養育を任せたりしていたが、このとき、皇族の子ども達を養育する専門の「部（べ）」を設けて、壬生氏に任せたのである。

これまでの朝廷の祭祀を司る忌部（いんべ）、土器を焼く仕事の専門集団である土師部（はじべ）、織物の錦織部（にしごりべ）などと同じ職能集団の新設であった。壬生部は、他の部と同様に、その集団を維持していくために、全国に散在する朝廷の直轄地を分け与えられ、管理した。

その頃、朝廷では朝鮮半島の文化や、そこを経て伝わって来る大陸の文化を吸収するために、その知識や技能をもつ渡来人を重用した。皇族の子弟の養育に当たっては、当然高い文化と教養が求められるから、壬生氏も渡来人の系統ではないかと考えられている。

そのころ、武蔵国・男衾郡（おぶすまぐん）に壬生吉志（みぶのきし）が大領として着任した記録がある。つまり、壬生氏の活動の担保として、朝廷の直轄領の経営を任されたものである。「吉志」は新羅の官職の名称なので、おそらく壬生の任を負った新羅からの渡来人が、自国の官位を付したものだろうと言われている。

従って、壬生吉志は個人名ではなく、氏族の名称である。壬生氏は男衾郡の開発に携わり、郡領主となって辺りに開発地を広げたようである。

承和八年（八四一）、壬生氏の宰領が榎津郷戸主従八位上の肩書で、才の乏しい二人の息子＝継成（一九歳）・真成（一三歳）の生涯にわたる租税の前納を願い出て、前例はないことだがと断ったうえで認められたという記録もある。

いつの世にも変わらない、子を思う親心と取っていいのか、親バカもいいところと取っていいのか分からないが、二人の一生涯の税負担を、いっぺんに前納するというのだから、莫大な財産家だったことは予想できる。また、承和一二年（八四五）には、壬生吉志福正が、焼失した武蔵国分寺の七重の塔の再興を願い出て許され、自力で再建したという記録もある。その費用を現在の貨幣に換算すると、約一〇〇億円に相当するというから、これまた大変な財産家である。

壬生はその仕事柄、分かりよく乳部（ちちぶ）とも呼ばれていた。壬生と書いてチチブと読むこともあった。現大里郡の男衾に拠点を置いた壬生氏は、当然秩父にも何らかの形で出入りや影響があった事が考えられる。『埼玉県史』は、秩父の語源は壬生（ちちぶ）に求められるのではないかとさえ言っている。

札所一番・定林寺の創立伝説が壬生氏を引いていることは、単なる偶然ではなく、創立当時、壬生氏と秩父との間に、それなりの関係が続いていた事をうかがわせて興味深い。

穴部（あのうべ）——雄略天皇ゆかりの里

小鹿野町両神薄にある耕地。穴部と書くが、地元ではアノウエとかアノウベと呼んでいる。地名の由来を尋ねると、裏の山に狸が棲んでいて、その穴がたくさんあるからだという人がいた。文字通りではあるが、ここにだけ狸が棲んでいるわけでもあるまい。どうも眉唾な答えである。

しかし、文字だけ見ると、たしかに住居を連想させる匂いがある。私は穴部の地名を考えたときに、真っ先に浮かんだのは、『日本書紀』の日本武尊に語った景行天皇の言葉である。天皇は尊に東征を命じるときに、東国の人々についてこう語った。

「東国の野蛮な人々の性質は荒々しく、争いが絶えない。村に長（おさ）もなく、集落に指導者もいない。村落ごとに境争いをしたり、相手の物を盗み合う。また、山には悪い神が住み、里には姦（かしま）しい鬼が住んでいて、村里に出て来て荒らしたり、道行く人の物を奪ったりしている。

そのなかでも蝦夷（えみし）と呼ばれる一族は、最も猛々しい。男女雑居していて、親子のわきまえもない。住まいといったら、冬は穴を宿とし、夏は木の上に巣を作って寝る」

語り始めるとき、「朕聞く」＝「ワシも聞いた話だが」と断ってはいるが、この言葉は、『日本書紀』の編者たちの、東国に対する見方を反映していることは確かだろう。

ついでに、続きを読むと、「彼らは、獣の皮を着たり、敷いたりして、好んで獣の血をすすり、兄弟でも互いに疑い合う。山に登る様子は、まるで鳥が飛ぶようで、野を行くときは、逃げる獣のように足が速い。

恩を受けてもすぐ忘れ、仇を受ければ必ず返す。そのために、矢を頭の髪に隠し持ち、刀を懐に忍ばせている。時には徒党を組んで周辺の村を襲い、収穫時を狙って穀物を奪ったり、人を盗ったりする。討伐しようとすれば、草むらに隠れ、追えば山に逃げ込んでしまって、手に負えない」。

天皇は、それほどだから、朝廷に服属する気などまったくない蝦夷たちを、お前が行って帰順させて来いと、尊に命じたわけである。

それにしても、よくもまあ、東国人を極悪非道な野蛮人に仕立て上げたものだと感心するところだが、実はこの表現は、征服・教化すべき相手を描いた中国の古典『漢書』（一八年頃）などの記述を下書きにしたものだった。ここでは現代語訳しているが、『書紀』の原文は全て漢文調で書かれている。

引用が長かったが、穴部から浮かんだのが、この「冬は穴を宿とし」という一節だった。穴に住むというと何か野蛮な感じがするが、例えば中国の山地には山腹を抉って住居にしている所や、まるで穴倉のように土壁を厚く塗りこめて住んでいる地方がある。トルコのカッパドキアの岩窟住居も有名である。これは文明が遅れているというのではなく、日本が木と紙の家に住み、西洋で石積みの家に住んだように、気候と風土の条件に合わせた暮らし方なのである。

とはいえ、『書紀』の描き方は明らかに、野蛮と貧困の象徴としての「穴の住処」である。それをあえて穴部に結び付けるのは失礼に当たる。

神奈川県小田原市に穴部の地名がある。ここには伊豆箱根鉄道・大雄山線の穴部駅がある。かつては穴部村だったというが、地名の由来について、地元では「余部」＝古代、ある一定の土地の人口が増え過ぎると、その一部の土地を割いて余部郷と呼んだことによる、と説明しているようである。土地の事情を知らないから何とも言えないが、字面だけ見ると、「余部」＝「穴部」とするのは、どうもムリがあるような気がして、釈然としない。

このように、穴部の由来の解釈に行き詰まっているときに、小鹿野町の郷土研究家・高橋稔氏から、穴穂部ではないかという提言を受けた。それを聞いたとき、なるほど、そうかと、合点がいった。

大和王朝には、物部＝武力集団としての部族・忌部＝祭祀を司る部族・土師部＝土器を作る部族など、皇室に奉仕する特別な職能集団があった。その集団の生活と経営を維持するために、諸国の国造の支配地の一部を割いて、その部族の名を冠して私有地として扱った。その土地に囲い込まれた農民を部民と言った。因みに、当時の秩父には大伴部があったようである。『万葉集』の防人歌のなかに、「武蔵国秩父郡助丁大伴部少歳」の名が見える。

それと同じように、皇室の庶流＝分家的な扱いを受ける皇族のために作ったのが、子代・名代という制度である。子代は皇族名をつけて私有地・私有民となし、そこから上がる租税を以て、その皇族の経費を賄った。その土地を部、その人民を部民と呼んだ。『日本書紀』によると、雄略天皇のとき、兄の穴穂皇子のために部を設けたという。皇子の宮は穴穂宮である。この宮の経営のために宮号を冠した穴穂部を設けたものである。これは孔王部とも書かれて、下総国葛飾郡にも設けられていたことが分かっている。

租税徴収のための私有地としては、小鹿野の穴部の地域だけでは、狭すぎるのではないかという疑問もあろう。だが、地域をいまの行政区に限ることはない。かつてはもっと広く周辺の土地を包み込んでいた、と考えることが出来る。周辺の番戸・桜沢・大平などの地形名は基本的な地名であって、穴穂部という網を掛けられる以前からのものだったはずだから、部民になるか、ならないかは関係なく、生活の必要から呼んでいた地名である。
大化の改新は、土地制度を公地公民として統一したために、原則として私有地は廃止され、部の制度も消滅した。たぶん、その時から次第に、穴穂部地名は、現地の責任者が居住していた土地をのみ呼ぶ名称となって、細々と命脈を保ってきたのだろう。

そこまではいいとしても、穴穂部がなぜ穴部になったのかという疑問が残る。それを解くカギが、穴部と書くのに、土地の人はアノウエ・アノウベと呼んでいる、不可解な現象に潜んでいる。

和銅六年（七一三）、風土記撰進の詔に、地名は嘉字を選び、二字にせよというものがあった。以来、地名の二字化が進む。部の例をとっても、「矢矧部（やはぎべ）」＝弓矢を作る職業集団が「矢作（やはぎ）」に。「錦織部（にしきおりべ）」＝「西郡（にしごおり）」。「春日部（かすかべ）」＝「粕壁（かすかべ）」。「羽子田（はねだ）」＝「羽田（はねだ）」といったものである。

この伝でいくと、穴穂部は穴部となる。文字数は簡略化されたが、アナホベの名称はアノウベ・アノウエと多少訛っただけで、古代の呼び方を、延々と受け継いできたと考えられるのである。

雁坂峠・三峰山――『日本書紀』の記述につなげて

雁坂峠は古来、武蔵・秩父と甲州とを結ぶ重要な峠である。標高二〇八二メートルで、北アルプスの針の木峠・南アルプスの三伏峠とともに、日本三大峠の一つに数えられている。

かつて麓の集落の人々はこの峠を「乗越」と呼んで、甲州側の三富村や塩山市と気楽に行き来していた。乗越は日常的に使う峠をいう生活用語である。峠入り口の栃本の人達は、甲州側に日用品を買いに行き、甲州の繭商人はこの峠を越えて、幾日もかけて秩父の繭を買って行ったという記録もある。

しかし、大勢の軍勢を率いてこの険阻な峠を越えるのは困難だったらしく、戦国末期に甲州から秩父に攻め込んだ武田信玄は、この最短コースを避けて、西上野から志賀坂峠や土坂峠を越えている。

山頂からは縄文土器や古銭が発掘されて、この峠の歴史の古さを示している。父・景行天皇の命により東国の平定を行った日本武尊も、この雁坂峠を越えて、三峰山頂に至ったことになっている。その話に付随して、尊（みこと）一行が、山道を覆って繁茂する草木を刈り分けて通ったことから、刈坂峠と呼ぶようになった、という地名伝説も語られている。

幼名をオウスノミコトといった尊は、ある日、父親の景行天皇に、兄を呼んで来いと命じられて捜しに行ったが、暫くして一人で帰って来たので、父・天皇がどうしたと問うと、言う事を聞かないから、トイレで縊（くび）り殺したと答えた。天皇は驚いて、オウスをこのままにしておくと何を仕出かすか分からないと心配して、西の国の熊襲（くまそ）は、未だ朝廷に服従しないで反抗を繰り返しているから、その首長・クマソタケル兄弟を取り殺して来いと命ずる。

オウスノミコトは勇躍、熊襲国に赴くが、クマソタケル達は勇猛で、警備も厳重で近寄ることが出来ない。オウスノミコトは一計を案じて、タケルの宮殿の新築祝いに女装をして入り込み、二人の間に入って酒を勧めるふりをして、短剣で兄を刺す。

逃げ出した弟（おと）タケルを組み伏せて刺すと、タケルは虫の息のもと、「お前は何者だ。私達兄弟はこの国で最も強い男だから、熊襲猛（くまそたける）＝武（たける）と名乗っていたが、わしより強いそなたは、以後、日本武（やまとたける）と名乗るがよい」と言って息絶えた。

日本一勇猛な男の称号を貰って意気揚々と引き揚げてきた日本武尊を見て、恐れをなした父天皇は、尊に休む暇も与えず、今度は東の諸国の平定を命じる。尊は伯母・倭姫命（やまとひめのみこと）

の奉仕する伊勢神宮に戦勝を祈願しつつも、伯母に、「父君は、私が死ねばいいと思っている」と、心情を吐露する。倭姫命はそれを宥めて、これを私だと思って持って行きなさいと、神宝の天叢雲剣と袋に入った火打石を授ける。

日本武尊一行は駿河国・焼津に至ったとき、賊に騙されて枯草の原に連れ出されて火を放たれる。尊は伯母から授かった神宝の剣で枯草を薙ぎ払い、火打石で逆に賊を火攻めにして敗走させた。この事により、この剣は草薙の剣として、皇室の三種の神器の一つに数えられている。

有名な、『記紀』の東征神話だが、『日本書紀』の東征コースは、往路は駿河〜相模〜上総〜常陸〜陸奥で、帰路は常陸〜甲斐〜武蔵〜上野〜信濃となっている。相模から上総へ渡る途中の海路で嵐に遭い、海中に身を投げて海神の怒りを鎮めた、妻の乙橘姫を偲んで、「吾妻、はや」と尊が嘆いたのは、碓氷峠である。コースに武蔵を入れず、甲斐から直接信濃に入っている『古事記』では、東の方を見やって妻を偲んだのは、足柄峠である。

『日本書紀』の、甲斐の酒折の宮で戦勝を奉祝し、そこから武蔵に入ったという記述を受けて、秩父では尊の雁坂越えの伝説が生まれた。先ずは雁坂峠の狼の話。

《尊一行が険しい雁坂峠の山頂に至ったとき、突然霧が立ち込めて道が見えなくなり、ますます深くなった霧のために方角すら分からなくなった。動きが取れなくなった尊の前に、

一頭の白い狼が現れて、道案内をするように、振り返り、振り返りしながら、尊一行を導いてくれた》

実はこの話も『日本書紀』の記述の援用である。尊が信濃国の山中で食事をしているところに、山の神の化身である白鹿が現れた。そこで尊は食べ残しの蒜（ひる）で白鹿を叩くと、それが目に当たって白鹿は失せる。ここまでは記紀ともにほぼ同じ表現だが、『日本書紀』では、このとき山神の祟りでたちまち霧が出て尊は道を見失う。尊が途方に暮れているところへ、一匹の白い犬が現れて道案内をする振りをするので、付いていくと美濃国に出ることが出来た。この話は『古事記』にはない。

雁坂の伝説は続く。《麓に近づくと、狼の姿はふっと消えた。その時には霧はすっかり晴れて、前方には、見事な山容の山がそびえていた。尊は、案内に立った白狼は親神の化身と信じてそこに持参した糧食を供えて祈り、霧が晴れた時に見えた山頂に宮を建てて、イザナギ・イザナミ二神をお祀りした。

その後、天皇は皇子の東征の事跡をたどり、尊がお祀りした二神を拝して、ここから白岩・妙法・雲取の霊峰が見られることから、この山に三峰山の名をお付けになった。道案内の白狼は、尊創立の三峯神社の御眷属（けんぞく）・大口真神（おおぐちのまがみ）として祀られている》

この伝説に基づく三峯神社の功徳は、その後多岐にわたり、多くの信者を得て、神社の繁栄に尽くしている。神社の社伝をざっとひも解くと――。「聖武天皇の時代に悪病が蔓延したとき、天皇は病魔退散を祈って、諸国の神社に幣を奉った。三峯神社には勅使として葛城連好久公を遣わし、大明神の神号を奉じる。

文武天皇のとき、伊豆に流されていた修験の祖・役の小角が、この山に往復して修行したことから、修験道の聖地になり、神仏習合して仏教色が強まる。

鎌倉期には畠山重忠が厚く信仰して、広大な社領を寄進したが、正平七年（一三五二）新田義興・義宗らが足利追討の兵を挙げ、破れてここに隠れていたことから、足利の怒りに触れ、社領を奪われて衰退する。その間約一四〇年。

文亀二年（一五〇二）修験者・月観道満が再興を志し、三〇年間の勧進の末に堂宇を再建する。天文二年（一五三三）、山主が京の聖護院の宮を通じて後奈良天皇より大権現の称号を賜り、以後、観音院高雲寺と称して、天台修験の関東総本山の地位を得る。更に、観音院第七世の山主が京都花山院家の養子となり、一〇万石の格式をもって遇されることになる。以来、宮家の菖蒲菱が社紋となっている。

江戸時代に入ると将軍家・紀州家などの信仰を得て、厚く保護された。享保五年（一七二〇）、日光法印が大口真神の神札を発行して、お犬さま信仰を広め、庶民の間にたくさんの講を組織して、今日の繁栄の基礎を築いた。狼＝お犬さまの神札は、猪鹿を駆除してくれるものとして、獣害に悩む農民の信仰を集め、都市部では火難・盗賊除けの御札として信仰を広げた」

江戸時代の信仰の広さと言えば、例えば、江戸浅草の浅草寺の境内には、幾つかの神社と並んで三峯神社が勧請されているが、他の社が南面しているなかで、三峯神社だけが本堂に向けて建てられている。本堂の火災と盗賊除けのためである。犬・狼は火災にはいち早く気付いて報せ、侵入する盗賊には、吠え立てて襲い掛かるという性質がある故の期待である。

また、安政五年（一八五八）にコレラが大流行した時にも、お犬さまの御札が競って求められたという。医学的知識がなかった当時、コレラはコロリともいわれ、狐狼狸（ころり）という魔物の仕業と考えられていた。これを退治するには、日本武尊の御眷属に頼るのが一番だと考えられたのである。

神話・伝説の世界では、日本武尊は一人の独立した人物とされているが、これは大和王朝の成立過程における、各地の様々な人達が関わった開拓史や、対立葛藤の末の統一に至るまでの活動を、一人の人物に集約して描いたものである。

特に『古事記』に描かれた尊は、高貴な人物の東征譚の割には、焼津の賊との火攻めの攻防の他には、血生臭い合戦の記述もなく、崇高な神格化の中に見る人間的な情愛のある言動が、庶民に受け入れやすい性質を備えていた。その上に、最期は懐かしい故郷を目前にして病に倒れ、国偲びの歌を残して薨ってしまう。そのとき、尊の魂は白鳥と化して、いずこともなく飛び立ってしまうという物語の結末は、悲劇の主人公に寄せる日本人の心情に迫るものがあった。日本武尊伝説が各地に残る所以だろう。

秩父に残る尊の伝説の主な足跡は、ここから次項の猪狩山・猪鼻を経て、武甲山（戦勝を祝して山頂の窟屋に甲を奉納したので、武甲山の名が生まれたという地名伝説・尊が山頂から穀種をつけて投げた矛が届いた地を蒔田という・尊が射た矢を子どもが追いかけた地が矢追、矢が通過した地が矢行地、その矢が黒焦げになって落ちた所が黒谷とする地名伝説）～二本木峠（箸立て伝説）～宝登山（尊を襲った猛火を白い犬が消し止めたので火止山という地名伝説）～出牛（洪水の淵から牛が出て来て尊を背に渡河したので、出牛と呼ぶという地名伝説）などを残して、上野国＝群馬県へと進んでいく。

それ以外にも、県内各地に日本武尊伝説はたくさんあるが、これは当然記紀神話に基づくものなので、秩父の伝説の亜流になるものと考えられる。では、いつころからこの伝説が生まれ、流布されたかというと、確たる証拠はないが、たぶん大口之真神の神札を発行して、狼信仰を広めたことに付随したものであって、それは江戸時代中期からの事と考えられる。

猪狩山――自然の猛威を表す怒り山

猪狩山は秩父市荒川の古池地区にある山。山頂にある猪狩神社の奥宮の祭礼は旧い祭りの形を残すものとして注目されているが、神社の縁起は記紀神話の日本武尊の東征神話に基づくものとなっている。

古代の国民的英雄ともいえる、日本武尊の伝説は各地にあるが、なかでも多いのは秩父と房総半島辺りだという。房総半島といえば、乙橘姫の悲劇の伝わるところである。日本武尊一行は、相模国の賊に騙し討ちの火攻めに遭い、伯母から授かった天叢雲剣と火打石で逆襲して賊を亡ぼす。そのため、その地を焼津と名付けて、走水の観音崎から、海路、上総国に渡ろうとして船出する。ところが、今の浦賀水道の辺りで嵐に遭い、海神の怒りを鎮めるために、尊の妻・乙橘姫が海に身を投げた。

そのとき姫は、海神に捧げる菅で編んだ敷物・皮で作った敷物・絹で作った敷物を八重に畳んで波の上に敷き、「さねさし　相武の小野に　燃ゆる火の　火中に立ちて　問いし君はも」＝「相模の野の燃え盛る火の中に立って、私の安否を尋ねて下さった君よ」と、尊への思慕の情を歌に託す。

嵐は止み、尊一行は上総の地に無事上陸する。その七日後に、上総の浜辺に姫の櫛が流れ着く。尊は、姫を偲んで陵墓を造ってその櫛を納めた。

東征の帰路、足柄の坂で「阿豆麻波夜」＝「吾妻はや」と三度嘆かれたという話の、伏線になっているエピソードである。尊のこんな人情味のある話から、姫の櫛が流れ着いたという房総の地に、尊の伝説が多く語られているという事は頷ける。

この逸話は『古事記』記載の概要を記したものだが、『日本書紀』には、入水するときに尊を慕って姫が歌を詠んだ話もなく、浜に打ち上げられた櫛の話もない。

海難の話は、『古事記』ではただ、「走水の海を渡りたまいしとき」と始まっているのだが、『日本書紀』では、尊が海を望んで、「是小さき海のみ。立跳にも渡りつべし」＝「何だ、ちっぽけな海。こんなのは飛び越えてでも渡れるだろう」と、高言したということになっている。言外に、海神の怒りを誘った原因を含ませているのである。

『日本書紀』の描く尊の姿勢は、内房の海を見くびったように、総じて上からの目線である。『古事記』では、東征に当たり伊勢神宮の伯母を訪ねた尊が、「西国から帰って来たばかりの私を、休む間もなく東国平定に送るのは、父・天皇が私が死ねばいいと思っているからだ」と、愚痴って泣く場面があるが、『日本書紀』では、東征の話が出た時に一度は兄を推挙するのだが、兄が怖気(おじけ)づいて逃げたのを見て、「よし、オレが遣ってやろうじゃないか」といった調子で引き受けている。

上総を経て陸奥国に入ったときも、蝦夷の族長たちは尊の威勢に怖(お)じて、弓矢を捨て、「仰ぎて君の容貌(みかお)を見れば、人倫(ひと)に秀(すぐ)れたまえり」と言って、姓名を問う。尊の答えは「吾は是(これ)、現人神(あらひとがみ)の子(みこ)なり」というものだった。

現人神は人の姿をして現れた神という意味である。因みに、これを原典として、明治憲法下では天皇をよくこう呼んだ。呼ぶときは枕詞のように、「畏(おそ)れ多くも」という前置詞が付いた。戦前・戦中、誰かがこれを口にすると、人はいつでもどこにいても、神殿を拝する時のように、きちんと姿勢を正さなければならなかった。太平洋戦争の敗北後、新憲法が発布されると、天皇は改めて「人間宣言」をしたものである。

『古事記』が和文調であるのに対して、『日本書紀』は純漢文調であることにもよるだろうが、『日本書紀』の記述だけだったら、尊がこれほどまでに民衆の心に親しく浸透したかどうかは、危ぶまれるのではないか。

ところが、『古事記』の記述では、東征の往路にも帰路にも、武蔵国の名は一言も出て来ない。往路は『記・紀』ともに、駿河〜相模〜上総〜常陸〜奥陸となっているが、帰路については、『古事記』が相模の足柄山から甲斐の酒折の宮に至り、そこから科野国(しなののくに)〜尾張国となっているのに対して、『日本書紀』の方は「陸奥から常陸を経て、甲斐国に至りて、酒折の宮に」着き、続いて「甲斐より北、武蔵・上野を転歴りて、西碓日坂に逮り」、ここで「吾嬬はや」と嘆いたとしている。

『日本書紀』の「甲斐国より武蔵・上野を転歴りて」の記述がなければ、秩父の日本武尊の伝説は信憑性を失うことになる。つまり、『古事記』に描かれた慕わしい英雄伝説が『日本書紀』の記す経路によって、秩父の各地に日本武尊伝説の成立を見たと言えるのである。

こうして、日本武尊一行は、甲斐国・酒折の宮から、方向的には少し引き返す形で、雁坂峠を越えて秩父に入って来る伝説となる。そこまで詮索することもないのだが、『日本書紀』の「転歴」の表現によって、武蔵国内のどこでも、安心して日本武尊伝説を語ることが出来たわけである。

日本武尊伝説の一行は、順路からいえば、本書89ページの「雁坂峠・三峰山」から、この猪狩山に至ることになる。荒川・古池地区にあるこの山は標高八二五メートル。あまり高い山とは言えないが、鋭く削った鉛筆を立てたように切り立った山容は、そのまま神の存在を思わせる。麓に猪狩神社があり、山頂に奥社がある。

社伝では、三峰山でイザナギ・イザナミ二神を祀った日本武尊が、次にこの山容を称えて、同じく二神を勧請したものという。そのときたくさんの猪鹿が出て来て尊の登山を阻もうとしたので、それを退治したことから、猪狩山という山名が付いたという伝説がある。『古事記』でも、足柄の坂本に至って食事をしているところに、山の神が白い鹿に化けて現れている。また、尾張国まで帰った尊が「伊服岐能山（いぶきのやま）」＝伊吹山の荒ぶる神を平らげようと登ったところ、途中で山の神が化けた白猪に出会う。尊はこれを山神の使者と思い、主神を退治すれば使者は自ずから消え去るものとして相手にせずに、更に登っていくと山神から毒気の大雨を降らされて、体調を崩す。

『日本書紀』では白鹿に出会ったのは信濃国の山の中で、「五十葺山（いぶきやま）」＝伊吹山に出て来たのは大蛇となっている。大蛇を使者と思いなして、主神を退治すれば使者は自ずと威力を失うと言って、これを跨（また）いで登ったために、山神から毒霧を吹かれて方向を見失い、山中をさまようううちに疲れ果てる。

峠越えなど山中で突然雷雨に打たれたり、霧に巻かれたりすることを、古代人は山の荒ぶる神の仕業と考えて、このような話が生まれているという。猪狩山の猪鹿の伝説も、こうした記紀の神話が反映しているものといえるだろう。

猪狩神社でも昔から三峯神社や長瀞の宝登山神社と同様に、害獣除けや火防・盗難除けの狼の護符を配って、多くの信者に囲まれていた。秩父で日本武尊の御眷属とされる狼信仰にとっては、猪狩山はうってつけの名称だが、これは実は伝説から生まれた名前ではなく、伝説の方が元からの地名に付会したものである。

重複を避けて、詳しい説明は拙著、『秩父の地名の謎101を解く』に譲るが、イカリとは厳つい・厳めしい・怒ると同根の語で、これが地名に付くときには、碇・伊刈・五十嵐などと書いて、険しい山地や川辺の崩壊・決壊・落石・洪水など、並々ならぬ自然現象の起きやすい土地を表している。

屹立した猪狩山の山肌は、崩れやすい岩石から成っていて、落石現象などは日常的である。この危険極まりない険阻な山の実態こそが、イカリそのものなのである。

尊一行は、行く手を遮る猪鹿を退治した後に、無事に山頂に二神を勧請して、祝いの酒宴を催した。用意した二つの酒樽はたちまち空になってしまう。酔いに興じた従者たちは、空いた酒樽を東西の谷に投げ落とした。それによって、東の谷は東樽、西の谷は西樽と呼ぶようになったという。これは急傾斜を流れる雨水のことで、滝などをいう古語の「垂る」である。

『万葉集』の志貴の皇子の歌に、「岩奔る垂水の上の早蕨の萌え出る春になりにけるかも」=「岩をかんで走る激流のほとりに、蕨が芽を出す春になったことだなあ」がある。東樽・西樽はこの「垂水」と思えばいい。

猪鼻（いのはな）——大猪の鼻が斬られて飛んだ？

三峰山から猪狩山に至る少し手前の荒川地内に、猪鼻という小名がある。ここにも日本武尊の伝説が伝えられているので、尊の歩いた順路からするとこちらが先になるのだが、話の繋がりから猪狩山の方を先にした。

《猪狩山を目指した尊一行を、たくさんの猪鹿の群れが現れて妨害した。そのリーダーと思しき大猪の鼻に尊が斬りつけたところ、その鼻は血しぶきを上げて空高く舞い上がり、この地まで飛んで来て落ちた。今でもその鼻が大岩になって残っているので、この土地は猪鼻と呼ばれるようになった》

猪鼻地名には、もう一つ別な由来が語られている。

《尊は三峰山から下山して猪狩山に向かってここまで来ると、いきなり大猪が飛び出してきて、尊の軍旗を牙に引っ掛けて逃げ去った。従者達が慌てふためく中で、尊が自ら弓を引くと、矢は見事に命中して、猪は暴れ狂った末に大きな岩の間に倒れ込んだ。

従者や土地の人々が恐る恐る近寄ってみると、倒れていたのは、猪に化けた山賊だった。

土地の人々は、常日頃苦しめられていた山賊を、尊が退治してくれたことを知って大いに喜び、村人こぞって甘酒を醸(かも)して献上した。

　尊は村人達の心を愛(いと)しみ、イザナギ・イザナミ二神のお加護を肝に銘じ、ここに社を建て、二神を勧請して、熊野神社と名付けられた。

　天平八年（七三六）全国に疫病が蔓延したとき、天皇は平癒を祈って、全国各地の神社に使者を送った。その奉幣使・葛城連好久公が三峯参詣の途次、ここ熊野神社に参拝された。このとき、村では日本武尊の故事に倣い、甘酒を醸して好久公を待遇(もてな)すとともに、神前に供えて疫病退散を祈った。すると、あれほどに人々を苦しめていた病魔はたちどころに消え去った。

　村人はこの御神徳を長らく後世に伝えようと、毎年、水無月二八日には、甘酒を醸して熊野神社に奉納し、ご神徳を分け合うためにその甘酒を掛け合う、甘酒祭りを行うようになった》

　以上は、熊野神社に伝わる、『熊野太神縁起』に記された概要である。なお、この甘酒祭りは、埼玉県の選択無形民俗文化財に指定されて、祭日は七月の第四日曜日になっている。

　猪狩山麓で尊に斬られて飛んできた鼻にしても、尊の軍旗を奪おうとして射殺された賊にしても、猪鼻地名の由来は、それが猪の鼻の形をした大岩になって現存していることにあるという。

三峯神社や猪狩山の伝説と結びつけたおもしろい伝説だが、地名としては、猪鼻は「井（い）の端（はな）」で、沢水が深い谷に落ちる突端に位置する土地という意味である。

なお、前々項「雁坂峠・三峰山」よりこの項まで頻出したミツミネは、山名・地名は「三峰」、神社名は「三峯神社」が正式表記である。

また、後出の「城山」⑴⑵の城峯山は、しばしば城峰山とも書かれるが、正式には「城峯山」であることを、併せて付記しておく。

箸立て杉（はしたすぎ）――偉人来訪の記念樹の植栽感覚

皆野町の二本木峠は、埼玉県道三六一号・三沢坂本線といって、秩父郡皆野町と東秩父村とをつなぐ峠である。ここは日本武尊の一行が東征の帰りに立ち寄って、山頂の景色を愛（め）でながら、昼食を摂（と）られたところだという。

《食事が終わると、尊は四囲の景色をゆっくりと観賞なされた後に、立ち寄った記念にと、いま使っていた杉の箸をそこに突き立てて、次の目的地へと向かわれた。その箸はそこに根を生やし、やがて二本の大木になった。周囲の雑木を圧倒して天を衝く二本の大木を見上げて、人々はここを「二本木峠」と呼ぶようになった。

尊の一行は、この峠から山の尾根を北に向かって進まれたが、四囲の景色に見とれながら歩いたので、次の山に登るときには日が暮れていた。尊が、「これは登夜山になってしまった」と呟いたので、この山は、「登夜山」と呼ばれるようになった。いつか書き方が変わって、いまは、「登谷山」と記すようになっている。

夜の山道なので、尊一行は互いに離れないようにと腰に鈴をつけて歩いた。その涼やかな鈴の音を聞いて、辺り一面に生えていた鈴草が一斉に紫の美しい花を開いた。そのことから、この山は、「皇鈴山（みすずやま）」と呼ぶことになった。この鈴草はこの辺りの山でしか見られない草花で、毎年、尊一行が通られた五月初めになると、山一面に花開いて、尊の遺徳を偲んでいるという》

皆野町下三沢に伝わる伝説である、これは見事な、そして典型的な地名の由来伝説である。二本木峠と同じような伝説を持つ二本杉峠が、丹沢山地や伊豆の旧天城峠・熊本県五家荘の入り口などにある。

峠に限らず、貴人が食後の箸を地面に突き立てたものが、やがて根を生やし、大木になったという伝説は各地にある。それは日本武尊であり、弘法大師や西行法師であり、新しいものでは太田道灌などもある。もちろん、秩父なら畠山重忠のように、その地域に関係のある、歴史的な有名人の場合もたくさんある。また、箸に類する杖なども使われている。

なぜこのように、箸が注目されているのだろうか。その筋を追ってみると、まず、箸の歴史から見て行く必要がありそうである。

箸は古代中国で発生した。箸の字が竹冠で始まることから分かるように、箸の材料は竹だった。一本の竹を細く削って、ピンセットのように食物を挟んだ。

それが日本に伝わったのは、日常の食事用ではなくて、儀式用としてのものだったらしい。古式を重んじる伊勢神宮の神事や、皇室での新嘗祭の儀式では、いまでも竹のピンセット様の箸が使われているという。

中国・魏（前四〇三〜前二二五）に書かれた、当時の日本見聞録、『魏志倭人伝』には、「倭人＝日本人は立膝で、高坏（たかつき）に盛った食物を手掴みで食す」と書かれている。高坏とはワイングラスのように、脚台の付いた皿である。箸食が普通になった中国人から見ると、異様な風俗に見えたのだろう。いまでも、粘り気のない米を主食とする東南アジアでは、手指の五本箸で食事をしている民族があるが、当時の日本人はそれと一緒だったのだろう。日本に箸が伝来したのは、七世紀頃で仏教儀式に伴って来たものと言われているが、早いものは弥生時代にもあったらしく、その遺跡から竹製の箸が出土しているという。

八世紀の初め頃には日本でもかなり普及したらしく、記紀神話に、スサノオノ命が出雲国の簸（ひ）の川の畔に来たとき、川上から箸が流れて来たので、上流に人が住んでいることを知ったという話がある。

神事・仏事用の箸なら古いものは使わない。その都度、新しいものを用意するのが習わしである。したがって、儀式から、朝廷や貴族の間に日常的に使う習慣になっても、初めは簡単な使い捨ての箸だったろうと考えられている。

平安時代になると、銀製の箸などが出現しているから、これは身分の高い人が日々使うマイバシであったに違いない。鎌倉時代になると、漆塗りの立派な箸も出現する。これも身分を誇示するような、個人的な箸である。

それらの時代を通じて、箸食が一般的になってからも、庶民の箸は木の枝のような粗末なものだったと考えられる。野外での食事では、木の枝を折って箸にした。私など、昭和の戦時中に育った子どもは、家の薪拾いや勤労奉仕の動員で、弁当を腰によく山に登った。その時の箸は、普通に木の枝を折ったものだった。私は幼い時から山仕事に連れられた祖父の影響で、匂いのいい黒文字（くろもんじ）の枝が好きだった。

私より二歳年上の大場博氏は合角ダムに沈んだ耕地の出身だが、その著『閑話休題』のなかで、少年時代に炭焼きを手伝った時の思い出を、次のように語っている。「お昼が楽しみだった。中でも一番の楽しみは箸づくり。まわりは雑木林だから木の種類が多い。今日はどんな箸をつくろうかなと、枝を選んでいくのがとても楽しかった。気に入った枝を切り、鉈で自分の好きな形の箸をつくるのだ。箸の先を、時には太く、時には細く……」

私などは薪拾い（たきぎひろい）とか、薪（まき）の背負い出しなどと、移動型の山仕事だったたから、実用的にちょっと削るだけだったが、炭焼きは時に待っている間もあるから、そんな楽しみもあったのだろう。こんな事を書いていると、折ったばかりの新鮮な木の香が、懐かしく鼻腔に蘇って来る。

食事が終わると、箸を二つに折って捨てる。これも誰に教えてもらったでもなく、自然に、皆そうしていたようである。お店で出る割り箸なども、ごく最近まで、使用後は二つに折る慣習が残っていたのではないか。

日本人の考え方として、身に着けていたものには、その人の魂が宿るというものがあった。だから、箸食が固定すると、箸はそれぞれ自分専用のものを持つようになり、他人に使われることを嫌った。他人の魂が付くからである。そこで、子どもが生まれると、数日後には「お食い初め」・「箸初め」・「箸立て」などといって、その子専用の食器一式として、新しく膳・椀などとともに箸を用意する習慣が出来た。

それを代表する言葉が、箸である。ナイフとフォークを使う民族には、特権階級の趣味は別として、一般的には専用とする習慣はない。食卓に家族分のナイフやフォークの入った籠がおかれて、各自でそれを使うのが普通である。明治になって積極的に西洋文化を取り入れる国策によって、家庭にテーブルが入ってくるまでは、日本人の食事は、各自専用の箱膳だった。

自分が使った箸をそのまま捨てる事は、そこに宿った魂を放置することと意味する。それはどんな悪霊に取りつかれるか分からない。村境に塞の神を祀り、竹竿の先に疫病除けの神札を貼り、道を横断する注連縄に大きな草鞋（わらじ）を吊るして、病魔や悪魔の侵入を防ごうとした時代のことである。悪魔に憑（つ）かれないために、使った箸は二つに折って捨てなければならなかった。つい最近まで、使い終わった割り箸は、折って捨てる慣習が残っていたのではなかったか。

一方、神は天空から降臨するものとして、その依り代に棒や杖を立てることがあった。そして、修行を積んで悪魔を折伏する力を持った僧や、並外れて武芸に秀でた武者などは、庶民の恐れはものともしないと考えられていた。その二つが融合して出来たのが箸立て伝説である。その根底には、箸には魂が宿るという、日本人独特の思想がある。

つまりは、法力を持った僧が、杖を突いて清水を湧かせた話と同様に、突き立てた箸や杖が根を張って生長したというのは、その偉人が持つ超能力によるものだという、霊験譚なのである。

崇敬すべき人がこの地に来たというとき、よく行われるのが記念樹の植栽である。この種の伝説はそれに似て、これを語ることは、ここにはこんな偉い人が来たんだよという、土地に対する誇らかな気持ちが含まれていることも間違いない。

二本木峠に続く、登谷山・皇鈴山の伝説も無理なく筋が通っていて、この伝説を語り続ける地元の人たちの、山に対する誇りと愛着が伝わって来るようである。

さて、この項はここで終わってもいいのだが、「皇鈴山」の名に何か新しいものを感じた人はいなかっただろうか。私は漠としたものだが、その名に何となく皇国史観的なにおいを感じていたのだが、『皆野町誌』によると、実はこの名は、昭和一一年（一九三六）に名付けられた、大変新しいものだったのである。

名付け親は、時の三沢村村長の福田唯一氏。標高六五六メートルという低山ながらその山容の豊かさと、山頂の平坦部のなだらかさから、ここを三沢公園と銘打って観光の名所にしようということから、人目を引く山名を考えたという。そして、当時は春秋二回、村を挙げて親睦登山を行っていたということである。昭和一一年といえば、日中戦争に突入する前年で、「皇国日本精神」が大いに鼓舞されていた時代である。人名にも地名にも、時代の色ははっきりと映るものである。

それはともかくとして、この一連の話は、知らなければ、古くから伝えられた見事な地名伝説として、誰もが違和感なく受け入れられる伝説である。伝説にはかなり新しいものもあることが分かる。そしてこの場合、新しい伝説ではあっても、人々の土地への愛着があったからこそ、すっかり土地に馴染んだものになっていたと言えるのだろう。

両神山（りょうかみさん）――日本武尊の妻恋の歌

　小鹿野町泉田の小鹿神社参道入り口に、日本武尊が八日見山を詠ったとされる歌碑がある。安政六年（一八五九）地元の森為美という人が建て、裏面には儒者で幕府の学問所・昌平黌（しょうへいこう）の教官・安積艮斎（あさかごんさい）の解説文を、同学問所の川上由之が書いたとある。小鹿野碑と呼ぶ。

「津くはね越（筑波嶺を）　者留可隔て丶（はるかへだてて）やふかみし（八日見し）　津間こひかぬ留（妻恋いかぬる）　を志し可能丶原（小鹿野のはら）」

　筑波山から遥か遠く見晴るかした、あの気高くそびえる山容を、八日の間も見続けて歩きに歩き、ようやく山に近い小鹿野の原にたどり着いたことよ。それにしても、妻呼ぶ鹿の小鹿野（おしかの）と聞くにつけて、私を救うために相模の海に身を投げた、いとしい妻が恋しく思われてならぬ。

　両神山は海抜一七二三メートル。その山容は峨々（がが）という形容が相応しく、周囲の低い山並みから突出している岩山で、山頂が鋸（のこぎり）の歯のように鋭く波打っていて、両端はいきなり断ち切ったようにほぼ垂直になって、低い山並みの裾に溶け込んでいる。晴れた日には、関東平野から西の果てに、そそり立つその山容がよく見える。

　歌にいう「つくばね」は筑波嶺で、茨城県のつくば市北端の筑波山である。関東では、「東の筑波・西の富士」といわれて、古来、有名な山である。『常陸国風土記』（七二一）は、その二つの山を比べてこんな伝説を載せている。

《昔、神々のご先祖さまである祖神尊（おやがみのみこと）が、新嘗祭（にいなめ）の晩に乞食に変装して、富士山を訪れて一夜の宿を乞うた。富士の神は、今夜は新嘗祭で忙しいからと言って、そっけなく断った。神祖尊はそんなに人に優しい心が持てないならば、今後はこの山に一年中冷たい雪を積もらせて、食物を供える人も訪れないようにしてやるといって、次には筑波山を訪れた。筑波の神は、こんな夜中にさぞ寒かったろうと言って、たくさんの飲食を用意してもてなした。神祖尊は喜んで、翌朝、この山には年中人が喜んで集まり、食べ物も豊かにして、絶えることなく、日々栄え、千秋万歳（せんしゅうばんざい）＝千年も万年も、楽しみが尽きないようにして上げようと言って、去って行った》

　これは富士山の雪と、筑波山で行われていた春秋の歌垣（かがい）の行事の由来について、伝説に託して述べたものである。『万葉集』には、筑波山を詠んだ歌が、長歌・短歌を合わせて二五首もあるが、中でも有名なのが高橋虫麻呂の歌垣を詠んだ長歌である。

　意訳すると、「鷲（わし）の住む筑波の山の中腹の泉のほとりに、呼び合って若い男女が集まって、歌垣をしているよ。その歌垣に入って他人（ひと）の妻に私も交わろう。私の妻にもどうか言葉を掛けてくれ。この山のすべてを仕切っている神も、昔から禁じていないことなんだよ。今日だけは目くじら立てて見ないでくれ。咎（とが）め立（だ）てなんかするんじゃないよ」。

　万葉の歌には、他にも筑波の鷲を詠っているものがあるから、筑波山の鷲は知られている存在だったらしい。歌垣は、右の歌からも分かるだろうが、古代の生産を予祝したり、収穫を祝ったりする、男女掛け合いの行事である。

　縄文時代の遺跡から、男根を象徴する大きな石棒が発見され、時に地方の神社の御神体になっている事もあるが、これを万物の生産の根源と考えた古代の人々は、長い時間を掛けてこれを作ってお祀りした。それを具体化した儀礼的な行事が歌垣である。筑波山は男体山と女体山で成っているが、女体山の中腹に湧く泉を女性のシンボルと見なして、春先のある日に若い男女がここに集（つど）い、今年の豊穣（ほうじょう）を祈る歌を掛け合って、生産的儀式を行ったものである。

　『記紀』には、日本武尊が甲斐の酒折の宮に、宿をとったときの問答歌がある。尊が従者達に向かって、「新治（にいはり）　筑波（つくば）を過ぎて幾夜か寝つる」＝「常陸の新治や筑波を通り過ぎてから、ここまで来るのに、幾晩寝た事だろうか」と、歌で問いかける。誰も答えられないでいると、御火焼（みひたき）の翁（おきな）が、「日々並（かがな）べて　夜には九夜（ここのよ）　日には十日（とおか）を」＝「日数を数えてみると、九泊十日になりますよ」と、歌で答えた。

火焼の翁とは、夜の灯火（ともしび）として火を焚く役目の老人のこと。尊はこれを褒めて、翁を東国の国造に任命した。

尊の東征神話では、具体的な地名は幾つも出て来ないなかで、筑波が出発の基点として挙げられているのは、万葉の歌からもみるように、当時から大和の方にも聞こえていた地名だったことがうかがえる。

小鹿野碑の歌は、この故事に因んで、作られたものである。碑の裏にその経過を刻した安積艮斎は江戸後期の儒学者で、陸奥国安積＝福島県安積の生まれ。詩文に長じていて、詩集なども出しているが、この歌の作者については触れていない。

長瀞町の郷土史研究家・野口正士氏は碑を建てた森為美に注目して、生家の下吉田村の笠原家が資産家で幕府との関係があった事から、学問所との関連と、安積艮斎に教えを受けたのではないかと推測している。

この歌はいつだれが作ったのかは全く分からないが、もしかしたら、艮斎の指導を受けながら、森為美が作ったものかもしれないと私は思う。そうだとしても、あくまでも日本武尊が詠んだ歌として伝えるためには、作者名は明かせないわけである。

一般にこの歌を以て、両神山を一名八日見山と呼ぶという根拠にしている。両神山は山頂にイザナギ・イザナミ二神を祀っている事によると言われているが、地元では龍頭山(りょうかみさん)とも言って、北麓には龍頭神社がある。山頂のぎざぎざした歯並びのような形状からも、龍の頭を連想したことは頷ける。

近代登山の創始者のひとりと言われる木暮理太郎は、この龍頭は八岐大蛇(やまたのおろち)のことで、ヤオガミがヨウカミに訛ったものと喝破(かっぱ)した。とすれば、八靇山(やおがみやま)。靇(おがみ)とは古代信仰で雨や水を司る神である。そのオガミがオオカミ＝狼と習合して、両神神社の狼の神札が発行されるようになった。

因みに、両神山から流れる川は薄川と小森川である。ススキは濯ぐ＝穢れ・汚れを洗い流す・漱(すす)ぐ＝口の中を清浄にするなどの意味で、薄川は伊勢神宮のイスズ川と共通の意味をもつ、清浄な川という意識からのネーミングである。コモリは水分(みくまり)の転でやはり清浄な水源を表す言葉である。どちらも八靇山の水流を意識して付けられた名称である。

なお、小鹿野碑の八日見の歌は、両神山頂と龍頭神社境内にも立っているが、前者は慶応二年（一八六六）、後者は明治一九年（一八八六）の建立で、表記の文字は違うところがあるが、いずれも小鹿野碑を写したものである。

＊両神山の名称については、拙著、『秩父の地名の謎99を解く』を参照されたい。

出牛（でうし）――隠れキリシタンと日本武尊の里

平凡社の『日本歴史地名大系』は、全五〇巻。各県ごとの市町村を網羅（もうら）した、歴史的な地名解説書である。五〇巻中、『埼玉県の地名』は第一一巻である。

各県ごとの巻を編集発行するのに併せて、『歴史臺通信』と題したパンフレットを発行して、その県にゆかりのある著名人の随想を載せている。その三三号に、俳人の金子兜太が「秩父の地名」と題した一文を寄せている。その文中に皆野町の出牛について述べている所がある。因みに、皆野町は金子兜太の出身地である。

「峠でいま一つ記憶から離れないのは出牛峠（じうし）である。『でうし』でなく『じうし』と読むのは、江戸時代、隠れキリシタンがこの峠近いところの村に住んでいて、デウスの名にちなんで、この名で呼んだという説がある。郷土史家たちは『証拠がない』というが、わたしはそれをいまでも信じている。

なぜ信じているのか、と尋ねられても説明はできないのだが、この村出身の俳人に出牛という人がいて、その人の風貌がひどく印象的だったことが理由かもしれない。いや、出牛峠を隠れキリシタンの伝承のなかに置きたい、というわたしの念願の故かもしれない」と。

ＮＨＫのバラエティ番組に、『日本人のおなまえ』という長寿番組がある。珍しい苗字の由来を尋ねるものだが、結局はその名の発生した地名の謂れを探ることに行き着くことが多い。あるとき、いまは他郷に住んでいる「出牛」さんから、珍しがられる苗字なので、その謂れを調べてほしいと、その番組にリクエストがあった。その人の出自は皆野町の出牛だった。出牛と書いて、苗字はデウシだが、地名はジウシと呼ばれていることも付け加えての質問だったらしい。

番組で下調べすると、隠れキリシタン説があることが分かる。それに大変興味を持ったらしく、私にそれを解説してくれないかと依頼があった。私は出牛の由来はその地形からきているものと考えていて、キリシタン説には組しないので、その由(よし)を話してお断りした。すると、間もなく、キリシタン説を解説してくれる人が見つかったので、二説を併せて放映したいから、自説を披露してほしいという電話があった。

カメラマンと現地で落ち合って、地域の大きく湾曲する川の流れを見ながら、私が説明した出牛の由来は、次の通りである。

《山から押し出してきた谷川の流れは、集落の入り口辺りで硬い岩盤に突き当たり、釣り針状に湾曲している。いったん大水になると、突き当たった水ははけ口がないために渦巻き状になって周辺の土地を洗い出すから、水位は上がり、大水が去った後には流れ切らなかった土砂が溜まって、河床が高くなる。そのために次の大水の時には、集落まで浸水することになる。

現在の治水工事が完成するまでには、そんな水害が繰り返されていた。その証拠として川の湾曲部の内側は山の麓が大きく削られて平面になり、いまではそこが整備されて広い球場になっているほどである。その両岸の杉林の高みには、かつての洪水が運んだ角の摩滅した川原石がごろごろしている。

江戸幕府の学問所が編纂した地誌、『新編武蔵風土記稿』は、出牛地区に伝わる伝説を記録している。「往古、宝登山から下山した日本武尊の一行が、この川の畔に差し掛かった時、折からの大雨で川は増水していて、向こう岸に渡れなかった。

尊が困惑していると、牛ヵ淵から一頭の黒牛が出て来て、尊を背に乗せて、難なく向こう岸に送ってくれた。尊は感謝を込めて祠を作り、素戔嗚尊（すさのおのみこと）を祀った。この神社を萩神社という」。この伝説は土地の古老からは今でも聞くことが出来る。

ここで思い出すのは、いま岐阜県高山市の一部になっている、旧荘川町の正蓮寺にまつわる伝説である。焼けた寺を再建する場所を特定するに当たり、赤牛に杉の大木を引かせて、牛が止まった所を寺域にしようと決めたというのである。赤牛は大きな池の畔に止まったので、そこに寺を建て、その池を「牛の池」と名付けたというもの。

実はこれは慶長二〇年（一六一五）の上滝金山の崩壊で土石流が庄川に押し出し、当時の牛丸村まで出て止まったことと関係している。牛丸地区のほとんどは、いま御母衣ダムに水没している地点である。

土石流が止まった地点が牛丸。丸太を引いた牛が止まった所にある牛の池。寺の辺りは湿地帯で、この池は洪水が残していった池である。流出した丸太が止まった所に洪水被災者の供養の寺を建てたことを考えると、この赤牛は、崩壊した土石流に交じって根こそぎ流れ出した、山の立ち木を引き出した洪水そのものの象徴なのである。

「牛」は「押し」の擬人化だった。濁流の色によって、赤牛にもなれば黒牛にもなる。妙義山の麓に立つ妙義神社の脇を、山頂から駆け下りる谷川の名は「牛出川」である。周囲が土石流災害危険地区に指定されているほどの、暴れ川である。

そのつもりで見ると、全国各地の河川周辺にある牛の付く地名は、必ずと言っていいほど、堤防が決壊しやすい土地にある。

出牛の萩神社は、川の湾曲部の対岸の、かつての洪水の最高水位を示す、ゴロタ石の散在する辺りの森の中にあったが、明治の神仏分離令によって、今は反対側の峠の頂上に移転されている。その萩神社の祭神・素戔嗚尊は八岐大蛇退治の神話が象徴する通り、治山治水の神である。更に、地名にハギの付く土地は、水害や地滑りなどで表土が剝がれたり、剝がれやすい土地であることが、定説になっている。

萩神社はおそらく、出牛の土地がかつてない大水害を被ったとき、つまり、ゴロタ石が示す地点まで水が突いた後で、治水を願って建てられたものだろう。その水位を見れば、集落全体が相当な被害を受けたことは明らかである。つまり、出牛は出押しで、水害警戒地名である。

日本武尊の牛出淵とハギ神社の伝説は、その記憶を伝えようとしたものである。

隠れキリシタン説の根拠になるジュウシについては、音韻の変化の法則で説明が付く。音素文字で書くと出牛は「DEUSI」となる。旧仮名遣いの「寒いでSEU（せう）」が「寒いでショウ」となるように、子音（D）＋母音（EU）＝（でう）は（ぢゅう）となりやすいという傾向を持つ。

出牛地区の現在の街並みは、この川が作った河岸段丘の第二段丘にあるが、第一段丘から上では、縄文時代の土器や石器がかなり緻密な範囲で発見されているという。江戸時代には上州と秩父を結ぶ宿場町として栄え、旅籠屋や料理屋が軒を連ねていた。今に残る、出牛の人形浄瑠璃も、当時の隆盛を語るものである。

それらの事を考えると、出牛地名は現地の地形から出来たもので、その発生はキリシタンが渡来したり、禁制になったりした時代より、ずっと以前のものだったはずである――》と、これが私が話した概要である。

隠れキリシタン説を唱える人は、集落中央の高みにある西福寺の隠れキリシタンの墓と伝えられている、四十九印塔風の石造の伽藍を証拠とするようである。これが西福寺の墓地には十三基ある。

この地にほど近い神流川を挟んだ対岸の、かつての渡瀬村、鬼石村、三波川村からは、明暦二年（一六五六）にキリシタン教徒一三人が捕らえられ、江戸送りになって、その殆どの者が獄死したという記録がある。その墓地の伽藍と、西福寺のそれとの形が似ているといわれ、先のＮＨＫの番組でも、その映像を放映していた。

詳しいことは分からないが、それ等のことから、出牛にも隠れたキリシタン信徒がいたかもしれないという事までは否定できない。ただ、上方の影響が強いと言われる人形浄瑠璃に見るように、江戸や上方との交流もあった、人の出入りの激しい宿場町の名称に、厳しい取り締まりの対象となっている人達の呼称が、定着するとは思えない。

金子兜太氏が言うように、出牛には隠れキリシタンが住んでいたという伝承に、郷愁をそそるロマンを感じて、これを消したくないと思っている人が多いというのもまた事実である。

城山（1）――将門と桔梗伝説に彩られた城峯山

城山と呼ばれる山は各地にある。中世の山城や砦のあった山で、周囲一帯を見晴らし、とくに交通の要所を監視できる、あまり高くない山という共通点を持つ。ただ、ここで取り上げる城山は、秩父市の吉田と皆野町・児玉郡神泉村の三町村をまたいでそびえる、標高一〇三七・七メートルの城峯山である。県立上武自然公園の中央に位置し、山頂付近には城峯神社もあり、その近くの岩尾根には将門の隠れ岩と呼ばれる、伝説の岩屋もある。城峯山が一名、城山と呼ばれるのは、その昔、平将門がこの山頂に城を築き、追手を迎え討ったという、口承に基づくものである。

将門の系譜は、桓武天皇の曽孫・高望王が平姓を賜って臣籍に下り、下総・常陸の受領＝国司となり、そのまま土着して勢力を張ったことから始まる。高望王は八人の子がいたとされるが、その第三子・良将は陸奥鎮守府将軍という肩書を持ち、下総国の猿島・豊田郡を中心に広大な土地を領する豪族となっていた。良将はやはり八人の子を持つが、その第三子として生まれたのが、将門である。

因みに、秩父中村に居を構えて、後に畑山重忠をはじめとして幾多の鎌倉武将を輩出した、秩父平氏の祖となる平将恒(まさつね)の祖父・村岡良文は将門の叔父である。従って、将恒は将門にとって従弟の子という関係になる。

当時の地方豪族の子弟が、中央の権勢と結びついて、その庇護(ひご)の下に地位や所領の保全・拡張を狙って、都に出向することが行われていたが、将門も若いときに、太政大臣・藤原忠平に仕えた。だが、将門は思うような地位に就けずに帰国した。

その後の将門は、『今昔物語』が、「弓箭(ゆみや)ヲ以テ身ノ荘(かざり)トシテ、多(おおく)ノ猛(たけ)キ兵(つわもの)ヲ集テ伴(とも)トシテ、合戦ヲ以テ業(なりわい)トス」と描いているように、血の気の多い暴れ者と目されるような行動が多かった。はじめは、そのころ坂東でよく見られた土豪同士の土地争いの一つとして、伯父の國香を殺すなど、同族同士の激しい抗争を繰り返した。承平年間(九三一～三八)の事である。

天慶(てんぎょう)元年(九三八)、武蔵国で、中央から任命された権守・興世王(おきよおう)と、介(すけ)・源経基(つねもと)が、足立郡司・武蔵武芝(むさしたけしば)の反対を強権的に押し切って、大勢の従者を引き連れて足立郡内に立ち入ったことから、抗争が勃発する。武蔵武芝は名の通り、かつての武蔵国造の血統を引く土着の豪族で、中央から役人として派遣される国司その他の下級貴族達とは、常に利害関係が対立していた。

今度のことも、巡視の名目で富の収奪を謀ることが目的であることを察した武芝は、正式の国司の着任を待って巡視する慣行を理由に、興世王らの立ち入りを拒否したものだった。権守や介は、国司の副官や補佐役を意味する階位である。

このことを、『将門紀』は、「国司は無道を宗とし、郡司は正理を力とす」と評している。権守は朝廷の権力をバックに無理押しをし、武芝は正論を力としている、というのである。これは当時の在地土豪たちが抱く、中央の主張所である国衙(こくが)＝国司の役所に対する共通の想いだったようである。

土着の土豪の立場で、先祖伝来の土地を守り、住民の生活を保障しているという自負のある将門は、その血の気の多さからも黙っていることが出来ずに、私兵を率いてこれに介入する。

これによって、武芝と興世王は和睦するが、どうした手違いか、武芝の兵たちが源経基の宿舎を取り囲んだため、経基は驚いて都に逃げ、将門と興世王が共謀して謀反を企んでいると、太政官に訴え出た。

政府は、武蔵国の安定を図って、武芝が指摘した通り欠員のままだった武蔵国の国司に、上総国介の百済王貞連(くだらおうさだつら)を任命する。しかし、貞連は興世王を疎(うと)んじたため、これを恨んだ興世王は将門の下に走って、対立を煽る。

天慶二年（九三九）、武蔵国への介入から二年、将門は今度は常陸国の紛争に介入することになる。これも義侠心からの行動だったが、事を起こした男を匿（かくま）い、引き渡しを求める国司側と対立して国府を攻め、権威の象徴である国印と国衙の倉庫の鍵を奪ってしまう。

いかに義侠心から出た行為とはいえ、これは中央政府への反逆である。これを知った興世王は、「常陸一国を討つといえども、その罪軽からず。同じくは坂東を併せ領せよ」と、そそのかした。これは中央政権での出世の道を閉ざされた興世王が、将門の力に託してこの地に王国を樹立しようと企んだものと言われている。

将門は、勢いに乗ってその進言を容れ、関八州の平定を志し、八幡大菩薩の神託と称して新皇を名乗り、興世王や自分の兄弟・腹心の兵などを各国の国司に任命した。

時を同じくして、西国では藤原純友が海賊を率いて朝廷に反抗し、後に承平・天慶の乱と言われて、律令国家の衰退を象徴する事件と評された。

天慶三年（九四〇）二月一四日、下総で藤原秀郷（ふじわらひでさと）・平貞盛（たいらのさだもり）の追討軍を迎え討った将門は、敵の鏑矢（かぶらや）に当たって敗死する。四月、京の東市に曝し首となった将門の首は、空に舞い上がり、いずこへともなく飛び去って行った、と伝えられている。その話を受けて、各地に将門の首塚と称するものがあるが、東京千代田区大手町にある首塚がその代表格である。なお、その近くにある江戸総鎮守の神田明神には、将門が祀られている。

秩父には、その首塚はないが、将門の伝説は各地に色濃く残っている。それはここが先述の、将門の類縁である秩父平氏の支配地であったことに因るのではないだろうか。

私はそれほどは知らないが、『秩父の歴史』（郷土出版社）所載の「秩父に残る将門伝説」（二ノ宮完二郎）によると、「秩父に残されている将門伝説は六〇近くを数える」ということである。

その一つとして、同書の氏の文章を引用すると、「石間の城山の絶頂に将門明神という石に刻んだ祠がある。将門の古城とあるが弟の御厨三郎将平（みくりやさぶろうまさひら）が城砦を築いたという。城峯山には桔梗に花が咲かない。将門の妾桔梗が内通の罪で惨殺された時、『桔梗絶えよ』と絶叫した、と伝わる」と。

『今昔物語』ほどの評価ではなくても、将門の行動を見ると、義侠心が強く、血気にはやった行動が多く、関八州の王国構想も、中央権力への反抗心のままに、出たとこ勝負のなりゆき任せで、行き詰まった律令体制を改革するというまでの構想を持った行動とは考えられない。強かったのは、私利私欲によって東国からの収奪ばかりを考えて、在地豪族の地盤を侵食する派遣官僚への、私憤の混じった義憤といったものだったようである。

当時、「受領は転んでも土掴め」という諺（ことわざ）があったように、坂東への出向を出世の手掛かりと考えて、都に帰るまでの間は蓄財にばかり走る、国衙の支配者に対する民衆の不満は、正面切って反旗を翻した将門への、期待と共感となって支持が広がった。

　将門の首への敬慕は、朝廷の苛政に対する、民衆の反応と解することが出来る。関東各地に根強く残る将門伝説も、それと符合するものと考えられる。ただ、秩父には将門の生存中の足跡はないために、ここに残る将門伝説は、城峯伝説からはじめて、敗北の悲劇を伝えるものばかりである。

　歴史的にもその敗北と、死亡の日時まではっきりしている事だけに、それはやむを得ないことかもしれないが、義経伝説同様に、それがかえって悲劇の主人公として、民衆の心を捉えたものかもしれない。

　将門が城峯山まで退去したという史実はなく、多少その痕跡のある砦を築いたのは、弟の御厨三郎という口碑はあるが、これもはっきりとはしていない。

　城峯山の山頂近くに、将門の隠れ岩と呼ばれる岩窟がある。ここには、二ノ宮完二郎氏が紹介している「桔梗絶えろ」の伝説がある。氏が採録したものは、桔梗の前が内通の罪で惨殺された時に、自ら「桔梗絶えろ」と絶叫したとしているが、もう一つ伝わっているものは、命を惜しんだ愛妾・桔梗の前の内通によって、隠れ岩に潜んでいた将門が敵に捕縛された時、愛妾の裏切りを知った将門が、痛恨の思いを込めて、「桔梗絶えよ」と叫んだことにより、以来、この山には桔梗が咲かなくなったというものである。伝説ではあるが、後者の方が筋としては自然ではないか。

桔梗の裏切りの様子を具体的に語る話もある。

《将門には七人の影武者がいた。藤原秀郷は、前に引き出された将門を含めた八人の武将の首実検を試みたが、皆同じ顔をしていて、どれが将門本人なのか全く見分けがつかなかった。そこで、秀郷は将門の愛妾・桔梗の前を責め立てて、助命と引き換えに将門の見分け方を白状させる。桔梗の前はついに口を割って、将門の特徴は、ものを食べる時に大きくこめかみが動くことだと伝えてしまう。これを知った将門は激怒して桔梗絶えろと叫んだ》

口碑は口から口へと伝えるものだけに、語り手によって、話にも微妙な変化が現れるものである。

数年前の事だが、この伝説を聞いたある麓の青年たちが、そんなことでこの山に桔梗の花が咲かないならば、オレたちが咲かせて桔梗の名所にしてやろうではないかと、計画を始めたところ、地元の古老から、先祖からの言い伝えはそれなりの文化として大事に伝えた方がいいと諭されて、計画を中止したという話がある。

伝説の上で、将門はここで捕らえられたという事になっているためかどうか、ここから先の秩父盆地内に伝わる将門伝説は、ほとんどが妃や愛妾と家来達の悲劇的な逃亡伝説となっている。

城山(2)――城峯山のもう一つの桔梗

将門の「桔梗、絶えろ」の伝説は有名だが、同じ旧吉田町でも城峯山の峰続きで群馬県側に寄った山麓に位置する太田部地区には、もう一つの桔梗伝説が伝えられている。《城峯山から藤原秀郷に追われた将門は、かねて親しかった山麓の太田部の豪族・新井氏に援けられて、人知れず山中に潜んで暮らしていた。

新井家の姫・桔梗は、将門の苦しい心境を慰めたいと、ときどき山家に通って、花を飾り、琴を弾き、舞を舞って見せたりしていた。ある日、追手の武将・藤原秀郷が将門探索の兵を引き連れて、太田部にやって来た。

姫は裏口から抜け出し、将門に急を告げた。将門は、「いまは、これまで」と覚悟を決めたが、姫は何としても将門を助けたいと、抜け道をたどって山中の窟屋に案内して、そこに匿(かくま)った。

新井家が匿っているらしいという噂を聞いた秀郷は、新井氏の館を探索し、姫を捕らえて厳しく責め立てた。しかし、姫はどんなに責められても、口を割らなかった。三日三晩の責め苦を受けて、やつれきった姫は、ようやく口を開いてこう言った。「将門さまは、すでに遠く落ち延びられたと思います故、包み隠さず申し上げまするが、将門さまは、私が裏道を手引きして、上州方へお送りいたしました」

姫の懸命の偽りだったが、秀郷はそれッとばかりに兵を率いて、上州の方へ駆け下りて行った。

追手が去ったと聞いて、将門は新井家に駆けつけた。姫はすっかり衰弱していて、将門の三日三晩の寝ずの介抱にもかかわらず、帰らぬ人となってしまった。その年から、城峯山には桔梗の花が咲かなくなってしまった》

これは将門伝説というよりは、新井家の姫の物語である。新井家といえば、一昔前までは、その地区の名門として知られていた。次は、昭和一八年（一九四三）に、太田部の小学校に赴任した新任の女教師・石間戸照子氏の記述である。

「一八年の三月に学校を卒業すると、上吉田村立の上吉田小学校に採用され、太田部分校に勤務することになりました。上吉田村と言えば隣村ですが、分校のある太田部はバスで塚越まで行って、そこから小川峠やら何やら幾つも山を越えて二時間余りも歩かなければなりませんでした。細い山道を歩いていると、突然、足もとから山鳥がバサバサ飛び立ったり、目の前をリスが横切ったりしました。

赴任するときには、何人かの村人が峠まで迎えに来ていて、荷物を持ってくれました。ここまでくればもうすぐですと言われたのですが、村は向こうに見えても、なかなか着きません。やっと村に入って、学校に着くと、村の人達がみんな集まっていて、教室にはご馳走がいっぱい並べてあり、大歓迎を受けました。

私は一八神社という村の神社のすぐ下の空き家をあてがってもらって、そこで自炊をすることになりましたが、土地の人が何かと野菜や煮物などを届けてくれました。

太田部分校は一年生十二人程でしたから、一、二年の複式学級でした。私はその一、二年の二十四人を担任することになりました。子どもたちはみんな素朴で、純朴でした。

太田部は上区、下区、奈良尾と三区に分かれていましたが、中心部に大きな構えの家があって、村の人達からお殿様とよばれていました。姓は新井でしたが、女中を二人ぐらい使っていて、派手な暮らしをしていました。お殿様は財産家で、ほとんど定まった仕事もなく、毎日のように学校に来ていました。

お殿様は村人すべてを呼び捨てにしていました。その子も村人を呼び捨てにしていました。その子は一年生で私が担任でした。そんなこともあって、私はお殿様に大事に扱われましたが、お殿様の家に行くと、お殿様は一段高い座敷に座っていて、たいそうな威勢でした。

太田部のすぐ下には神流川が流れていて、橋を渡ると群馬県です。だから、買い物はみんな群馬県でした。遠足のときも、群馬県の三原小学校へ行ったものです。秩父の側からみれば、あまりにも人里離れた地域なので、そのころは太田部に勤める女教師は一年交代ということになっていましたので、私も翌年には上吉田村の石間小学校に転勤を命ぜられました」（『最後の証言者』けやき会）

昭和一八年といえば、太平洋戦争の真っただ中で、戦況が不利に傾いていた頃の事である。川ひとつ渡れば群馬県。生活圏は完全に上州側なのに、行政的には武州秩父郡に属していて、秩父からは、山また山の向こうにある、隠れ里的な存在と見られていた。

右の記述によれば、実際、江戸末期から明治の初めの社会構造を、引きずっていた面があったように見受けられる。マスコミの発達や自動車道が出来る前の閉ざされた山地では、昭和になってもまだまだこのような封建遺制が根強く残っていたのである。

ただし、そこで見る限り、地域の有力者は、往々にしてみるような、地域住民への抑圧的権力者ではなかったようである。一段と高い座敷に座り、村人を呼び捨てにしていたなどは、昔の仕来りに倣っていただけで、村人達は、それも含めて丸ごと認めたうえで、お殿様に対して高い信頼を寄せていたと見受けられる。

それがなかったら、村人は無条件で新米先生を受け入れ、あんなに明るくもてなすはずがない。それがなかったら、「家（うち）の子」と一緒に殿様家の子どもを担任する先生が、お殿様の御屋敷に出入りすることを、良しとするはずがない。

　村人にとっても、この地区に伝統のある名家が存在することは、誇りだったのではないか。それがなかったら、将門伝説に名を借りた、新井家のお姫様の伝説が語り継がれたはずがない。伝説は悲劇的な話とはいえ、お姫様は、筋を通した生き方を貫いているのである。

赤柴(あかしば)――日本武尊と将門の伝説に彩られて

秩父市下吉田の赤柴は、珍しい地名だけにたくさんの地名伝説がある。古くは日本武尊の伝説である。尊一行はここ吉田川の畔に至ったときに日が暮れて道に迷う。そのとき、突然、尊が持つ鉾の先から光が発して、その先の椋(むく)の大木の根方に立つ人物を照らし出した。それは尊の道案内に立った猿田彦命だった。その由縁で、農民ロケット・龍勢花火祭りで有名な椋神社が創建されるという事になるのだが、その光を発した場所が光明場(あかしば)とよばれ、やがて赤柴となったという説明である。

次は平将門の登場である。朝廷に反旗を翻して新皇を名乗った将門は、藤原秀郷らに追われて、最後の砦として上・武国境の城峯山に立てこもる。しかし、ここも攻め立てられて敗北する。家臣たちは散り散りになったが、将門の妃を守った一団がここまで逃げて来た時に、追手に追い付かれて合戦となる。その時に敵味方の将兵が流した鮮血が、一面の芝を赤く染めた。それが赤柴の所以である。

次は伝説ではないが、赤柴の語源は紅葉の美しさから出たものだという説もある。しかし、これは字面を見ただけの解釈で、現地を見れば、吉田川沿いの低い段丘地帯で、取り立てて紅葉の映えるような場所ではない。

伝説はアカシバという音に適当な文字を当てて語られたものであり、次の語源説は赤柴の文字に依拠したものである。地名の謂れを説く有名人の事跡は話として聞けばいいのだが、文字に依拠した説明はともすると受け入れやすいものがある。右の赤柴などは、現地を知らなければ、そういうものかと思ってしまいそうである。

だが、この赤柴地区は、残念ながら紅葉の名所とは程遠い。地名を考えるときには、まず、文字は捨て去ることである。歴史的には何回も、地名には好ましい字を当てるようにという、いわゆる好字令が出されているし、人間の性としても、自分の住む土地は好感度の高い文字で表現したいという願望がある。

赤柴にしても、垢死場・赫屍馬などは、真っ平ご免ということになるはずである。良かれ、悪しかれ、漢字表記は脇に置いて、まず、現地の地形や様相を見る事である。赤柴集落は、緩やかに湾曲する吉田川の流れの外側に沿った、わずか数メートルの段丘の上に位置している。大水が出ると、たまには床下浸水まであるような地域なので、生活上、川との接点は多いのだが、美しく紅葉するような木々は、かえって乏しいと言わざるを得ない。

では、赤柴とは何か。ここで、シバ＝柴・芝の付く地名の形状を並べて見ると、皆、河口や海辺の洲のできる場所、小石の集積する地帯である。一例をあげると、有名な映画、『男はつらいよ』の主人公・寅さんの出生地、葛飾の柴又は、東大寺の正倉院文書にも出て来て、古くから知られているデルタ地帯である。

つまり、シバは石場なのである。イシは明石がアカシに、重石がオモシになるように、しばしばイ音が省略されて、「石」になりやすい法則を持つ。アカは明るいとか赤い色を表す。下吉田の赤柴は明石場か赤石場で、明るい開けた川原か赤石の多い川原という意味である。

なお、柴・芝・司馬・斯波・司波・石破などと表記されている土地も、これと同類と考えてほぼ間違いないようである。

＊詳しくは、拙著『秩父の地名の謎99を解く』の赤柴の項参照。

比丘尼ヶ城（びくにじょう）——半根古（はんねっこ）の上の隠れ城

秩父市石間谷の入り口の半根古集落の背後の岩山に、比丘尼ヶ城と呼ばれる小さな城砦跡がある。そこにはこんな伝説が伝えられている。

《平将門が城峯山に籠城したとき、尾根伝いに石間口に連なる半根古の岩山に砦を築いた。ここは太田部峠から越えて来る石間谷の全貌と、土坂峠や屋久峠を越えて来る上吉田側の上流まで見渡せる高所なので、その両面から寄せる敵を見張るには格好の場所だった。そこに上る道は現地の人しか分からないような所についていて、切り立った岩崖の上にある砦の平坦部は、下からは全く見えない。ただ、ここには水場がないので、飲み水は裏の粟野の山からキツネノトボシガラ＝竹似草（たけにぐさ）で引いて、大事に使っていた。

この砦には、ある比丘尼が将門一族の女人達を率いて立て籠もり、交代で見張りに立っていたので、比丘尼ヶ城と呼ばれていたという。

城峯の主城が藤原秀郷に襲われ、将門や家来達が散り散りになると、幾人かの兵士は砦の女人の許に駆けつけた。ところが砦近くの桔梗ヶ原までくると、追手の兵達と出会って大乱闘となる。

妻や娘達の目の前で繰り広げられた激戦で、敵味方共に死傷者が出て、桔梗ヶ原を血で染めた。岩肌を伝い流れた血は、後に黒血沢と呼ばれるほど、下の沢水をどす黒く染めた。目の前で命を落とす父や夫の姿を見て、女人達は自刃したり、岩崖から跳び降りたりして、次々と消えていった。

その後、この辺りを通る人が行方不明になることが続き、足を引きずる三本足の狐を見かけることが多くなった。人々は、あの戦いで脚を斬られた比丘尼の霊がさ迷っているのだとか、秀郷軍が水を止めるために切り離した、キツネノトボシガラの恨みだろうなど噂し合って、暗くなるとこの辺りには近づかないようになったということだ》

比丘尼ヶ城は岩山の上のわずかな山腹を、三段にわたって削った平坦地に築かれていた。城郭というよりも、砦・物見小屋といった方が相応しい場所であり、規模である。多くの研究家が指摘するように、これは地域を防御する城というよりは、戦乱の折に地域の住民が逃げ込むことを主目的とした、いわゆる「村人の城」だったのではないだろうか。もちろん物見の役は果たしながらのことではあるが。

戦国時代、秩父の山村には、大勢の家臣を擁する武将といったものはほとんどいなかった。武士といっても普段は農業を営んでいる小さな土豪=在地地主で、関東管領上杉氏が支配している時にはその許で、北条が武田に支配を認めた時期には武田の下で、鉢形北条が勢力を張った後にはその元で、走り回る他は生き方がなかったと言っていい。

その時代を通して、秩父が大きな戦乱に巻き込まれたのは、鉢形北条の支配下にあったときに受けた、武田信玄の侵攻である。信玄は秩父の西北を屏風のように取り巻く上武国境の上州側の地を抑え、そこから峠越えで秩父に侵攻した。

その通路は、城峯山を越えて阿熊へ、太田部峠を越えて石間へ、土坂峠を越えて塚越へ、屋久峠を越えて日尾へ、志賀坂峠を越えて三山へと、五通りもあり、武田勢は実際にそのすべての通路を使っている。

甲斐から児玉側を迂回して鉢形城を攻める事もあったが、それ以外は秩父は鉢形への経路である。もちろん、すべての攻撃が本拠地を目的とするものではない。敵支配地のどこを攻略しても、あるいは一部に損害を与えるだけでも、相手の力を削(そ)ぐことになる。

本城攻撃のための通過にしろ、その地域への攪乱(かくらん)にしろ、その攻撃を受ける度に、地侍は本城と連絡を取りながら、先ずは自力で応戦しなければならない。相手方は攻めるのも退くのも自在である。防戦の場合、どうしても相手方より大きな勢力を持たなければ、相手に翻弄(ほんろう)されがちである。

攻撃側は放火や田畑の刈り払いなど、敵の戦意をくじく事なら何でもやるのが、合戦の習いである。それで優勢となれば、乱取りが始まる。乱取りとは乱暴狼藉（らんぼうろうぜき）といって、戦場となった市街地や村落で食料や家財を力づくで奪う事である。

遠征の場合、徴兵された百姓や小物たちは、初めに多少の手当金を貰う場合もあったが、たいがい弁当は自分持ちで、予定通りに帰れない時には現地調達するしかない。現地調達とは、①買うか、②盗むか、③強奪である。日中戦争で戦線を広げ過ぎて、補給が利かなくなった日本軍は、徹底的に②や③をやったことはあまりにも有名である。

戦国武将は将来自分の領地にしようとする村には、それを禁じた。人心が離反しては将来の支配が難しくなるし、国力も地力も落ちて領地とするうま味がなくなるからである。また、敵地にあっても、何らかの縁故があったり、金や米穀を提供するところには、禁令を発し、制札を立ててそこを保護しようとした。

永禄一三年（一五七〇）、武田勢が飯田の高源院に、翌年には阿熊に、乱暴狼藉を禁じた制札を出したのはその例である。その二年前には、織田信長が法隆寺に制札を立てた。これは法隆寺が七〇〇貫文の軍資金を提供したためで、いわば制札を買ったことが知られている。仮に一貫文を一〇万円にすると、七〇〇〇万円の保険を掛けたことになる。当時は、いつでも起こりうる乱取りを避けるために金を出す、「礼銭」という言葉さえあったようである。

当面領地にするその目的がなく、相手を疲弊させるためだったら、むしろ、乱取りは黙認し、あるいは奨励する場合もあった。上杉謙信が主に農閑期に遠征したのは、領地の農業を守ると共に、引率する農民兵の出稼ぎ＝乱取りによる収入を目論んだものだったとさえ言われている。

農業を主体とする土豪や、百姓達にとっては、領主の都合で合戦に引き出されて、何の見返りもなかったら、戦意が上がるはずはない。そこで領主達は、土豪には領地の安定を保証したり、召し上げたりという飴と鞭のうえに、功名を上げればどこそこの土地をやるという約状を発給し、百姓には、戦勝のうえは「乱取り勝手」と告げたりして、大きな収穫を夢見させて引っ張り出す手立てを考えていた。

黒田長政が描かせたという、「大坂夏の陣図屏風」には、大阪市街の乱暴狼藉の場面が、如実に描き込まれている。逃げ惑う市民の男女を、旗指物を背にした鎧兜の武士達が槍を持ち抜刀して追い回し、持ち物を奪い、女性に乱暴している様子。裸で褌一つの農民兵達が、これも抜き身の刀を振り回して女性を襲ったり、奪った大荷物を天秤棒に掛けて嬉しそうに担いでいく姿など、やられる立場の視線で見れば、それは目を覆うばかりである。

実際、やられた立場からの記録もある。群馬県榛名町の長年寺の受連という僧侶が書き残した覚書である。「永禄四年（一五六一）、武田信玄が西上野の国峰城に出陣して付近一帯を攻略した時、受連は信玄に請うて制札をもらい、兵が押し寄せる度にそれを振りかざして寺を守った。しかし、戦乱のどさくさの中ではなかなか功を奏せず、兵火七年の間に寺の周囲での合戦が一回、衣服をはぎ取られたのが三回、馬や持ち物を奪われたことは数知れず、その間に寺門の住民二〇〇人は離散して行方知れずになり、地方一〇〇里の間の寺社は無人となった。それでも私は一人で寺を守った。」——つまり、この場合は、制札があっても寺を焼かれないだけだったようである。

桶狭間の合戦で今川勢が敗北したのは、戦勝に乗じて、兵士達が乱取りに夢中になっている隙を突かれて、態勢を立て直す間もなく反撃されたためという説さえある。

乱取りの対象は、食糧や家財だけではなかった。「足弱」と言われた、老人・女性・子どもも略奪の対象だった。当時の宣教師の記録には、数珠繋ぎにされた若者や女子どもが戦場から引かれていく様子や、船に積み込まれて、東南アジアに売られていく捕虜達の見聞記が幾つも見られる。

当然、それはこの地域でも行われていて、天正一四年（一五八六）三月、北条氏邦は鉢形城下での人身売買を禁じる掟書（おきてがき）を出している。また、鉢形落城直前の天正一八年（一五九〇）四月、北条氏が開城した高崎・箕輪城の請け取りを、真田昌幸に命じた秀吉は、女童の拉致・売買禁止の指示を出し、禁を犯した者は成敗するとまで言っている。

城下の安定や、合戦後の支配が確実となった時には、このような措置が取られたが、乱世の中ではその限りではなかった。その場合、敵に完全に蹴散らされたときや、屈強の若者達が局部的な戦場に駆けつけている隙を突かれたら、地元に残った「足弱」達は、ひとたまりもなく蹂躙(じゅうりん)されることになる。

それを避けるために、庶民は地域の実情に応じて、いろいろな工夫をした。例えば、天文二一年(一五五二)北武蔵制圧を目指した北条氏康が上・武国境に位置する児玉地方の領主・安保氏の金鑚(かなさな)御嶽城を攻略したときに、近くの寺にいた僧は、民衆の避難の実情を次のように記している。

「いろいろな所に逃げたが、寺の近くの利根川の中州の小島に、近辺の数千の人が小屋をかけて籠もった。我らも逃げ込んだが、小屋が狭くて、これを書く所もなく、立ったまま書くこともあった。暫く戦乱が続いたが、少し静まれば寺に帰り、また動きがあればこの小屋に入るつもりだ」

利根川の中州に、庶民達が協力して小屋掛けした様子がうかがえる。山村では山に逃げ込む他はない。それもバラバラではいろいろな意味で効率が悪いから、地域ぐるみで条件のいい場所を探す必要がある。その点では、下からは見えず、他所からは入りにくい、「比丘尼ヶ城」は最適な場所である。

主に女性が老人子どもを引き連れて逃げ込んだ砦という印象から、「比丘尼ヶ城」と言ったものか、それとも、地元で指導力のある尼さんがリーダーとなって、あの時代を凌いだものか、将門伝説に託して語られているものは、そんなところではないだろうか。

秩父では、最近になって、影森在住の堀口進午氏らが次々と小規模な山城の跡を発見している。それらの中には、「村人の城」の要素が強いものも含まれているようである。城砦の様相を呈していないものなら、各地にもっとたくさんあったのではないかと思われる。

明治一七年（一八八四）の秩父事件のとき、私の祖父は一三歳だった。蜂起の動きが伝わり、駆り出しの慌ただしさの中で、祖父達「足弱」の者は、難を避けるために、鍋・釜・布団を抱えて、集落の一段と高いワッテーラ＝上平という墓地の後ろに隠れたと、よく語っていた。これは、やはり戦国時代の行動様式をそのまま踏襲する動きではなかったかと思う。

比丘尼ヶ城の岩崖の真下には、五〜六人の人が寝られるほどの岩の窪みがある。これは守備兵達の寝小屋に当てられたものではないか。いざという時には、家具や農具の隠し場所にもなる。

半根古という珍しい地名も、城下によくある根小屋に準じた、半・根小屋という意味ではないだろうか。

十二御前（じゅうにごぜん）――将門の妃の悲劇から瞽女の悲話へ

秩父には平将門の伝説がたくさんある。特にその妃とか愛妾とされる女性にまつわるものが多いのだが、「十二御前」もその一人である。伝説だから、妃でも妻妾でも侍女でも自由自在だが、十二御前という名からすると、位置づけは妃という事になるのだろうか。

幾つもある伝説の起点は、上・武国境の城峯山での将門の敗北である。前述の「城山」や「半根古」の項から始まって、郡内各地に伝説の足跡を残すのだが、小鹿野町に伝わるこの話もその一つである。

《城峯山を追われた将門軍は散り散りになってしまったが、将門の妃の十二御前を守って逃げた一団は、吉田川原で追っ手に追い付かれて、合戦が始まった。そのとき斬られた敵味方の将兵達の血が、川原の芝を赤く染めたので、その地を赤柴と呼ぶようになった。

そこでようやく敵を追い払って、峠を越えて小鹿野の腰の根まで来ると、また新手の敵が追って来た。そこで態勢を立て直して、最後の勝負を賭けたところが、後に勝負沢と呼ばれるようになった。妃を守ったほとんどの兵はここで討ち死してしまった。土地の人達ばれている。

はこれを哀れんで、懇ろに弔って、峠の麓に団子を供えたので、以後この峠は団子坂と呼ばれている。

十二御前は、もはやこれまでと覚悟を決め、今の小鹿野小学校の近くにあった井戸で首を洗い清めて、喉を突いて自害して果てた。これを見た近所の人達は妃を葬り、そこに十二御前神社を建てて、後に稲荷神社を合祀して、毎年お祭りをして妃の霊を慰めている。なお、妃の首洗い井戸は、覗くと祟りがあると恐れられていたが、近年になって消失している》

別の伝説では、十二御前とは、妃の山吹御前と十一人の侍女だという。

十二御前の伝説は栃木県にもあった。矢板市大字山田にある史跡にまつわる伝説で、この名は小字にもなっている。戦国時代の天正一三年（一五八五）三月二五日、山田城主・山田辰業（たつなり）は薄葉原の合戦で敗れ、夫人の菊の前は十一人の侍女を伴って裏の山まで逃げたが、敵に追い詰められ、崖の上から次々と箒川に身を投げた。その故事に因んで、この地を十二御前と呼んでいたが、今はその集落は消滅してしまったという。

日付まではっきりしているのだから、山田城の落城は史実なのだろう。落城に伴う、城主夫人の入水悲話の伝説はよくあることなので、これもその類かもしれないが、将門の妃の話よりは確実性がある。

というのは、将門が常陸から逃れて城峯山に籠もったという話は、研究者の間では否定されているからである。

『新編武蔵風土記稿』は、石間村＝現秩父市石間の項で、「城峰山　村の西北の間にあり。登ること凡一里余、此山、土人城山と唱へ、将門の弟御厨三郎将平の城址なりと云」と記している。この地誌が編集された文政一一年（一八二八）、つまり、今から約二〇〇年前頃には、土人＝地元の人は、城山は将門の弟・御厨三郎将平の隠れ砦だったと語っていたことが分かる。『秩父風土記』も城山を「石間城」と呼んで、御厨三郎の籠もった城と断じている。

なお、皆野町の円福寺の墓地に平将平の墓と伝える、崩れ果てた五輪塔と見られる石塔がある。『皆野町誌・通史編』が詳しく論証しているが、これは『風土記稿』でも取り上げて、その頃でさえ既に、「今、毀折して文字読べからず」と述べているほど古いものである。

『将門記』（九四〇頃）では、将平は、兄・将門が新皇を名乗ろうとしたときに、「そんな理不尽なことをすると、後世に誹りを受ける」と諫めたような理性的な人物として描かれ、追随する取り巻きばかりの中にいて、血気盛んだった将門には、やや疎んじられる存在だったようである。

伝説にはドラマが欲しい。それには冷静な人物よりも、血気盛んな人物の方が、主人公になりやすいことになる。派手に動いた将門の陰で、理性的な将平は影の薄い脇役に過ぎなかったから、伝説の中ではいつの間にか主人公が入れ替わってしまったという事も考えられる。

ところで、『秩父風土記』は大血川の九十九（つくも）神社のことのようだが、「落川十二所権現は、将平に女房達・小児等十二人を祭る所に、この例多し」とか、「山中・秩父の内にて野栗明神または十二所権現と称するものは、皆、将平の余類の祭る所の神なり」と記している。

山中は上・武国境の志賀坂峠を越えた上毛側の神流川流域一帯の名称で、峠の向こう側の村が山中領の旧野栗村である。同書は野栗明神について、「これは石間落城（の折）若子女中、山中領へ忍び、野栗村にて没す。将平の子息・女中を野栗明神と号す。（秩父側の）藤倉村に石間の余類残りおり、この地へも野栗明神を祭るなり。（将平の）奥方は、（志賀坂峠を越えた最初の集落）真物（まもの）にて没す。（名を）駿河の前と申す故に、いま駿河明神と申すあるなり」という。藤倉村にも野栗明神を祭るとは、いまの小鹿野町藤倉の倉尾神社の事である。

さて、これによると、十二御前神社は、古くは十二所権現と称したのかもしれない。いや、十二人の霊を祀るとすれば、十二者権現だったのかも。

なお、前出の国道二九九号線の群馬県境・志賀坂峠には、『十二の御瞽（ごぜ）』の伝説がある。御瞽が来るとお蚕が当たるといって歓迎されていた、越後の盲目の女芸人一二人が、この峠で雪崩に遭って亡くなったという悲話である。

この峠の向こう側が、『秩父風土記』のいう群馬県の山中地区である。話の内容は全く違うが、「十二御前」と「十二の御瞽」の音の共通性から、これも元は十二所権現だったものが、原意を忘れられて、新しい伝説を生み出したものと考えられる。

大血川（おおちがわ）——将門妃主従の悲話を伝える落川

秩父市大滝の雲取山に流れを発し、三峯神社の東麓を巻いて、荒川に合流する谷川を大血川という。埼玉県では、深谷市の血洗島と並んで、不気味な物語の存在を連想させるような地名である。

血洗島は深谷市の利根川と小山川の間に位置する低地で、明治の実業家・渋沢栄一の生家がある所として知られている。『新編武蔵風土記稿』によれば、ここは天正年間（一五七三〜九二）に開拓され、五軒の家から始まった村だという。地名の由来としては、後三年の役のころ、源義家が利根川の戦いで片腕を斬り落とされ、この地でその血を洗い流したという伝説が語られている。

血洗島の本来の意味については、氾濫しやすい川の流域で中世まで人の住まない土地であったことから見て、「地荒れたシマ」と見るのが妥当ではないかと思う。傍証として、その流域に石荒・石蔵・砂田・荒句など、荒れ地を表す地名がたくさんある事が挙げられる。シマは中州をはじめ一定の区画を言う古語だが、この場合は正に二つの川に挟まれた島である。人の住む中州を居島という。以島などの字を当てて姓となっている例もある。まとめていえば、「血洗島」＝「地荒れた土地に入居した区画」という意味になる。

なお、東松山市在住の地名研究家・高柳茂氏は、その著『滑川町の地名』で、「千・新井・島」＝「多くの湧水の出る所」と解していたが、これも傾聴に値する見解である。

大血川の名の由来については、平将門伝説によって語られている。

《朝廷に刃向かって、関東一円に君臨した将門は、新皇と名乗って威勢を振るったが、天慶三年（九四〇）追討使の俵の藤太こと藤原秀郷との合戦に敗れ、遠く上州境・秩父の城山まで逃れて、ついにこの山頂で秀郷の軍に捕らえられる。

妃の桔梗の前は、将門が奮戦している間に、家来達九〇余名に援けられ、更に逃げ延びて、小鹿野の里の菖蒲坂で勝負を賭けたりしながら、幾つもの峠を越えて、この谷川の畔に到着する。

一行は谷川の清冽な流れに手を洗い、口を漱いだが、誰も彼もが疲れ果てて腰を下ろしたまま、言葉を交わす者もなかった。そこへ執拗に追ってきた秀郷の手の者がぐるりと一行を取り囲んだ。

追手の武者達は、大声で将門公を捕らえたことを告げ、降参を呼び掛けた。夫の死を知った桔梗の前は、もはやこれまでと覚悟を決め、懐剣の柄を握りながら、従者たちに向かって言った。

「主を追うは、鴛鴦の契りを結びし妻女の習い。わらわはこれより将門公の御側に参るほどに、そなた等は徒に命を捨てることなく、いずこへか落ち延びて、御家再興に務めながら、吾等が菩提を弔うてたもれ」

妃は懐剣を喉に突き刺した。迸る血しぶきを見て、ワッと泣き伏した侍女達は、やがて我に返ると、競うように懐剣を取り出して自害した。それを見た随行の武士達も、鎧を捨てて腹を掻っ切った。

折り重なった屍から流れ出た血は、その谷川に流れ込んで、三日三晩の間、川を真っ赤に染めたという。以来、村人はこの川を大血川と呼んだ。

妃の死を悼んだ村の人々は、川の畔に塚を築いて懇ろに葬り、桔梗塚と名付けた。ここで桔梗の前が息絶えたので、それからは、この辺りの野山の桔梗も、すっかり絶え果ててしまった。

村人が、妃の後を追った侍女や、随行の武士達の数を数えると、九九人に達していた。村人達は主人思いの従者達を哀れんで、九十九神社を建てて祀った。この神社は村の小高い山の上で、静かに大血川の流れを見守っている》

何とも哀れな地名伝説だが、その本意は何か。『秩父風土記』では、「落川」と書き、

「御厨三郎の落人集まる所なり」としたうえで、「落川は山より水落る川なり。落人（おちうど）集まる所の川とも、軍（いくさ）ありて血落る川ともいわれ（るが）、付会＝こじつけ、なるべし」と述べている。

「山より水落る川なり」といえば、川は皆、「落川」になってしまうが、川の名を合戦や落人の血に結び付けるのは、こじつけだと言っているのは、その通りである。

オオチガワはオチガワに通ずる。「落川」は各地の山の中にある谷や沢に付けられている名称で、「魚留の滝」と同様に、これから先は魚も登れない川という意味である。このオチは秋口に産卵のために川を下る鮎を、「落ち鮎」というが、その落ちである。

子（ね）の神様（かみさま）——椋神社（むくじんじゃ）との奇妙な取り合わせ

秩父市下吉田の龍勢祭りで有名な椋神社の末社に、藤原秀郷が鼠（ねずみ）を祀ったという子の神の祠がある。いまは個人の管理となっているようだが、近くを流れる阿熊川には「子の滝」と呼ばれる滝壺もある。その謂れについては、次のように語られている。

《天慶の乱を起こした平将門は、藤原秀郷に追われ、石間の城峯山に立て籠もった。秀郷はここまで追い詰めたものの、高い山城を攻めあぐねて、麓で幾日も足止めされていた。

そこで秀郷は、麓の椋神社に七日七夜お籠もりして戦勝を祈った。すると七日めの晩になると、どこから出て来たものか、椋神社の境内に鼠の大群が集まり、城峯山をめがけて走り登って行った。

将門の陣は夜中に鼠の大群に襲われ、大混乱に陥った。手のつけようもなく逃げ惑う兵達をしり目に、鼠の群れは兵士に跳びかかり、鎧兜（よろいかぶと）の糸を噛み切り、弓の弦や矢羽根を噛み切った。その様子を見て取った秀郷は、一気に夜襲を掛け、手もなく将門軍を打ち滅ぼすことが出来た。

秀郷は椋神社に戦勝を報告し、神社守護として、境内の子の方角＝北方に、子の神の祠を建てて祀った。そのために、その辺りの地名も、子の神と呼ばれるようになった》

椋神社に祈願したら、霊験として鼠が現れ、功徳を施した。そのために、子の神を祀ったという話である。椋神社と鼠の取り合わせには、どんな意味があるのだろうか。それを解く手掛かりに、まず浮かんでくるのが、子の権現である。

私は子の権現には、幼い頃のほろ苦い思い出がある。家族で過ごす夜の話題で、どこかへ連れて行ってとせがむ私に、母は、「だったら、子の権現に連れて行ってやるよ」と答えた。喜んで、「ほんと！　いつ連れてってくれる？」と急き込むと、「今夜すぐに」と言う。ビックリしていると、それは寝床の事だった。

「寝るのが一番楽だ」と言ったのは、今にして思えば、仕事と子育てに疲れ切っていた母親の本音だったのだろうが、見事に肩透かしを食った私は、子の権現と聞く度に、半べそを掻きながらふてくされて寝床に入った、その頃のことを思い出す。

通称・子の権現で通っている、大鱗山雲洞院天龍寺（だいりんざんうんどういんてんりゅうじ）は、飯能市にある天台宗の寺である。本尊は日本に一体しかないとされる、子の聖（ねのひじり）大権現である。他に、この寺を創建した子の聖が難を救われたという、十一面観音も祀っている。

《創建は延喜一一年（九一一）、子の聖による。子の聖は天長九年（八三二）、子の年・子の月・子の日・子の刻に、紀伊国で生まれ、幼くして僧となり、諸国を巡って修行した。あるとき、出羽三山の月山の頂で般若心経を唱え、「願わくば、永く跡を垂れる所を示し給え」と、その経本を空へ投げ上げると、南に飛んで当山の奥の院の経ヶ峰に降り立った。経本は金色の光を発していたので、子の聖はそれをたどってこの地に至り、この寺を建立した》ということである。

寺では、子は物事の初め、すべての物を生み出し、育む大本の意味があると説く。功徳は足腰の守護の神と言われている。

なお、全国的にみても、子の神様はあまりないのだが、すぐ近くの越生町にも子の権現社がある。これも古く、鎌倉時代以前の創立らしく、文治四年（一一八八）の越生氏一族の事を記した古文書に、この子の権現の名が見えるという。

しかし、これだけでは、椋神社の子の神に繋がるものはない。そこで、子について考えてみると、子の年・子の月・子の……、子は十二支の初めにあるので、暦の初め、時間なら〇時・方角なら北である。「子」の字を鼠とするのは十二支だけで、他に鼠を子と書くことはない。十二支の始まりは分かっていないが、中国では殷（紀元前一六世紀～前一〇二三）の時代には、既に使われていたことが分かっている。

なぜ、子が一番先にきているのかも、理由は分からない。一説によると、神様が十二支を作る時に触れを出し、これこれの日の朝、神の家の門が開くときに、入った順に名前を並べる事にしようと言った。鼠は牛＝丑が真っ先に起き出したのを見て、その背中に飛び乗り、門の前に来たときに、ピョンと跳ねて一番に門に入ったので、子・丑の順番が付いたという。

ついでだが、その前の日、猫にあれはいつだっけと問われた鼠は、すばしこい猫に先を越されてはまずいと思って、わざと一日遅れの日を教えたものだから、猫は翌日の朝出掛けて行って、何を今頃のこのこやって来たと神様に叱られた。それ以来、猫は鼠を見ると、今でも追い掛け回すという。

鼠という字は象形文字で、上の臼のような部首は、鼠の口の中の歯を表し、下の部分は腹・爪・尾を表しているという。こういう動物を齧歯類（げっしるい）といい、それは哺乳類のネズミ目で、現在、約三〇科・四〇〇属・千数百種を含み、哺乳類中最大の目という。それだけに、鼬（いたち）・鼯（むささび）のように鼠を扁にした漢字は、『大漢和辞典』には一〇七字もあるという。その旺盛さは、繁殖力だけではなかったようである。

鼠はその歯でもって穀物や野菜を齧（かじ）り、米びつを齧り、壁や板戸を齧り、箪笥を齧って、衣類も齧る。それも、夜、人が寝静まってからコソコソと這いだし、時には天井裏で我が物顔に駆け回ったりするから、人には嫌われる。

中には、秩父の石間の出身という噂もある、鼠小僧次郎吉のような変わり種もあるが、大体、鼠にたとえられるものは嫌われ者である。

だが、一方では、神出鬼没の神秘性と、繁殖力の旺盛なことなどから、子孫繁栄と子育ての神とか、豊作や金儲けの神の性格を付与されて、崇められる面もある。

鼠算という言葉がある。正月に二匹の鼠が一二匹の子を産み、二月にその一二匹が一二匹ずつ子どもを産む。そのようにして一年経つと、鼠の家族は二七六億八二五七万四四〇二匹になるという。これではソロバンを何とも身上とした、江戸の商人などからは、信仰の対象にならない方がおかしいと言えるだろう。

鼠を眷属として崇拝されているのが、大黒天である。大きな袋を担いで、肥え太ってにこやかな顔をしている大黒像の足元には、たいがい数匹の鼠がちょろちょろと彫られている。大黒様と鼠の取り合わせには、どんな謂れがあるのだろうか。

第一、大黒様ってダレなんだと、追っかけてみると、それは大国主命だった。そういえば、古事記神話の大国主命は、大きな袋を背負って、因幡の白兎を助けていた。因幡国はいまの鳥取県の東部に当たる旧国名である。

その話は昭和時代の小学校の国定教科書の唱歌になっていたから、その時代に生きた人は皆知っている話である。「大きな袋を　肩に掛け　大黒様が　来かかると　ここに因幡

の　白うさぎ　皮を剝かれて　赤裸……」みごとな七・五調の名文句で始まるこの歌を、皆で声を揃えて歌ったっけと、思い出す人もいるだろう。

大国主命は『古事記』に記されただけでも、七つの名前を持っている。それだけ別の神格になるような、多彩な才能を持っていたということだろうが、この時は大穴牟遅神と記されている。大穴牟遅は、八十神＝たくさんの異母兄弟の末っ子である。

兄達はいじめっ子で、末の弟に旅道具を入れた大きな袋を背負わせて、因幡国の絶世の美女・八上姫への求婚の旅に出る。途中の海辺で、鰐を騙したために皮を剝がれてしまった白兎に出会い、いじめっ子の兄達はおもしろがって、海水に浸れと教える。まさに傷口に塩を塗ったと同じで、痛み泣き苦しむ兎に、後から来た大穴牟遅が、蒲の穂綿に包まれと優しく教える。

それを知った八上姫は、兄達の求婚を断り、大穴牟遅と結婚したいという。怒り狂った兄達は、大穴牟遅を殺そうと、山の上から真っ赤に焼けた大岩を転がし落としたり、太い木の股に挟み殺そうとしたりするので、心配した親神が、「根の堅洲国の須佐之男命を訪ねて、いい知恵を授かれ」と教える。因みに、須佐之男命は『日本書紀』では素戔嗚尊と書いている。

根＝地下だから、根の国とは、土葬されたところの国＝黄泉国の事である。大穴牟遅との関わりが見えてきたようである。訪ねて行くと、須佐之男の娘・須勢理姫(すせりひめ)が出て来て、「私好みの、いい若者が来たわよ」と、父親に紹介する。

須佐之男は、婿試(むこため)しとして、大穴牟遅に次々と難題を吹っ掛ける。まず、蛇小屋に寝かせたり、百足と蜂の小屋に寝かせたり。大穴牟遅に好意を寄せる姫の援助で、それを切り抜けると、今度は枯れ野に出て鏑矢(かぶらや)を射り、それを探して持って来いと言う。

野に入ると、須佐之男は巡りから火を放つ。大穴牟遅は火に囲まれてしまい、途方に暮れていると、足元から鼠が出て来て、「中は空洞だから、強く足踏みしてみな」と教えた。その通りにすると、すっぽりと穴が開いて、大穴牟遅が落ち込む間に、火は巡りの枯れ草を焼き払って去って行った。

大穴牟遅が穴から這い出すと、鼠が鏑矢をくわえて来て差し出した。見ると、矢羽根は、子鼠が食い散らかしてしまっていた。これが大穴の中での大黒様と鼠との出会いである。

鼠は土の中＝根の国に巣を作る。根の国に住んでいるから、「根棲(ねす)み」だという語源説もある。なお、西暦一〇〇年頃に書かれた、中国最初の字書、『説文』には、ネズミは穴の中に棲む虫の総称とある。

須佐之男親娘は、大穴牟遅が死んだと思って、葬式用具を持って地上に出て来る。娘の方は大泣きである。そこへひょっこり大穴牟遅が出て来て、鏑矢を捧げる。

親父の方は、どうやら娘かわいさに、大穴牟遅を追い返したいらしい。根の国の部屋に招じ入れると、今度は、「オレの頭のシラミを取れ」と命じる。

大穴牟遅はハイと答えて頭を見ると、シラミどころか、大百足（おおむかで）がうようよしているではないか。大穴牟遅が手を出しかねていると、娘は「是（ここ）に牟久（むく）の木の実と赤土とを取りて授け」（『古事記』）たという。

大穴牟遅は牟久の実をかみ砕き、赤土を口に含んで吐き出すと、親父さんは、大穴牟遅が百足をかみ砕いたと思って、安心して寝てしまう。その隙を見て、愛し合う二人は手に手を取って、現世（うつしよ）の国に逃げ帰ってきたという結末である。

さて、須勢理姫が百足退治に差し出したのは、「牟久の実」＝「椋の実」である。ここで、大穴牟遅命＝大国主命＝大黒様と鼠と椋（神社）との繋がりが見えてきた。

なお、大国主命（おおくにぬしのみこと）がなぜ大黒様（だいこくさま）になったかというと、「大国（おおくに）」を音読みしたダイコクに「大黒」の字を当てたまでの事である。そのおかげで、大黒様は、その尊像まで真っ黒に塗りつぶされる羽目になった。

ついでに言うと、その後の大穴牟遅命はいろいろと活躍するのだが、八千矛神（やちほこのかみ）と呼ばれて、出雲国から大和国に行こうとするときに、初めは黒づくめの衣装を着る。だが、見回してみて気に入らずに、次は青づくめに着替えてみるが、これも気に入らない。あれこれ試して、最後に気に入ったのが、茜色（あかねいろ）の衣装である。茜色は渋い赤色。なかなかのお洒落のようだから、いま真っ黒に塗られて満足しているかどうか。

伝説は、将門や秀郷は付会に過ぎないが、椋神社と子の神については、古事記神話を下敷きに作られていたことが分かる。子鼠がその習性として鏑矢の羽を食い散らしたことが、将門勢の鎧兜などの結い糸を噛み千切った話と重なる。

そうなると、椋神社は大国主命を祀った神社なら、これで整合性の取れた伝説となる。ところが、椋神社の主神は猿田彦命である。これについては、日本武尊が道に迷い、猿田彦命に導かれたことから、ここに神社を創建して命を祀ったという伝説がある（本書「赤柴の項」参照）。

神社の由緒記には、藤原秀郷が椋神社に祈願して将門に勝利したことから、氏神の春日四神を勧請・合祀したため、以来、井椋五社明神（いくらごしゃみょうじん）と呼ぶようになった、と記されている。その名は江戸時代の文献にも見えるというから、かなり長い間、そう呼ばれていたことが分かる。

因みに、春日四神とは、武甕槌命（たけみかづちのみこと）・斎主命（ふつぬしのみこと）・天児屋根命（あめのこやねのみこと）・比売神（ひめかみ）の四座で、合わせて春日明神・春日神社と呼ばれている。ここにも、大国主命の名は見当たらない。もっとも、春日大社は大和系の神々を祀る神社だから、出雲系の大国主命を併せ祀るはずがない。

ということになると、大和の直系を誇る藤原氏の一族として、神々の時代には敵対していたはずの出雲系の子の神を、秀郷が祀ったという伝説にはほころびが出る。『古事記』の知識を十分に生かした伝説だが、その創作に秀郷を持って来たところに無理があったのか、どうにも解せない伝説である。

それにしても、その土地が、子の神という信仰地名となっているということは、かなり古くから、ここに子の神が祀られていたことを示している。

雨乞いの宮——貴布祢神社の謂れ

秩父市下吉田の井上に、欅の大木に囲まれた広い社地を持つ、貴布祢神社がある。前項の椋神社の約一キロほど上手の地域である。縁起によると、創建は弘仁九年（八一八）である。

《その年は日照り続きで、畑は荒れ、田んぼはひび割れて、稲も枯れ枯れになっていた。村長は水の神に祈り、雨乞いをした。長に仕える男が、涸れた田んぼで仕事をしていると、俄かに西の空が黒雲に覆われた。驚いて見上げると、黒雲の中からきらめいた一筋の光が、田んぼの傍に立つ大欅を照らした。

とたんに、黒雲は空いっぱいに広がり、大粒の雨が降ってきた。作物は生き返り、村の人々は濡れるのも忘れて、空を見上げて喜びの声を上げた。

田畑を十分に潤して、雨は止んだ。欅の根元に雨宿りしていた男が、光に照らされた欅の大樹を見上げると、一本の幣束が枝に懸かっていた。男はこれは先の光の御神体に違いないと思って、それを降ろし、腰に下げていた昼飯をお供えして、慈雨に感謝を捧げた。

それを聞いた長は、この幣束は祈りに感応して慈雨をもたらした、貴船神社の分霊と思い定め、村人を集めて、村に古くからあった祠に安置した。それよりこの祠を貴布祢神社と呼び、村の鎮守と定めて丁重にお祭りを行い、それが今に続いている》

村長の祈りに感応して雨を降らせたという貴船神社は、京都の貴船町に鎮座する古社である。主祭神は伊弉諾命の御子神・高龗神と闇龗神。記紀神話では、妻の伊弉冉命が火の神を産んだために死亡したことを怒って、夫の伊弉諾命が火の神を三つに斬り刻んだところ、その三体が、雷・大山祇神・高龗神になったとする。

高龗神は山上の龍神である。またの名は、船玉神。それに対して、闇龗神は谷間に潜む龍神で、ともに雨を降らせたり、止ませたりする神という位置付けである。その他の祭神は、大山祇命・玉依姫命・磐長姫命である。

社の創建時期は不明だが、太古、この神々が、万民安護のために、天上より丑の年の丑の月の丑の日、丑の刻に、貴船山の中腹にある鏡岩に降り立ったと伝える。そのために、縁日は丑の月の丑の日と決まっている。

天武白鳳六年には、社殿の建て替えを行ったといわれ、また、『日本後紀』（八四〇）には、嵯峨天皇弘仁九年（八一八）七月、干ばつのため、山城国貴布祢神社に使いを出して降雨を祈った、という記録があることから、相当古い神社であることが分かる。

奥社創建の由来を語る伝説では、祭神の玉依姫命が、「吾が乗る船の止まるところに祠を建てよ」と宣して、水源を求めて黄色の船に乗り、浪花の津＝大阪湾から淀川・鴨川を遡り、その源流である貴船川の上流に止まったので、そこに社を建てたのが、いまの奥社であるという。そのため、古くは「黄船の宮」と言ったと。

嵯峨天皇が雨乞いの祈願をしたという話を引くまでもなく、この神々は水を司る神であることは間違いない。『記紀』は、火の神を斬り伏せたところから、水の神が産まれたとして、火と水の関係を端的に表している。火の災いを鎮めるものは、水しかないという思いである。

火の神から産まれた三体のうち、雷は稲妻を伴って雨を降らし、大山祇命は山を管理する総責任者の神として水源を守り、龗は龍の霊魂として、雨雲を自在に操る能力を持つ。

その神々がもたらす水は、万物の命を繋ぐ源である。そこから貴船は古くから、「気生根（きふね）」と書いて、気運隆昌・諸願成就の効能ありとした。また、清浄な水は濁してはならないことから、キブネではなく、キフネ様と呼び習わした。連濁音で読みがちな、「ブ」という濁点を忌んだものである。

井上村の長が祈って勧請した貴船神社の分霊は、全国に約五〇〇社以上あるという。近くには椋神社があり、その摂社に、子の年・子の月・子の日・子の刻に産まれたという、子の神があるのもおもしろい。貴船神社は、十二支誕生物語で、鼠＝子に出し抜かれた丑ぞろいだという。

それよりも、椋神社は、古くは井椋（いぐら）神社・井椋様と呼ばれていた。どうやら水に関係がありそうな、「井」を含む名である。その少し上手に、これは紛れもなく、水＝井の神を祀る貴布祢神社がある。

その村の名は、「井上」である。井椋の井の上の地区だから、水神・貴布祢神社を勧請したのか、貴船の神々を祀った神社があるから、井上の地名になったのか。おそらく、前者だと思うが、専門的に突っ込んでみる価値のある繋がりだと思う。

蒔田（まいた）――秩父平氏の牧場経営の料田（りょうでん）

古式ゆたかな御田植神事が行われる、秩父市蒔田の椋神社の縁起には、蒔田の地名の由来が、次のように記されている。

《往古、日本武尊がちちぶヶ嶽に登られた折に、尊は山上から穀種を付けた矛を投げられた。その矛が当地に落ち、穀物が豊かに実ったので、この地を蒔田と呼ぶようになった》

よくある偉人と結びつけた地名伝説だが、『増補・秩父風土記』は、もう一つ別な伝説を記している。《椋神社、大己貴命（おおなむちのみこと）也。始、美濃国、蒔田の里より稲穂を持参り勅使あふせ（仰せ）て蒔付給ふ。神社を設け村を蒔田の里と名付けた》というものである。

平安時代の後期、関東八平氏、武蔵七党等の武士団が結成されるなかで、秩父地方にいち早く拠点を築いたのは平氏の将恒（まさつね）である。将恒は桓武天皇を祖とする平氏で、祖父である武蔵守・平良文（たいらのよしふみ）が村岡＝現・熊谷市に住み、父・忠頼も武蔵押領使（おうりょうし）兼陸奥守（むつのかみ）の任にあったので、秩父はすでに一族の勢力範囲だったと思われる。

将恒は武蔵権守となり、中村に居を構えて秩父氏、ときに中村氏を称した。起伏の激しい山野を持つ秩父は良馬の産地だった。以前から馬は唯一の交通・運輸手段として牧の経営は重要な役割を果たしていたが、その頃、武士の興隆とともに、軍馬の需要が高まり、良馬の生産が競われていた。中央の権力もそれを欲し、貴族の牧や勅使牧なども作られた。『延喜式』には、御牧＝勅使牧・諸国牧＝官牧・近都牧の制が記されている。勅使牧は皇室の御料馬を育てるために、勅使によって指定されている牧である。官牧は官庁用の牧で、近都牧は諸国から献上された馬を飼育する牧のこと。

秩父牧からの貢馬の記録は、延喜年間（九〇一〜二三）までさかのぼるが、承平三年（九三三）に、それまで朱雀院の御料だった牧が勅使牧に指定され、毎年八月に、四歳以上の調教された良馬二〇頭を献納することになる。これを秩父駒牽（ちちぶこまびき）といって、朝廷まで良馬を引いて行って、天皇が朝見する儀式を行った。

牧の管理責任者を、甲斐・信濃・上野では牧監といい、なぜか武蔵では別当といったが、駒牽までの責任は国司と同等といわれるほど、重要な立場とされた。それだけにそれ相当の権限も持っていたということである。

将恒の子・武基（たけもと）はその秩父別当の職に就き、勅使牧たる秩父牧を管掌（かんしょう）する任に当たり、それは代々受け継がれた。もともと出自（しゅつじ）から高家として、他の武士団から一目置かれていた秩父氏が、この頃から飛躍的な発展を遂げたのは、時代の要請に適った牧の経営権を一手に握っていたためと言われている。

因みに、武基の子・武綱（たけつな）は豪馬の士とうたわれ、後三年の役（一〇五一～六二）に源義家に従って合戦に赴き、奥州清原氏の討伐に手柄を立てて、義家から先陣の白旗を賜ったという実績がある。

秩父牧は中央の文献では、石田牧（いわたまき）と阿久原牧（あぐはらまき）の名が出て来るが、牧に付随する場所は各地にあったと思われる。阿久原牧は、現・児玉郡阿久原の地に比定されているが、石田牧は長瀞町石田説と皆野町野巻説に分かれている。

『埼玉県史』はその点について、「(国神村＝現・皆野町）野巻には神の巻、前原、まご田、まごが屋敷、まごが前、まごが滝等の字（あざ）があって牧や馬子に関する多くの地名を存している。その上に牧場と認められる部分は、やや南面する傾斜地にして東方に小渓流を有し南西は赤平川に面して水草多く、一部には堤や堀を築きて牧場の区画を為せる形跡も認められる」と指摘している。

その他にも、この周辺には「かじや」＝馬の轡（くつわ）や金沓（かなくつ）を作る職とか、「くつうちば」＝馬の蹄に金沓を付けたり、交換したりする場所など、牧には無くてはならない物事を示す地名が残っている。

牧の原義は馬城（まき）・馬柵（まき）だという。放牧とはいっても、一定の広さを保ったうえで、馬が逃散しないような地形が必要だし、周辺の田畑を荒らされても困る。つまり、馬の侵入を阻む藪や雑木帯や、断崖や谷川など馬が越せない天然の要塞に囲まれた山裾の地形が馬城の条件になる。野巻は野の馬城として、その条件を満たす、うってつけの場所と考えられる。

ただ、野巻を放牧場と見るときは、馬の育成には向いているが、良馬に仕立てる調教場を兼ねているかというと、疑問符が付く。その点では石田地区の方が向いているのではないか。発生は別であっても、野巻と石田は一体として秩父牧と捉えていいのではないか。秩父氏が別当となってからの秩父牧の実態は、さらに広がったものと見るべきである。

秩父氏が中村から、現在・市立吉田小学校のある場所に鶴ヶ久保城を築いて、そこに拠点を移したのは、武基とも武綱ともいわれているが、その目的は牧の経営の強化であったという点では、大方の見方が一致している。

だが、石田であれ、野牧であれ、牧がそこだけだったら、吉田に拠点を移す意味はないはずである。そこで浮上するのが、吉田の鶴ヶ久保城跡から五〇〇メートルほど離れた辺りの「牧林」という地名である。『増補・秩父風土記』に、牧二所として、「野巻・牧林」とあり、秩父牧の跡地であるという口碑も残り、『吉田町誌』ではその辺りを牧場と断定している。

また、旧吉田町の久長地区には『風土記稿』に記す小名の「馬場」があり、そこへの入り口を示す、「ばんば口」という小地名もある。あるいは、これは戦国末期の竜ヶ谷城に関するものかもしれないが、ともかく牧の存在を示す地名である。

更に、龍勢祭りで有名な吉田の椋神社の北側には、「馬場屋敷」と呼ばれる土地もあるという。大雑把な見方だが、これらは総合して、秩父別当を任ずる秩父氏の、牧馬の調練所＝秩父牧と考えていいのではないだろうか。

秩父別当の大事な仕事は、勅使牧としての駒牽きである。『吉田町誌』は『秩父志』の下吉田の項の「此の村に於牟加比（おむかひ）と云所アリ、按（あんずる）ニ御迎ナランカ。古（いにしえ）へ本郡ヨリ牧ノ駒二十五匹ヲ奉（たてまつり）シ頃ハ、郡司ノ別当官吏五十人ヲ以テ貢馬ヲ献上セシメシ所ニテ、調験ノ此辺（このあたり）ニ其名ノ遺（のこ）ルナランカ」の一文を、肯定的に紹介している。

朝廷の年中行事となっている秩父御駒の儀式では、当然馬の優劣が問われる。都の馬を扱う官職に左右馬寮（さうめりょう）があり、武蔵・上野の貢馬は右馬寮の管轄と決まっていた。貢馬はそこで検分されて、細馬＝細部まで行き届いた上等馬・中馬・駑馬（どば）と格付けされる。その結果は、直接、朝廷における別当の評価に結びつく。

より優れた良馬を選定して、貢納に出発する儀式は、「郡司ノ別当官吏五十人」が、きらびやかな晴れ着に身を包んで、緊張感をもって行われたに違いない。

牧場や厩（うまや）には守護神として山王社を祀っていた。その使いは猿なので、実際に猿を飼う例もあったが、多くは猿を描いた絵馬などで代行していた。秩父牧では山王社ではなく、猿田彦神を祀った椋神社を建立している。

秩父の式内社は、秩父神社と椋神社の二社である。そして秩父地内にある椋神社は五社。そのうち三社は秩父牧の内に鎮座している。吉田の鶴ヶ久保城の向かい、馬子屋敷にほど近い、龍勢祭りの椋神社。野牧に比定される、野巻の元村社であった椋神社。それから、秩父市蒔田のお田植祭りの椋神社。これも元は蒔田村の村社だった。

皆野町の椋神社には、直接、牧に関わる史料はないようだが、畠山重忠の父・重能の崇拝厚く、何度も参拝したという口碑が残り、隣接する円福寺には重能の墓と称する、原形をとどめないほど古い、凝灰岩の五輪の塔が大事に保存されている。秩父平氏所縁（ゆかり）の神社であることは明らかである。

蒔田の椋神社がどのように秩父牧に関わっているかというと、これこそが蒔田の由来なのだが、蒔田は秩父牧の牧田＝牧の糧食を賄うために開墾、または指定された御用田だったのである。神社付属の神田とおなじ用法の牧田である。

牧田がいつしか蒔田になったのは、野巻の牧に関わりのある地名として挙げられる、「前原」が「牧原」の転と考えられているのと同じである。また、その近くの「神の巻」

の神は、いわゆる「お上」＝お役所のカミであって、「官撰の牧」を意味するものだろう。

秩父氏が椋神社を崇拝していたことは、やがて吉田から大里の畠山に移って、畠山庄司を名乗った秩父太郎重忠が、その地に井椋神社を勧請していることからも分かる。井椋神社は椋神社の古名で、いまでも地元にはイグラサマという呼び方が残る。また、吉田椋神社の近くにある古墳は、井椋古墳と呼ばれて、その古名を残している。

その椋神社の祭礼には、鉾・太刀・弓矢等の武器を奉持した氏子を従えた神馬・神輿が、鶴ヶ久保城に重忠が建てた、曽祖父・武綱の守護神・若宮八幡宮に参拝し、神酒を献酬する式を行う慣例があった。これも椋神社が、秩父牧を管掌する秩父氏の直接的な配下にあった事を、示す事実である。当の若宮八幡宮は、大正七年（一九一八）、椋神社の境内に遷座した。

秩父駒牽の時代には東山道が主街道だったから、二〇頭の貢馬の一行は信濃から美濃へと進んでいったわけである。蒔田の里へ美濃から稲種を運んで蒔いたという伝説は、この辺りの事を投影しているものと解することが出来る。

尚、ここでは秩父におけるもう一つの武士団である、武蔵七党の丹党については触れなかったが、秩父氏の配下にあって、秩父牧の実質的な経営に尽くしたことを付記しておく。

お牧桜 ―― 秩父牧との関連を示唆する伝説

秩父市寺尾にある桜の古木を、お牧桜と呼んでいる。この桜にまつわる哀れな平家の官女の伝説がある。

《源平合戦の時のこと。戦いに敗れた平家の官女・お牧の方は、逃げ惑っているうちに、若い源氏の武者に捕らえられた。お牧の方はもはやこれまでと、懐剣を手にとったとき、若武者は「早まり召さるな」とその手を押さえて、「我らは女性や童は討ち申さぬ。されば、とくと立ち退き召されよ」と言って、残党狩りの輩の手の届かないところまで送ってくれた。

お牧の方は「せめて、お名を」と尋ねたが、若武者は笑って、「某、名乗る程の者でなし。秩父太郎畠山重忠殿の家中の者なり」とだけ答えて去って行った。

落人となったお牧の方は、心細い思いで西国から東の方へと歩みを進めていたが、いつしかあの若武者の面影が忘れられなく、幾つもの峠を越えて秩父の郷に入っていた。たどり着いたのは寺尾の村。このときすでにお牧の方は疲れ果てて、一歩も歩けなくなっていた。

その様子を見かねた村人は、都落(みやこお)ちした旅の女を哀れに思って、無住のお堂に住まわせることにした。けれども、お牧の方が平家の官女だと分かると、源氏方に憚(はばか)って、村人達は表立って面倒を見てやることが出来なかった。お牧の方は慣れない手つきで百姓の手伝いなどをしながら、細々と暮らしていたが、やがて病を得て、尋ねていた若武者にも会うことなく、ついに息を引き取った。

村人は、身寄りもない哀れな都の女の霊を慰めようと、塚を築いてその上に桜の木を植えた。桜は年々大きくなり、毎年春になると、あの源氏の若武者にも匂い届けよとばかりに、見事に咲き誇っている》

桜の老木の謂れだが、これは単なる樹木の由来と読み過ごすのではなく、地名や土地の歴史を示唆する物語と解くべきであると思う。

注目すべきは、桜＝官女の名前である「お牧」。話はそれに秩父平氏の畠山重忠を配している。重忠の父・秩父平氏の重能(しげよし)が畠山庄司として転出するまでは、平氏は秩父・吉田の鶴ヶ窪城を拠点に、秩父牧を取り仕切っていた。一族は代々、勅使牧＝今風に言えば皇室御用達の秩父牧の別当＝指定管理者を任じていた。当時、別当の地位は国司と同等といわれるくらいの重みがあった。

詳しくは前項の「蒔田」で述べているが、蒔田地名は勅使牧を支える牧田だったのである。そこに隣接する寺尾地区にある、「お牧桜」の存在は、牧田との関連を示すものとして見ることに間違いはないだろう。おそらく、現代の行政区画のように、二つの地区を区切るのではなく、両者一帯が秩父氏の所領として、何らかの形で牧の経営に組み込まれていただろうと思われるのである。

甲冑塚（かっちゅうづか）——古墳時代から戦国武将まで

小鹿野町両神の間庭耕地・八坂神社の前に、甲冑塚と呼ばれる小さな塚がある。この塚に関しては、長尾景春（ながおかげはる）の落人伝説がある。

《昔、この耕地の西の山の上に、塩沢城という城があった。城主の長尾意玄入道景春という殿さまは、普段は寄居の鉢形城というでっかい城に住んでいて、関東一面にえらい勢力を張っていた。ところが、あるとき、これも戦の強い太田道灌との間にいさかいを起こし、追われて塩沢城に逃げて来た。

ここは険しい山城で、見晴らしもいいから、敵がどこから攻めて来てもすぐわかる。弓矢なんどを使わなくも、岩でも転がせば敵は容易には近づけない、難攻不落の城だった。

攻める太田道灌は、後に、あんなでっかい江戸城を築いたほどの人だから、戦上手（いくさじょうず）な戦略家だった。塩沢城は並の攻め方では陥（おと）せないと知った道灌は、麓の村の小沢左近と、嶋村近江という地侍（じざむらい）に命じて夜討ちを掛けさせた。

難攻不落を誇って油断していた景春は、不意を突かれてあっけなく敗走した。そのとき、わずかな手勢を連れて、真庭の耕地に降りてきた景春は、ここで一杯の水を所望すると、もう疲れ果ててしまって、重い鎧兜を脱ぎ捨てた。
景春は、やがて再起の暁には、この甲冑を受け取りに来るから、それまでの間、守り給えと八坂神社に念じて、甲冑を埋めて塚を築き、従者達に守られて荒川の熊倉城を目指して落ちて行った》

秩父市・横瀬町にまたがる武甲山にも、日本武尊が山頂に甲冑を埋めたという伝説がある。東国の平定を祈ってとか、平定を祝してとか、理由はいろいろ言われているが、この故事に因んで、武甲山と呼ぶという地名伝説が語られる。

甲冑塚は鎧塚ともいわれ、有名なのは、東京都北区上中里にある、平塚神社に付属する塚である。この塚は八幡太郎源義家の甲冑を埋めた塚と伝える。

当時、この地は秩父平氏の分家筋に当たる、豊島太郎近綱の領する所で、義家は後三年の役に勝利した帰途、近綱の館にしばし逗留した。その折に、近綱は義家の守り本尊の十一面観音像と、鎧一領を拝領した。

近綱は塚を築いてこの鎧を納め、平塚城の守りにした。後に、塚の前に義家・義綱・義光の三兄弟を祀る、平塚神社を建立する。これが元禄五年（一六九二）に書かれた神社の縁起である（本書「お舟観音」の項参照）。

都内青梅市の鎧塚は市の指定史跡となっている、径三〇メートル・比高九メートルの塚である。秩父から八王子を経て、鎌倉に向かう街道の途上に位置するこの辺りは、鎌倉・室町時代には、勝沼城を拠点とする三田氏の支配地で、戦国時代になると、三田氏は小田原北条氏に従っていた。

しかし、永禄の頃になると、北条・武田・上杉の三つ巴の騒乱が始まり、三田氏はそれに巻き込まれて、永禄六年（一五六三）、北条方によって攻め滅ぼされる。そのとき、この地にあった三田氏の辛垣城は、将兵の奮闘も虚しく落城する。『武蔵名勝図絵』（文政三年・一八二〇）は「合戦の後に、討死せし武士の兵具を埋めたる塚なり」と記している。

塚の上には、その記述より早い、享保一六年（一七三一）建立の鎧塚大明神の小祠と、宝暦一〇年（一七六〇）銘の地蔵尊が祀られていることから、その信憑性は高い。

古代の大和王権に関係の深い近畿地方には、大小の古墳が無数にみられるが、その中には鎧塚古墳と呼ばれるものがたくさんある。そして、その古墳や別の名で呼ばれる古墳からも、副葬品として、甲冑や武具、または甲冑を身に着けた埴輪が納められているものが数多く見られる。

行田市のさきたま古墳群の中の稲荷山古墳から出土した国宝・金錯銘鉄剣（きんさくめいてっけん）は有名だが、

ここからは、たくさんの武器・武具・馬具などが同時に出土している。近県でも、例えば、長野県下伊那地方の天竜川西岸域の、五世紀後半から六世紀のものといわれる、三一基の古墳から、馬具・甲冑の出土は四二例も数えられている。

かと思えば、同県松代町の鎧塚古墳や、須坂市八丁町の甲冑塚古墳からは、貴重な資料はたくさん出土しているものの、呼び名通りの甲冑類は埋葬されていなかったようである。因みに、八丁町古墳は、川原石を積み上げた、径二五・五メートル、高さ三メートルのもので、東日本で最大級。最古級といわれ、海から遠い土地なのに、貝製の釧（くしろ）＝腕輪の副葬品が注目されている。

千葉県富津市の内裏塚古墳は、全長一四四メートルの前方後円墳で、南関東最大級の古墳だが、ここからは鉄製の甲冑や刀剣が出土している。栃木県の、かつての下野国分寺のあった辺りにも、兜塚古墳と呼ばれる古墳がある。六世紀後半の前方後円墳である。ここには、国分寺の財宝を守った、僧兵の甲冑が埋めてあると伝えられている。

ここ秩父盆地内にある小古墳からも、剣や武具の破片は数多く出土している。これらの例から考えると、古墳時代には、埋葬者が身に着けていた甲冑や武具、または、埋葬者を守るための武人埴輪を、副葬品として納める慣習があった。これは被葬者の徳をいつまでも伝えると共に、霊が再生した時の用意といわれている。

その後も、武人の愛用の鎧・兜類を、その人の分霊として、埋蔵または埋葬する習慣が続いた。平塚神社の古伝などは、そのいい例である。武将が神社仏閣に戦勝を祈願したり、勝利をもたらした加護の返礼として、自らの甲冑や刀剣を納めるのも、同じ思想によるものである。武甲山の日本武伝説は、その慣習を援用したものであろう。

間庭の古墳の築造年代は分からないが、義経や将門伝説と同じように、悲劇の武将に対する民衆の同情が、このような伝説に結実したものと考えられる。

なお、塩沢城があったという山は、いま城山と呼ばれていて、小沢・嶋村勢が夜討ちを掛けたという沢は、その故事により、夜討沢と言うとされている。逆に、景春の「夜落ち沢」だと説明する向きもある。

話としてはそれでいいのだが、昼間でも足元のおぼつかない、落石だらけの急峻な谷を、暗い夜に兵が連れ立って、どうやって登ったというのだろう。手に手に松明でも持ってとなれば、映画の一場面にはなるが、頂上の城からはそれこそ狙い撃ちである。

などと、気の利いた伝説に目くじら立てて突っかかるのも大人げないが、地名として見るならば、これはおそらく、景春の「夜落ち沢」ではなく、「魚落(よお)ち沢(さわ)」である。ウオはイオになり、更にヨーになる。秩父では魚釣りをヨーツリと言った。釣り竿はヨーツリザオ、腰に吊るす魚籠(びく)はヨー捕(と)り腰籠(こしご)である。

山奥の魚が登れない滝を、「魚止めの滝」と言うが、それと同じで、これ以上魚の登らない沢を「魚落ち沢」と言う。

熊倉城の合戦――長尾景春の乱と武田侵攻の記憶の混乱

室町幕府が東国支配を固めるために置いた関東公方と、それを補佐するはずの関東管領上杉氏との対立は、享徳三年（一四五四）、公方・成氏が管領・山内上杉憲実の子・憲忠を殺したことから決定的なものになり、いわゆる「享徳の乱」は以後二〇余年にわたって、関東地方を戦乱の渦に巻き込んだ。なお、公方・成氏は古河に逃れて、そこに拠点を置いたので、以後、古河公方と呼ばれている。

ところが、その戦乱が収まらないうちに、山内上杉家に家督争いの内紛が勃発する。長尾景春の乱である。景春は後に出家して意玄入道と名乗る。山内上杉の家老の子・景春は、父の死後家老職に就くつもりでいたところ、主家では景春をさしおいて、父の弟＝景春の叔父を家老に指名した。これを不服とした景春は、文明六年（一四七四）、公方方との戦いで五十子＝現本庄市に布陣していた、主家・上杉氏に反旗を翻す。

扇谷上杉氏の家人・太田道灌が仲介に立ち、景春を説得したが、景春はこれを拒否し、鉢形城を拠点として道灌とも対立する。各地で小競り合いを繰り広げた結果、景春は道灌に追われて秩父に逃れる。

当時、秩父地域は管領上杉氏の配下にあり、上杉の家老・長尾氏領地となっていたようである。景春はその後も、秩父から討って出ては破れて秩父に逃げ帰り、口伝では、薄村＝現小鹿野町の山城・塩沢城に籠もり、地元の小沢左近と嶋村近江守に夜討ちをかけられ、日野村＝現秩父市荒川の熊倉城に逃れている。前項「甲冑塚」の伝説は、この経緯から出たものである。

いま、地元では城山と呼んでいる熊倉山にあったことから、江戸以降は熊倉城と言っているが、当時の記録には「日野城」と書かれている。

『新編武蔵風土記稿』は、日野村の項で、「城山」について、次のように、城跡の様子と地元民の伝承を記している。

「村の西辺にあり。熊倉山と云は是より坤の方に続き、白久村の内にあり。此辺りも其頃は城郭なりしや。又は今の城山も、をしなべて熊倉山と唱へしにや。長尾意玄入道が居し熊倉城とは此ならん。麓より頂まで凡一里許。小径曲折して雑木多く、荊棘塞りて通ふに道なきが如く、山上に三ヶ所の平地あり。

本城の跡と云伝へしは、二十間に三十間許、築地の形残れり。その外に空堀の形あり。夫より乾の方に堀切をこへて二十間四方の平坦あり。又、西の方へ一町許り下りて、墓場平といへるあり。古へは墓碑等多くありしが、樵夫等いたづらに谷底へ転がせしとて、今は苔むしたる石、十許を存せり。

又、本城より巽の方、堀切を隔てて、二十間に十二、三間許の平地あり。夫より北へ一段低く、前にひとしき平地あり。茲に井戸の跡と覚しき凹みあり。

巽の方へ峯伝ひの道あり。是を大手口の跡なりと云。今は茅ふさがりて往来もならず。此峯に二ヶ所の堀切あり。此水の手は蟬笹山をへだてて、白久村熊倉山の谷に七ッ瀧と云るあり、是より樋にて引きしと云。土人の説に小幡が陣にて、水道を絶て長尾が城を責しと云。

本城より巽の方に谷を隔てて、蟬笹山につづき少しの平地あり。城跡より相対して少く高き所なり。是は小幡山城が取手を構へし所とて、今に小幡が陣場と云伝へり。此間凡二十町許を隔てて目前に相対せり。

土人云、意玄入道は甲州勢に責落され、当郡黒谷村辺に逃去しが、終に瑞巌寺の岩窟にて、生擒せらると」

城の形状については、研究家達によって詳細に調べられ、記録されているが、事件の経過については資料も乏しく、詳しいことは分かっていない。ただ、この日野城を攻めて景春を落とした太田道灌が、その直後に記した、『太田道灌状』によれば、その日は文明一二年（一四八〇）六月二四日のことである。

『風土記稿』が、現地の口伝として書いている、「景春は黒谷村まで落ち延び、瑞巌寺の岩窟に隠れているところを捕らえられた」という説は、今でも秩父では定説のように語られている。だが、その後の信頼できる史料によると、景春は日野城からどのように脱出したのか、古河公方に身を置いて、元の主家・山内上杉相手に幾つもの合戦にも出陣して活躍している。

太田道灌は、それから三年後に、主家・扇谷上杉に謀反（むほん）の罪を問われて誅殺（ちゅうさつ）されるが、景春は山内上杉に対抗して、扇谷上杉と手を組むという皮肉な巡り合わせで、永正一一年（一五一四）に七七歳で没している。

その点では伝説と史実の違いが明らかなのだが、もうひとつ、『風土記稿』が記した、「甲州勢・小幡山城」の件にも疑問がある。同書では、土人＝現地人の語るところと述べているが、「小幡勢が、城への水路を断ち切った」話は今でも有名である。同書にはないが、水路を断たれた城内では、馬を白米で洗って水は豊富にあるように見せかけたが、小幡側にはすぐに見破られて、攻撃を掛けられたという、尾ひれもついて語られている。

だが、甲州・小幡山城守が、扇谷上杉の家宰である太田道灌の指揮の許、景春を攻めたという伝説については、『荒川村誌』も次のように疑問を呈している。

「小幡山城は武田の家臣であり、武田信玄の秩父乱入が永禄一二年（一五六九）であれば、約九十年の誤差が生じる。……高松城、日尾城もこの武田軍乱入による北条守備軍との攻防を語る城であり、従って熊倉城の戦いも、北条守備兵と小幡山城の戦いになることも予想されるのである。とすれば、この戦いと景春の戦いの伝説が重なりあって、熊倉城の決戦話を生み出した事も考えられ」ると。

たしかに、当時、扇谷上杉氏と甲州武田との接点はない。清和源氏の流れを汲む武田家は平安時代から代々、甲斐国守として名門を誇ってきたが、室町時代になって武田信満の娘が上杉禅秀（ぜんしゅう）の妻となったことから、波乱が生じる。

応永二三年（一四一六）、上杉禅秀は鎌倉公方・足利持氏に対して反乱を起こした。「上杉禅秀の乱」である。一度は成功したかに見えたこの乱は、やがて裏切者も出て失敗し、禅秀は自殺する。武田信満も娘との関係上やむなく禅秀に味方して、これも公方軍に攻められ、自殺に追い込まれる。

これが契機になって、うち続く永享の乱・享徳の乱の後に、鎌倉公方は古河に逃れて古河公方を自称することになる。この間、武田家は代々務めて来た守護の座を追われ、幕府と鎌倉公方の対立のはざまで翻弄（ほんろう）されることになる。

その間に甲斐国は有力国衆が台頭して、混乱が続く。応仁元年（一四六七）、応仁の乱が始まると、甲斐・信濃でもそれぞれに分かれて合戦が続く。武田氏は東軍の細川方に就いたようだが、華々しい話はない。

長尾景春が主家に反旗を翻した文明六年（一四七四）の二年前の年、武田氏は信濃の大井氏と戦った記録があるだけで、その前後の事は全く分からない。そんな状態だから、武田氏が道灌を手助けするような状況ではなかったはずである。

そして何よりも問題なのは、武田の家臣・小幡山城守は永禄四年（一五六一）六月二日に病没していることである。それは武田軍が秩父に初めて侵攻した永禄一二年（一五六九）より八年も前の事である。更に、「甲陽五名臣」＝武田家の五人の名臣に数えられていた山城守虎盛は、遠江国出身で姓は同じオバタでも小畠と書き、小幡を名乗ったのはその子・昌盛が信玄に西上州の小幡領を宛行されてからの事である。

その辺りは『荒川村誌』も見落としていたようだが、とにかく『村誌』も「景春と戦ったのは一体だれか」と疑問を呈している。

私も、『風土記稿』が記した話は三五〇年も前の事なので、『村誌』が言うように二つの事件の記憶が融合して、一つになってしまったものだと思う。では、「小幡陣」などと、地名にまで刻まれて記憶に残っている、「小幡山城」とは、いったい何者なのか。

「山城」はさておき、武田家の家臣・小幡となれば、誰しも頭に浮かぶのは、「小幡の赤揃え」と呼ばれた、朱色の鎧で身を固めた騎馬軍団である。この小幡氏は平安時代、武蔵七党の児玉党秩父武者所行高の子・平行頼を祖とし、氏名は行頼が上野国甘楽郡の郡司として小幡に居住したことによる。室町時代には嫡流・右衛門尉系と、分家・三河守系の二流に分かれて、共に関東管領で上野国守護にあった山内上杉家の被官となっていた。

天文二一年（一五五二）、管領・上杉憲政（のりまさ）が北条勢に追われ、上州藤岡の平井城から越後の長尾景虎を頼って逃げるとき、下仁田の鷹巣城主だった小幡三河守はこれに随行している。それから九年後の永禄四年（一五六一）、長尾景虎が鎌倉八幡宮で行った関東管領の就任式にも参列しているので、三河守系小幡氏は一貫して、上杉氏に忠節を尽くしていたことが分かる。なお、このとき、長尾景虎は上杉謙信を名乗る。

一方、嫡流の甘楽郷・国峰城主・小幡憲重は天文一七年（一五四八）上杉氏を離れ、小田原北条に服属している。更に、永禄三年（一五六〇）小幡憲重・信実（のぶざね）＝（信真・信定・信貞）父子は留守中、現高崎市の箕輪城主・長野業政（業正）を後ろ盾とする同族に、国峰城を奪われ、逃れて甲斐の武田信玄に帰属した。

西上野から武蔵進出を目論む信玄はこれを手掛かりとして、翌四年（一五六一）には国峰城を奪回して憲重親子を帰還させ、西上野攻略の拠点とする。吉井の多比良城・倉賀野城・和田城・松井田城・安中城・鷹留城と攻め落とした信玄は、上杉謙信の上州の主要な拠点である箕輪城を奪って、西上野に足場を築く。永禄九年（一五六六）のことである。以来、国峰城に戻った小幡氏は西上野衆を束ねる立場に立ち、信実＝信真は武田の騎馬隊の中枢として、目覚ましい活躍を続け、信玄の厚い信頼を受けることになる。

なお、このとき、力と自信を得た信玄は、翌一〇年（一五六七）、西上野から甲信の諸将に、臣従の起請文＝神かけて誓う血判状を提出させている。奉納された現・上田市の生島足島神社に保存されている起請文は八三通、実に二三七人の城主や土豪がこれに名を連ねている。

翌一一年（一五六八）甲斐・相模の同盟が破綻すると、北条方、特にこれに属する秩父衆にとっては、このとき、上・武国境の山向こうの山中谷＝神流川流域の五人の土豪が、こぞって信玄に臣従を誓い、小幡氏の配下になったことが脅威となる。

甲・相同盟の破綻と連動したように、翌一二年（一五六九）六月、越後・相模の和睦という状況になると、信玄は西上野を拠点として北条方の鉢形城を攻め、秩父地方にも侵攻を開始した。このとき、本隊は鉢形城に向かい、別動隊は、〈小幡図書〉の指揮のもと、山中の黒沢氏の手引きによって、志賀坂峠・土坂峠を越えて小鹿野の日尾城・吉田の竜ヶ谷城を攻めたと言われている（『新編武蔵風土記稿』）。

武田勢は翌一三年（一五七〇）にも秩父に侵攻し、特に西秩父方面に合戦の記録が残る。

この二月二八日、主戦場となった小鹿野町の日尾城の麓にある光源院には、武田軍の寺への乱暴狼藉を禁ずる制札が発せられている。制札には高源院と記されているが、この寺は甲斐武田家の菩提寺である永昌院の末寺である（次項「光源院と三山座敷」参照）。

その後、元亀二年（一五七一）九月二六日付の信玄書状によると、「深谷と藤田領はことごとく荒らしたので、明日は秩父へ出陣し郡内を撃破する」と予告している通り、翌二七日には秩父に侵攻して、放火や田畑の刈り払いなどを行っている。

一〇月一日、武田軍は下吉田の阿熊に、先の光源院と同様の禁札を出しているが、一九日から二六日まで秩父地域に在陣した信玄自身が「人民断絶」と書状に記すほど、攻撃は苛烈を極め、今に残る、「信玄焼き」の言葉通り、神社仏閣への放火や、田畑の刈り払いなど、狼藉の極みを尽くしたらしい。

おそらく、その際にも、秩父の西辺を限る山向こうの国峰城主・小幡氏（小幡図書？）の軍団は、当然の事として志賀坂峠か土坂峠辺りを越えて秩父側に乱入したものと思われる。

なお、信玄は天正元年（一五七三）に没しているが、天正八年（一五八〇）正月には、武田勝頼が武蔵に侵攻している。その六月には、小幡信真の名で、山中（さんちゅう）の黒沢大学助と黒沢新八郎のそれぞれに宛てて、「一族で談合して日尾城を乗っ取れば、小鹿野近辺の望みの地を与える」という約状を出している。山中は今でも山中谷と呼んでいるが、上・武国境を守る日尾城の群馬県側の谷間・上野村や鬼石町のことで、ほんの目と鼻の先の地である。

このように見てくると、問題の「小幡岩城守」は『風土記稿』が記すところの「小幡図書」の間違いかと思えてくるのだが、小幡図書なる人物を調べてみると、また新たな疑問が湧いてくるのである。というのは、前述の、箕輪城主・長野業政と組んで国峰城を乗っ取り、後に信玄の助力によって小幡憲重・信実親子に奪還されたのが、小幡図書之助景定である。図書之助は憲重の弟で、信実にとっては叔父に当たる関係だった。ややこしいことに、叔父・甥の関係にある図書之助と信実は、共に箕輪城主・長野業政の娘を妻としていた。

まさに骨肉相食む構図だが、対立した理由は、武田派と上杉派に分裂したためと言われている。箕輪城の長野業政は上杉氏の有力な家臣だったから、地理的に甲斐に近い国峰城の小幡親子が、上杉領を狙う武田と良好な関係にあることが許せなかった。そこで兄・憲重とあまり仲が良くなかった娘婿の図書之助をそそのかし、憲重親子の留守を突いて国峰城を乗っ取らせたという事だったらしい。

図書之助の攻撃は執拗で、武田方に逃れ、南牧砥沢城にかばわれていた兄・憲重親子を「覆滅すべく兵を出し」という記録もある。結果は、先に見たように、信玄の力によって敗走させられ、西上野における信玄の基盤を盤石なものにさせることになり、更には箕輪城も九年にわたる攻撃にさらされ、ついには落城することになる。

秩父で言われる小幡図書とは、この図書之助のことだろうが、戦いに敗れて従属すれば家臣に取り立てられる戦国の世の習いは幾らでもあるけれども、これだけの事を仕出かした図書之助が、殲滅（せんめつ）を目指した同族と並んで武田の家臣に取り立てられ、幾年も経ずして軍を指揮する立場に立ち得ただろうか。

どうも、これは小幡岩城守と同様、後世の記述者の誤りで、同じ小幡一族であっても、岩城守でもなければ図書でもない、別な人物ではないかという事になる。そうなれば、残るのは赤揃えの将・小幡信実＝信真だけである。

永禄一三年（一五七〇）二月に武田軍が小鹿野町松坂の光源院に発した制札は、武田の四天王の一人とされる、山県三郎兵衛尉（やまがたさぶろうべえのじょう）（昌景）名義である。また、その翌年、阿熊村に発した制札は、内藤修理亮（ないとうしゅりのすけ）（昌豊）の署名だが、これも武田四天王の一人で、当時、信玄がようやく手に入れた箕輪城の城代を務めていた人物である。この二人は先に挙げた西上野の諸城を攻める時には常に協力協同していて、この制札を見ても、北条方秩父筋の攻略にも力を合わせていたことがうかがえる。

ところで、信玄は国峰城を奪還して小幡憲重・信実親子を帰還させ、ここを拠点として箕輪城の攻略を目指したとき、箕輪城主・長野業政の娘が信実の妻であったことから疑念を抱き、信実に忠誠を誓うなら妻を離縁せよと迫った。これを伝えた内藤修理亮に対して、信実は、妻は父・業正から勘当を受けており、自分と生死を共にして父親と戦って来たので、離縁すれば帰る所もなく野垂れ死にする他はない。そんな恥を曝したら、武士として妻の恥は夫の恥と述べ、世話になった信玄に命を捧げる決意はあるが、これだけは受けられないと答える。それを聞いた修理亮は、もっともな事だと思って信玄をとりなしたというエピソードが、『箕輪軍記』という古書に記されているという。

信玄と修理亮・小幡信実の固い絆が感じられる話である。もう一つ、『箕輪軍記』には、水に見せかけて白米で馬を洗って見せた話も載っている。信玄が、国峰城にほど近い、吉井の一郷の城を攻めた時の事である。堅固な山城だったが、唯一の弱点は谷から水を汲み上げなければならなかったこと。武田勢にその谷を押さえられたとき、城内では白米を馬の背に流して馬を洗っているように見せかけたが、すぐに見破られて攻め落とされたという話である。

これも日尾地区の伝説と重なることから、長尾景春が籠もる熊倉城を攻めたという小幡陣・小幡山城の話は、どうやら北条支配下にあった時の武田勢の乱入の記憶が重なって、後に融合してしまったものと考えるのが妥当だろうと思う。

光源院と三山座敷——甲斐・武田氏の足跡と落人の恩返し

小鹿野町松坂の光源院は、甲斐国・武田信昌＝信玄の曽祖父開基の山梨市・永昌院を本寺とする、禅宗の古刹である。戦国時代にしばしば秩父に侵攻した武田信玄の軍から、兵の乱暴狼藉を禁じる制札や高札が出されたことで知られている。

永昌院とは、信昌が自らの武運の永久ならんことを祈って、名付けた寺だろうから、その末寺とあっては、「信玄焼き」といわれるほど放火・略奪を得意な戦術とする武田勢も、保護する他はなかったのだろう。「信玄焼き」では、秩父の総社たる秩父神社をはじめ、吉田の椋神社・薄の法養寺薬師堂など、名だたる寺社はことごとく灰燼に帰し、貴重な歴史的史料も皆失っている。

光源院については、歴史的史料と付かず離れずの口碑がたくさんある。先ずは設立者が甲斐武田家の家臣であったが、反旗を翻してこの地に落ち延びて来たということ。二つ目は、武田勢が秩父を攻める時、この寺を屯所にしていたということ。もう一つは寺に付随する「三山座敷」の伝説である。

初めに、「三山屋敷」の伝説を紹介しておこう。

《昔、三山に攻め込んだ武田軍と日尾城の武士達の合戦があった。武田軍は負けて逃げ帰ったが、日尾の武士達も怪我人が多く、皆引き揚げて行った。

合戦の間中、じっと家の中で息をひそめていた、ある百姓家の娘が、夜になってやっと辺りが静かになったので、井戸に水汲みに出ると、暗闇からいきなり人影が現れて、水をくれと言った。娘がビックリして見ると、髪を振り乱した、身分のありそうな初老の侍が、刀を杖にして立っていた。

親切な娘は水を汲んでやり、怪我をしている手足を濯(そそ)いでやった。物音を聞いて出て来た爺さんがその怪我を見て、休んで行けと言って家に入れた。迷惑をかけるからと遠慮する侍を、爺さんと娘は囲炉裏の火を焚いて温めてやり、粥を炊いてもてなした。

やがて出て行こうとした侍は、立ち上がって二～三歩あるくと、よろよろと倒れかかった。それを見た爺さんは、今夜は泊まって行けと言って、そうは言っても寝る所もないからと、庭先の納屋の奥に藁布団を敷いて寝かせてやった。

翌日になると、侍は怪我のために高い熱を出して動けなかった。娘が熱心に介抱していると、日尾城の侍達が落人捜しにやってきた。爺さんと娘は、知らないと言って怪我人を匿(かくま)った。

幾日かして、怪我も治り、熱も下がって、侍は二人に礼を言い、身分を明かした。侍は山県三郎兵衛尉という武田軍の侍大将だった。爺さんは、名までは知らなかったけれど、武田のお偉い方だとは分かっていたと言った。分かっていて、何故、匿ってくれたと訝（いぶか）る三郎兵衛に、爺さんは、「どなたであろうと、怪我をして動けない人を、相手方に渡すようなことは出来ますまい」と答えた。

三郎兵衛は、それこそ仏道の心だと感じ入った。そして、いつか戦乱が収まったときには、犠牲になった将兵の供養の寺を建てようと念じていたが、その地はここしかないと心に決めた。

三郎兵衛は、無事に国に帰ることが出来たら、何かお礼をしたいと思うが、何か望みはないかと、爺さんに聞いた。爺さんは、礼など要らないと遠慮していたが、「このようなお方が見えても、お泊めする場所もありませぬ。強（た）ってと仰せなら、そのような室がひとつ欲しいもんでがんす」と答えた。

それから数年後、山県三郎兵衛は、約束通り、松坂に光源院という寺を建て、その中に「三山座敷」という一室を設けて、爺さんと三山地区の人だけが自由に使える室にしたということだ》

山県三郎兵衛は名は昌景（まさかげ）。武田氏の譜代家老職にあり、武田四天王の一人に数えられた猛将である。秩父では永禄一三年（一五七〇）にその光源院に乱暴狼藉を禁じる高札を出した事で、その名が知られている。この伝説にはそのことが反映しているものと思われる。ただ、この高札を立てた時には、彼が武田軍の指揮者となって、この辺り一帯で北条・日尾城の兵と戦ったことは、史実として記録されている。そのとき武田軍は光源院を屯所として、日尾城を攻めたという口碑もある。

だが、武田軍は何度もこの北条領域に侵攻しているのだが、いずれも数日間で引き揚げている。そのとき武田がここを屯所としているならば、北条方がそれを黙って許すだろうか。まして、この寺は北条鉢形城の出城・日尾城の直下の地にあるのだから。武田軍はせいぜい保護の高札を発するだけではなかったか。

『萬松山　光源院史』や地域の口伝によると、甲斐國の武田氏の永昌院を本山とするこの寺院を開いたのは、信玄の父・信虎の家臣だった逸見若狭守義綱である。義綱は信虎と対立して、永昌院の和尚の仲立ちも功を奏さず、やむなく秩父の薄村小沢口に居を移したという。因みに、小沢口で甲源一刀流の流派を開いたのは、義綱の八世の孫・逸見太四郎源義年で、その道場は今に続いている。

義綱が信虎と袂（たもと）を分かって秩父に来たのは、大永元年（一五二一）頃の事とされている。その根拠は、山梨に残る『妙法寺記』（一五六四頃）の伝えによるものである。その概要を記すと、次のようなものである。

「永正一六年（一五一九）信虎は石和の館を廃し、新府中として積翠寺郷＝現甲府市に居館を築き、国中の豪族や諸将を周囲に集めて居住させた。これは諸将が散在しているために時々衝突が起こったことから、最も地の利のいい場所に館を構えて謀反などの防御に備え、諸将を周囲に置いて統治を図ろうとしたものである。

ところが、翌年、一部の武将はそれを不服として、新府中を引き払ったため、信虎は怒ってそれらの武将を攻撃した」

そこには逸見若狭守義綱の名は出ていないが、おそらくこの時に離反して秩父に来たものであろうという推測が、これまでの定説めいたものになっている。これはもう一つの資料、『王代記』の「永正一七年六月一〇日、此年逸見……一族悉（ことごとく）一家同心ニ信虎ニ弓引（ゆみをひく）、……御敵秩父引籠（ちちぶにひきこもる）も和談シテ帰参（きさんす）」の一文による。

これは義綱一族は一度は離反して秩父に退いたが、和議して元に戻ったとしているものである。

寺院方の記録では、経緯は不明なまま、義綱はその頃、現皆野町の日野沢に、永昌院の末寺として大通院を開いている。なお、『新編武蔵風土記稿』では、義綱はその地の高松城の城主としている。

『光源院史』では、その前後のわずかに残る史料を推して、義綱が光源院を開いたのは享禄二年（一五二九）頃の事としている。寺号は高源院または光源院と書かれ、江戸時代以降は光源院に定まったというが、意味は甲斐源氏の甲源院だろう。

なお、京都にも光源院という寺がある。室町幕府の一四代将軍・義輝の院号が光源院だったので、京都の相国寺が義輝の菩提所になってから、光源院と改められたものである。ただし、義輝が将軍になったのは、天文一五年（一五四六）のことだから、武蔵国では川越夜戦が行われた年である。相国寺改名の光源院は永禄八年（一五六五）だから、武蔵国・松坂の光源院の方が三五〜六年早いことになる。

大通院の開基には本寺・永昌院四世・悟宗純嘉（ごそうじゅんか）を、光源院の開基には、その五世・敬翁性遵（けいおうしょうじゅん）を招いている。また、敬翁大和尚は日野沢大通院二世の座に就き、同じ日野沢に今の秩父札所三四番・水潜寺や金龍山慈福寺を、隣接する金沢村＝現皆野町金沢に、重木山良泉寺を、現秩父市荒川に札所二九番・笹戸山長泉院などを開山している。

光源院も続いて、大滝村＝現秩父市大滝に、大黒山慈根院・薬王山医王院・鳳凰山峰向寺などを開山する。

逸見義綱が招いた、あるいは同道した武田家ゆかりの永昌院の和尚達が、このように積極的に寺院を建立して、甲斐源氏の影響力を広めているところを見ると、果たして義綱は主家・信虎と決別して秩父に来たのだろうかという疑問が湧く。

主家に離反して秩父に来たのは事実だとしても、その後、義綱は和解後も秩父に留まり、そこに高松城を築いて、あるいは入手して城主となり、武田氏の地歩を固めるために、大通院を通して布教を広めさせたのではなかったか。

武田氏にとっては、雁坂峠を挟んで隣接する秩父は、南北朝時代から縁のある所だった。文和三年（一三五四）六月、武田弥六文元が観応（かんのう）の擾乱（じょうらん）の功績によって、秩父郡友経名＝現秩父市小柱の地を宛行されていたのである。義綱が一族を引き連れて秩父に来る手掛かりは、整っていたと見ることが出来る。

繰り返しになるが、その後の義綱の動きを見ると、いったん「和談して帰参」はしたものの、実際はそのまま秩父に留まり、そこを拠点として武田氏と連携を図りながら、勢力を伸ばそうとしていたと見る方が妥当ではないだろうか。

当時の秩父は関東管領山内上杉の配下にあった。以前の山内上杉の内紛に際しては、反旗を翻した長尾景春が秩父に逃げ込んで匿われたのも、領地内であったからこその事であり、横瀬の根古屋城に、管領・上杉憲房が一時滞在したなどの説もある通り、長い間、上杉の安定した支配地だった。

憲房の子・憲政が越後に逃れて長尾景虎＝後に上杉謙信と改名に管領職を譲ったときに、

刀身に秩父大菩薩と彫ってある秩父神社の社宝・備前長船景光銘の短刀を持ち出して併せて譲っている。そんなことが出来たのも、支配地だったからこその事である。因みに、その短刀は謙信が愛用していたため、謙信景光と呼ばれていたが、後に上杉家から明治天皇に献上されて国宝となり、いま「埼玉県立歴史と民俗の博物館」の所蔵となっている。

その地に、戦わずして甲斐武田の一統が入り込んで拠点を築くには、それなりの理由がなければならない。義綱が主家に反逆して落ち延びたという話は、そのための大義名分となるはずである。「反旗を翻して秩父にやって来た」という話は、強烈な印象として、確たるもののように今に語り継がれているところに、かえって意図的にそれを流布したというこことが感じられるのである。

逸見義綱が日野沢に大通院を開いたのが、大永元年（一五二一）頃とすれば、その三年後の大永四年（一五二四）三月には、武田信虎が秩父に侵攻して、管領・上杉憲房と対陣している。信虎が反逆者・義綱を追討するために、秩父に乱入したというのならば話は分かるのだが、信虎の相手は古くからの領主・上杉氏だったのである。

そのとき義綱がどのような動きを見せたのか、その史料はないが、この流れからいくと、おそらく義綱は信虎の手引きをしたのではないか。

その翌年（一五二五）には、相模国・小田原城を拠点に、関東の制圧を目指した北条氏綱は川越城や松山城など管領・上杉の重要な領地の攻略を進めながら、武田氏と手を結ぶために、信虎に銭まで贈って秩父支配を認めている。ということは、この時すでに、秩父のかなりの部分が、上杉氏の支配を排して、武田氏の実効支配が進んでいたことを意味することになる。

義綱が小鹿野の松坂に光源院を開いたのは、それから五年ほど後の事である。これは秩父における武田の地歩が安定したからこそできた事ではないだろうか。というよりも、地歩を確たるものにするために、別な場所にも寺院を建てたということかもしれない。

大通院のある日野沢の高松城は、西上野や児玉方面からの重要な秩父口である。光源院は日尾城の麓にあり、この地は、雁坂峠の麓に位置する大滝地区と共に、後に北条と絶縁した武田氏が、西上野（にしこうづけ）・山中（さんちゅう）から秩父に侵攻するときの重要な拠点となる。光源院は前述の通り、その後、雁坂峠を隔てて甲斐に隣接する大滝筋に幾つもの末寺を造立していく。こうした義綱の行動からは、綿密な秩父占拠の計画が読み取れるのである。

一方、その間に着々と力を付けた北条氏康は、それから八年後の天文六年（一五三七）には「川越合戦」で上杉朝定（ともさだ）を破り、松山城へ退かせる。翌天文七年（一五三八）、古河公方で家督相続を巡って内乱が起こる。所謂、「第一次・国府台合戦」＝「下総（しもふさ）国・市川合戦」である。長男の古河公方に対して、甲斐武田の系統を引く上総（かずさ）武田氏が担いだ、次男の小弓公方・義明の戦いである。

逸見義綱は長男・義久と共に上総武田を援けて参戦し、この戦いで二人とも戦死している。北条氏康はこのとき古河公方と必ずしもいい関係ではなかったが、一応そちら側だったので、ここでは武田と北条は敵対関係となっている。

逸見義綱が長男まで率いて武田氏に殉じた事を見れば、主家・武田氏に反旗を翻して秩父に拠点を移したものとは、到底考えられないことである。次男・義重は、父親と兄の位牌を大通院に納め、光源院にも分祀している。これも菩提を弔うためとはいえ、一方では両地に義綱の影響を後々まで保ちたいという思惑もあったはずである。

義綱父子が戦死してから八年後の天文一五年（一五四六）、川越夜戦で北条氏康の前に、扇谷・山内両上杉と古河公方の連合軍は敗走。併せて、上杉が一度は取り戻した松山城も北条の手に落ちる。そのとき管領上杉憲政は鉢形城も放棄して、上野国・藤岡の平井城まで落ちたという。

憲政はそれから五年後の天文二〇年（一五五一）には、その平井城を追われて、越後国の長尾景虎＝後の上杉謙信の許に逃げて、管領職を譲る。北条氏は破竹の勢いで北武蔵から西上野まで手に入れて、鉢形城をも一つの拠点として支配権を確立するが、翌年から越後上杉の反撃が始まり、その一帯は時々小競り合いが繰り返された。

両者の勢力の境目は児玉周辺にあり、特に金鑽(かなさな)御嶽城を巡って争奪戦が行われた。川越・松山・毛呂・寄居・児玉・上野の北条対越後上杉の攻防戦のなかで、秩父はその南側に位置していて、主たるラインではないが、いずれかに属さなければならない立場に置かれていた。

逸見義綱が秩父入りして、武田氏の勢力が一定の地域を領したと思われる天文年間から、永禄三年（一五六〇）までの約三五年間、秩父の歴史はほとんど空白である。

ただし、『武蔵志』では義綱について、「元甲州ノ人ナリ。秩父ニ来藤田右衛門佐邦房ニ随従シテ当城ニ居、上杉ノ麾下(きか)ト成リ、後邦房トトモニ北条ニ下ル。孫蔵人ハ天正ニ鉢形ニ籠ル」とする。

藤田氏は寄居の藤田を拠点に、関東管領上杉氏に仕えて児玉・秩父に勢力を伸ばしていた。花園城を主城として、秩父には長瀞に天神山城を、皆野に千馬山城などを築いて、北条氏と対抗する永禄の頃には、秩父郡主を名乗っていた。

義綱が藤田氏に「随従」したか、競ったかは分からないが、「逸見系図」によると、その子蔵人義重、孫の蔵人義政までは高松城にいたようである。

永禄三年の秋頃から、寄居の藤田氏を傘下に入れた北条氏は、積極的に秩父の支配を目指す。この時期の秩父での騒乱の資料的初出は、永禄四年（一五六一）一〇月の「大宮合戦」である。規模も何も分からないが、この合戦で軍功を挙げた栃谷村＝現秩父市栃谷の地侍・斎藤八右衛門に、三沢谷の土地を宛行（あてがう）という、北条氏康の文書が残る。だが、その頃秩父の支配を目指す北条氏にとっては、「秩父一乱」というほどに手を焼いた様子がうかがえる。

藤田氏が北条の軍門に下った後の秩父の在地領主達は、司令権を持った統率者はなく、半農半武士といった小規模な土豪たちの、緩やかな連合体であったらしい。武田氏の影響力は認められず、従来の管領・上杉の旗下にあるという意識で、新参者の北条の進出は許さないという態度であった。

上杉氏も自分の領下としていたことは、永禄三年（一五六〇）に謙信が熊谷の地侍に宛てて、「近く寄居・秩父の地を安堵する＝領有権を与える」と、予約状を出していることからもうかがえる。

永禄四年（一五六一）は新関東管領・越後の上杉景虎＝謙信が、北武蔵に大規模な攻撃を仕掛けた年である。大宮合戦もその一環だろうが、日尾城・高松城・天神山城などがそれに呼応して北条氏に対抗している。

しかし、越後勢が引き揚げると、北条氏は一斉に秩父の反北条勢力への攻撃を開始する。まず、日尾城が南図書助によって落とされると、天神山城は自ら城を明け渡した。高松城に籠った「秩父衆」は孤立状態になり、後に北条氏邦と改名した乙千代によって、城明け渡しを求められ、結局応じることになる。この秩父衆の一人に、後には鉢形城の一角に逸見曲輪を持つ程に北条氏邦の下で活躍した、逸見蔵人義政がいたらしい。

　こうしてほとんど無血のまま北条に服した秩父衆は、今後の忠誠を誓うことによって許され、以後は北条氏の下で、主に甲斐武田氏との戦いに明け暮れることになる。

　そのスタートは永禄一一年（一五六八）一二月の「甲・相同盟」の破綻である。その一三日には武田信玄が東駿河の興津城（おきつじょう）を攻め、鉢形城の北条氏邦も秩父衆を含む手勢を率いてそこで応戦しているが、その留守中に武田の別動隊が鉢形領に侵入し、児玉筋で合戦が行われている。

　そのとき武田勢は西上野一帯を抑えていたので、そこを足場に鉢形領・児玉方面や秩父にも侵攻することになる。秩父では永禄一二〜一三年＝元亀元〜二年（一五六九〜七一）の間に、何度も侵攻を受け、「信玄焼き」などの被害を被っている。その間の緊張は翌元亀三年（一五七二）の「甲・相一和」まで続いた。

　志賀坂峠を越えた武田勢が、光源院を屯所として日尾城を攻めたとき、城主・諏訪部遠江守定勝が来客のために泥酔していて、奥方が采配を執って追い返したという逸話が残るのは、永禄一二年（一五六九）、山県三郎兵衛尉が光源院に高札を出したのが同一三年（一五七〇）、信玄焼きを行って、信玄が「人民断絶」とうそぶいたのが元亀二年（一五七二）のこと。永禄一三年（一五七〇）は四月二三日から元亀元年となり、年号が重なっているのでややこしいが、この三年間は秩父谷は武田勢との合戦の明け暮れだった。

このように秩父谷が対武田戦に総力を挙げているときに、その西口を固める日尾城直下の光源院が、いかに武田系統の寺院とはいえ、武田勢の屯所として確保されていたなどという事は、あり得ないことである。

さて、以上述べてきたように、「逸見義綱は主家・武田信虎に反旗を翻して秩父に逃げて来た」、「信玄は秩父侵攻に際して、光源院を屯所にした」という伝説は、いずれも当たらないと思うのだが、どうだろうか。

なお、逸見義綱が最初に秩父に落ち着いたのは、①小鹿野町両神薄の小沢口＝甲源一刀流開祖の地、②小鹿野町伊豆沢の現逸見家のある辺り、③皆野町日野沢の高松城〜大通院の三説が語られている。これは大通院の開基からいって、③が順当といえるだろう。義綱は来秩に際して、縁者・家臣七〇余人を率いていたといわれている。人数はともかくとしても、一族郎党を率いて来たことと、広域支配を目指して、①〜②の地域に縁者や信頼できる家臣を配置したことは、これも当然考えられることであって、三者択一という問題ではない。

次は、「三山座敷」の伝説だが、これは実在する座敷に沿った話である。『光源院史』は、「中興と三山座敷」と題して、およそ次のように記している。

「当山の中興は一四世白中天明の時代である。この住職が三山村・半平＝現小鹿野町の近藤家から出ている。住職三一年間に、本堂はじめ全ての堂宇を再建する。中興に際して、江戸の加賀仁平衛が六〇両の大金を寄進している。再建した本堂には、近藤家に因んで三山座敷が設けられて、半平組を中心とした三山関係者のみ使用した座敷だった。この慣行は大正一三年（一九二四）に入寂した、第二二世・隆道和尚の頃まで続いた」

近藤家は半平部落で本宅と呼ばれる旧家であり、かつては刀剣類や、信玄が作ったとされる甲州金の粒などをたくさん保有していた。私は前当主の故・嘉彦氏にそれらを見せていただいたり、これらの話をよく伺っていたが、それによると、寺で三山座敷を使用する際には必ず使いが挨拶に来て、戦後に嘉彦氏が辞退を申し入れるまでそれは続いていたという。

伝説は座敷の設立を通して、菩提心の強さを象徴しようとしたものだが、時代や人物の違いを乗り越えて並列に語る、伝説のおおらかな特徴を備えたものである。

泥酔の殿様――奥方が采配を執り敵を撃退

小鹿野町にある日尾城。築城年代は分からないが、小田原北条氏が北武蔵に進出し、関東管領・上杉氏の支配地を攻略する一環として、日尾城を奪ったのは永禄四年（一五六一）の事であった。

続いて長瀞町の天神山城・皆野町の高松城等が北条側に服し、以来、秩父全域は北条氏の勢力範囲となり、いずれも地域の拠点となった寄居・鉢形城の支城となる。北条氏にとって日尾城は、北武蔵の奪還を目指して虎視眈々と狙う越後の上杉謙信や、甲斐の武田信玄の攻撃を、上州境で食い止めるための、重要な城だった。

上・武国境の志賀坂峠や、土坂峠を見張るために、日尾城は見晴らしのよい山の上に建てられていた。城主は諏訪部遠江守定勝といって、鉢形城主・北条氏邦の筆頭家老だった。伝説では、定勝は武勇に優れた武将だったが、唯一の欠点は酒好きが過ぎるという事である。

ある日、というのは、永禄一二年（一五六九）七月一一日のこと、武田勢は山県三郎兵衛尉・内藤修理亮の指揮の下、上州領・山中(さんちゅう)から志賀坂峠越しに秩父領に侵入した。それから二三〇年ほど後に書かれたものだが、この事件を、『秩父風土記』は永禄一三年（一五七〇）二月のこととして、次のように詳述している。

「甲州の先鋒(せんぽう)・山県三郎兵衛、山中領・黒沢七屋の案内にて志賀坂越し、飯田村光源院に忍び付け、城山へ責め登るときに、遠江守熟酔にて暁不覚(あかつきをおぼえず)、奥方、采配(さいはい)を取りて士卒を進め、山の上より追い落とし、甲州勢を谷底へ落とし込み死(しな)す。夫(それ)より三山村境まで追い駈けられ、三郎兵衛、漸(ようや)く引退(ひきのく)。翌日、三山村軍平(いくさだいら)、合戦」と記す。

武田勢の先鋒・山県らが山麓の光源院に密かに入って、そこを拠点に日尾城に攻め上ったとき、城主・遠江守は飲酒、熟睡していて立ち上がる事も出来なかったので、奥方が指揮を執って、これを谷底へ追い落としたというのである。

同書は、「翌日、三山村、軍平合戦」とするが、別の項では、「甲州武田軍乱入す。北条氏邦勢と当村＝三山村・尾割宮(おさみや)＝現納宮という所にて戦う。今、軍平と地名になるなり。北条方、出浦式部・久長但馬守・三山五郎兵衛・嶋村近江守・日野次郎三郎・蒔田彦五郎・猪俣能登守・諏訪部遠江守、併せて三千五百人。甲州方、武田逍遥軒(しょうようけん)・山県三郎兵衛・山中衆黒沢土屋等、併せて三千八百人と相戦う。

出浦式部、抜け駆けにて、甲州勢敗北。齋藤新左衛門、討ち死。甲州方、市川兵庫助・

栗原大八、討ち死。志賀坂を越え、山中白井より信州・大日向へ引き候。出浦式部、抜け駆けの功によって、甲州勢敗軍す。しかれども、軍例を背き候につき、北条より追放。よって薄村に居住。今に子孫在り」と、翌日の合戦の様子をかなり詳しく記している。

久長・三山・日野・蒔田などの姓は、秩父盆地内でも日尾城寄りに、現存する地名であり、出浦・猪俣はその子孫と名乗る家が、日尾城周辺の地域に散在する。地侍が総力を挙げて、地域を守ろうとしていたことがうかがえる。齋藤新左衛門は地元三山に住む侍大将だった。この戦死について、鉢形城主・北条氏邦が新左衛門の子息・斎藤右衛門尉五郎宛に出した感状が残っている。その日付は、永禄一二年（一五六九）七月一一日である。

実際には、この一二年にも、武田勢は志賀坂を越えて、秩父領に侵入している。この時は三山の合戦で、齋藤新左衛門らの奮闘により、武田軍は敗退して引き揚げた。翌一三年に再び侵攻したものだが、『秩父風土記』は、その辺りを混同して、一三年に一本化してしまったものらしい。

ここではその詮索は別にして、城主の泥酔の件についていうと、女丈夫と不甲斐ない殿様という構図だが、『秩父風土記』に記されるまで、二三〇年も語り伝えられたこの話は、それから二〇〇年経った今でも、まだ忘れられずに語られている。人はよっぽど、こういった他人様のスキャンダルがお好きらしい。

だが、後世の人をこんなに喜ばせた酔っ払い殿様の話は、本当だったのか、はなはだ疑問である。もし、本当の話なら、こんなに切迫した情勢をも顧みずに泥酔して、醜態をさらした城主の責任は問われなかったのだろうか。それが二度の合戦のうちのどっちだったとしても、数人の戦死者を出した戦いだったのである。

一方では、出浦式部は、結果的に勝機を開いたにもかかわらず、「軍例（軍令？）に背いた抜け駆け」だったために、その罪を問われて、追放という厳しい処分を下されたという。これが史実だとすれば、あり得ない矛盾である。

ところが、その出浦家に実存する史料を見ると、齋藤新左衛門への感状と同じ日付で、氏邦は出浦佐馬助宛てに、「仕合に及び、高名致し候事、感悦候」と、その活躍に対して感状を与えている。更に、天正四年・五年（一五七六・七）付の同氏宛ての書状が残り、主従関係が続いていることを示している。

その後、天正一八年（一五九〇）といえば、その六月一四日に、鉢形城は秀吉の総攻撃を受けて、落城の憂き目を見るのだが、氏邦はその一カ月前の五月八日付で、出浦式部に宛てて朱印状を出している。その内容は、「この危機に際して日尾城に籠城し、粉骨砕身、奮闘していることは、ご苦労至極である。事態決着の上は、貴殿の隠居分としての土地を、与える事を約束する」というものである。式部は佐馬助の隠居名である。

どうやら、式部の抜け駆けを理由とした追放は誤伝のようである。泥酔の殿も、北条家の筆頭家老として活躍し、「信玄焼き」によって全焼して氏邦が再建したという、両神の養法寺薬師堂には、氏邦と並んで立派な十二神将像を寄進している。懲罰どころか、最後まで氏邦の信頼は厚かったと考えられる。

ただ、日尾城主・定勝が酒好きだったのは事実らしく、その最期は飲酒酩酊の上の事故だった。どうやらそれが尾を引いて、奥方の女丈夫ぶりを際立たせるために仕立て上げられた、不名誉な酔いどれ伝説だったといえるようである。

合戦（かっせん）の古跡（こせき）——「軍平（いくさだいら）」と「戦場（せんば）」地名

合戦の古跡といえば、最も古いのは栃木県・奥日光の湿原、「戦場ヶ原」だろう。何といっても、昔、昔、大昔の下野国（しもつけのくに）＝現栃木県の男体山に住む二荒神と、上野国（こうづけのくに）＝現群馬県の赤城山神の戦いの古戦場である。

きっかけは中禅寺湖の領有権争いだったそうだが、赤城山神は大蛇になり、二荒神は大百足に変身して、互いにしのぎを削った。結果は地元に近い二荒神が勝利して、中禅寺湖は二荒山の領有となった。その主戦場が戦場ヶ原だったという。

長野市の川中島の近くに、「幕張の杉」という石碑が立つ。武田信玄と上杉謙信は、互いに睨（にら）み合いだけで引き揚げたものを含めて、五回にわたって川中島で合戦を行っている。地元で両陣営が対峙（たいじ）したのを見た、周辺の六ヶ村の長達は、両陣営に対して、村を戦場にしないようにと申し入れた。両将は共に、占領後の支配を考えてそれを了承し、村の代表の青木家の庭の二本の杉の木に幕を張り、停戦ラインの目印にした。

何度も激しい合戦が繰り広げられたが、両軍とも約束を守り、村は被害を免れた。村を救った幕張の杉は何百年と語り継がれ、昭和の晩年に枯れて伐採された時には、大人が二人で抱えきれないほどの大木になっていた。「幕張の杉」の石碑はそれを記念したものである。また、その合戦が行われた犀川(さいかわ)には、「陣場川原」の名が残る。

日本の歴史の中では、戦国時代を中心として数多く戦闘が行われてきたので、戦場にまつわる地名がたくさん残っているかと思うところだが、意外にその数が少ないのには驚かされる。不確かな伝説を伴う「勝負沢」の類は全国各地にあるが、その多くは、「菖蒲沢」だったりする。

秩父には、確かな合戦の跡地だとする小字名が二つある。小鹿野町三山の「軍平」と、皆野町の「戦場」である。

軍平は戦国時代の鉢形・北条氏の出城として、上・武国境を守った日尾城の麓に位置し、永禄一二年(一五六九)より何度も越境して侵攻してきた、武田軍と合戦を行った場所である。これは口碑だけでなく、信じるに足る史料も確認されていることなので、その記憶を残した地名と言えるようである。

皆野町の戦場は、地元で城山とか竜ヶ谷城と呼ぶ山城の麓の地である。『新編武蔵風土記稿』が、「ここは村東にて、接地に要害山と号すと云へ(え)るは、三沢分なり。鉢形の旗下に、用土新左衛門尉が居住の地と云へ(え)るは此辺にて戦を習(わ)はせし所なるべし」と述べているように、城山＝要害山は旧皆野村と三沢村を跨ぐような形であり、そこには竜ヶ谷城とか、千馬山城とか呼ばれる山城が築かれていた。

『風土記稿』は、三沢村の項では、「りうかい山は村の北の方にあり。郡中、所々に此唱（このとな）へ（え）あり。要害山なるべきを、土人唱へ（え）を誤るなるべし」として、竜ヶ谷山は要害山の誤伝であると断じている。確かに、秩父には竜ヶ谷城の名が幾つもあるが、他の地区では見ない所から、それは言えるだろう。

この山城の築城は、北条以前に、関東管領・上杉氏の配下に秩父郡主を名乗った、寄居の花園城や長瀞の天神山城の城主・藤田重利＝康邦がほぼ確実視されている。藤田氏は武蔵七党のひとつ、猪俣党より出て、寄居の藤田郷を拠点に、鎌倉時代には一族で頼朝方に就き、源平合戦の一の谷や宇治川の合戦等で戦功をあげて、領土を広げている。

この城は、戦国時代に藤田氏が、皆野方面から金尾方面に抜ける脇道ともいうべき岩田街道＝今いうところの長瀞対岸通りの抑えとして築いたものとされている。藤田氏はこれらの城に拠って領土を死守していたが、主家と頼む管領・上杉氏が天文一五年（一五四六）の川越夜戦以来衰退し、対する北条氏が怒涛（どとう）の勢いで武蔵を席捲（せっけん）するなかで、北条氏に服属することになる。

藤田康邦は家筋を守るために、後に鉢形城主となる北条氏邦を養子に迎え、娘の大福御前の婿にする。これによって氏邦は、藤田氏が擁していた秩父をはじめ北関東の支配権を手に入れた。当時よく行われた、典型的な政略結婚である。

『風土記稿』がいうところの用土新左衛門は、藤田康邦が用土に隠居してからの名という説と、藤田氏の傍流の用土氏という説があるが、いずれにしても、この城は鉢形北条の支城として、戦国末期の秩父地域を巻き込んだ、上杉や武田との合戦の場となったことは間違いない。それは天正一八年（一五九〇）六月一四日に、秀吉軍によって鉢形城が落城するまで続いたわけである。

伝説では、戦場は合戦が行われた場所だといっているが、『風土記稿』は、「合戦を習はせし所なるべし」と、微妙な言い回しをしている。一般的には「戦場」と言えば合戦場と解するところだが、『風土記稿』が何故に断定しないかというと、城の名が「千馬山城」だからと思われる。

北条氏邦がまだ幼名の乙千代と名乗っていた頃には、秩父の在地領主たちは上杉方にあって、新参者の北条氏の配下に入るのを拒んで、抵抗の姿勢をとっていた。しかし、北条勢が小鹿野の日尾城を攻め落とし、その勢いで天神山城に向かうと、ここに籠もっていた秩父勢や、まだ服属を潔しとしなかった藤田氏の一部は、敵わぬと見て、戦わずして城を明け渡す。

そのとき、最後まで北条勢に抵抗していたのは、日野沢の高松城に籠もった秩父衆と呼ばれる在地領主達だった。乙千代はその秩父衆に対して、「人質を差し出し、服属するならば領地はそのまま認め、更に配下で働くならば、軍功にはそれなりの褒賞を取らす」と、通告する。永禄四年（一五六一）一二月の事だった。これによって、秩父衆は旗を巻き、北条の軍門に下る。

このとき乙千代が人質を差し出すようにと指定した先が、千馬山城であり、人質はそこで用土新左衛門の指示に従うように求められている。

他にこの時代の文書に出て来る竜ヶ谷城の名は、すべて千馬山城である。そのことからも、「りゅうがい」は要害が訛ったもので、竜ヶ谷は後で当てた文字とする、『風土記稿』の説は当たっていると言えそうである。因みに、「要害」は「要害堅固の地」を略したもので、一般的な城の代名詞である。

とすると、「千馬」にある山だから「千馬山」であり、その山に築いた城だから「千馬山城」と呼んだという事になるのではないか。

大阪の「船場」も「戦場」と書かれたことがあり、これが正しいという人もいる。幾度も合戦の行われた場所だからという説明である。波立つ「千波」を語源としたり、大阪城の秀吉時代に馬洗い場だったから、「洗馬」が正しいという説もある。しかし、慶長の頃

（一五九六〜一六一五）の文書にも、「船場」の文字があることから、やはり今の文字通り、船着き場としての「船場」だろうという説が主流となっている。

このように、地名は表記によってイメージはどうにでもなる性質がある。城の所在地といえば、合戦がイメージされるのは自然の成り行きである。竜ヶ谷城の麓のセンバとなれば、千馬よりも戦場の方が迫力もあり、説得力も数倍となるだろう。

これとそっくり同じ例が、遠く九州の宮崎市にある。市内の高い丘陵地帯にある「千丈」の地名は、正に高所を表している。ところが、その近くの坂道は「戦場坂」といって＝書いて、源為朝と地元の土持氏の合戦の跡という伝説が語られている。

戦場が千馬であったとしても、では、何故その地が千馬なのか。地名のセンバは千束・千把などとも書かれ、それがセンゾクと音読みされると洗足・千足などになる。千馬の表記は脇に置いて、センバはセンゾクと同意である。この辺りでいうと、おそらく豊富な草刈り場という意味と解される。

＊拙著『秩父の地名の謎101を解く』の「千束峠」の項参照。

毛虫坂（けんむしざか）――疑問視される伝説の人物

横瀬町の柳生橋から柳生台地に登る坂道を、けんむし坂という。この坂の上の台地には、寄居の北条鉢形城の出城・根小屋城を預かる渡辺監物（けんもつ）の屋敷があった。

天正一八年（一五九〇）、豊臣秀吉が小田原攻めを始めると、北関東を守る重要な拠点、寄居の鉢形城も同時に攻略の対象となる。寄せ手は、前田利家・上杉景勝・真田昌幸・島田利正・徳川旗下の本田忠勝・浅野長吉・鳥居元忠らの連合軍、その数三万五〇〇〇の兵が、四方から城を取り囲んだ。

守るは城兵・約三〇〇〇。そのとき城主・北条氏邦は小田原城に出向いていた。重臣・黒沢上野介の指揮の下、一カ月以上にわたる籠城戦の末、ようやく兵糧も底を突き、城主氏邦は城兵の助命を条件に開城した。その年六月一四日のことである。

《主城・鉢形城の開城の報せの使いが各支城に飛んだ。根小屋城を守る渡辺監物のところにも一人の騎馬武者が駆けつけた。使者がもう一息という、屋敷手前の坂に差し掛かったとき、坂の途中に大きなケンムシが這い出してきて道を塞いだ。使者は馬上で鞭を打ち振るい、ケンムシを掃き除けて坂を駆け上った。

後で村人が重さを計ってみると、なんとその計六四は一〇貫目＝約四〇キロもあったそうだ。それ以来、土地の人々は、この坂をケンムシ坂と呼ぶようになったんだと》

城代家老の渡辺監物の屋敷に至る坂なので、監物坂と呼んでいたものが、訛ってケンムシ坂になったという話である。重さは合計六十四で一〇貫目という洒落である。

ところで、渡辺監物という人物は、本当にいたのかという話題がある。後世に書かれた書物には出て来るが、『鉢形北条家臣分限録』にはその名はない。そこにある渡辺姓の名は、渡辺仲右衛門と渡辺左京の二人だが、どちらかが監物と同一人物なのか、その関係は分からない。

根小屋城の城代に朝見伊賀守＝後に、浅見伊賀守がいたが、これは実在が証明されている。永禄一二年（一五六九）七月、上・武国境の物見山にいて、甲州武田軍が夜中密かに土坂峠を越えて吉田の阿熊に侵攻して来たのにいち早く気付き、撃破した事から、北条氏邦より、「苗字・阿左美の字を朝見に替え、この誉を子孫に残すように」と、太刀一腰と共に感状を受けている人物である。更に、伊賀守は元亀三年（一五七二）三月五日付で、氏邦から横瀬の地を宛行う朱印状を受けている。

今残っているその朱印状の写しに、渡辺監物の名が追加されているのだが、『秩父武甲山総合調査報告書・下・人文編』(一九八七・武甲山総合調査会)をはじめ研究者の間では、この書について疑義が出され、更に検討を要するとされている。

ところで、徳川家の武将として知られる槍の半蔵＝渡辺半蔵守綱を祖とする、半蔵流嵯峨源氏の家系図の中に、渡辺監物という人物が出て来る。これは他の史料に照らしても実在した人物である。父は渡辺顕綱(かねつな)といい、幼名は半九郎。貞享(じょうきょう)二年(一六八五)幕府の御用人になり、元禄元年(一六八八)には柳沢吉保と共に、五代将軍・綱吉の側用人となり、同六年(一六九三)には老中となっている。退任後は善佐衛門を名乗った。

家柄のせいか幕臣の中では出世頭だが、監物が老中に昇格したのは、開幕九〇周年の年。その翌年には同じ側用人の柳沢吉保が老中格に昇格している。将軍綱吉は幕府財政を悪化させたり、生類憐みの令を出したりして、歴史的にはとかく評判が悪いのだが、それらの事が論じられる時にはいつも柳沢吉保が表に立って、渡辺監物の名はその陰に隠れてしまって、全くというほど知られていない。

ところで、監物と吉保が綱吉の側用人になった翌年が、鉢形落城と、根古谷城の廃城一〇〇年目の年である。この年、幕府中枢部では何か内紛があったらしく、前の年に側用人になったばかりの南部直政が辞任し、喜多見重政が改易されている。

そんな噂の中で渡辺監物も何らかの役割を担って、市中で話題に上がったものか。庶民にはなじみのない監物という堅苦しい名前が、ケンムシに読み替えられたのも何とも愉快な話だが、あるいはこの伝説が創られていくなかで、この名前が援用されていったものなのか、分からない。

　けんむし坂の主人公・渡辺監物は、全身をもやもやとした体毛に包まれていて実態が見えない毛虫のように、依然霧の中の人物である。

強矢（すねや）——扇の的の家紋だけれど

小鹿野町藤倉地区にある地名。強矢を姓とする家は、この藤倉地区と、藤倉川南岸の山を越えた、小鹿野町河原沢地区・三山地区に集中してそれぞれ二十数軒ずつあるが、全国合わせても百数十軒くらいという。

戦国時代、小田原北条氏の北武蔵の備えであった鉢形城の出城・日尾城が、当時の藤倉村と日尾村の境の山上にあった。城代は鉢形領主の家老・諏訪遠江守定勝である。『鉢形分限録』によると、その家臣に強矢弾正の名が見える。

日尾城を守る武将達は、上州境の志賀坂峠や土坂峠を越えて秩父領に侵攻する、甲斐の武田信玄の軍勢を迎え討って、その麓で何度も死闘を繰り返した。今でも、兵ヶ森・軍平・石打ち場など、合戦を物語る地名が残る。たぶん、強矢弾正も、この戦場で思い切り駆け回り、武功を立てたことだろう。

「強矢」の由来は、武田軍を強矢で防ぎ、追い散らしたことによる、と説かれている。強矢姓の家紋は、丸の中に五本骨の扇が描かれている。強矢が射当てる扇の的だという。

確かに、強矢姓には豪の者がいる。藤倉村強矢の出身の強矢良輔は、幕末の甲源一刀流の剣術家である。道場主の逸見義年に、道場でただ一人、一流の認可を授けられた。紀州藩家老・水野家の剣術指南役を務める傍ら、天心武甲流と称して、江戸四谷伝馬町に道場を開いた。その門弟は二〇〇〇人を超えたという。

強矢のイメージが、豪儀とか、豪胆なものを連想させるためか、池波正太郎の小説『鬼平犯科帳』には、越後生まれの強矢伊佐蔵（すねやのいさぞう）という盗賊が登場する。伊佐蔵はいかにも江戸時代の庶民の名前らしいが、うがっていえば、作者の想いは勇蔵（いさぞう）だろう。「強矢の勇蔵」とくれば、こんな強そうな名前はない。

小鹿野町両神薄の真言宗智山派の古刹・法養寺の薬師堂には、室町時代初期の作という、絹本着色十三仏像が保存されている。これは、十三仏信仰が始まった頃の作画として、信仰史の研究資料としても大変貴重なもので、県指定有形文化財となっている。これが法養寺に奉納される以前は、藤倉村の名主の所有だったと伝えられている。

藤倉村の名主とは誰かというと、それはいまも地元にある、元強矢家以外にはないのではないか。この地区の旧家だった誇りから、幕末か明治の初め頃に、強矢に元を付けて、元強矢を名乗ったのだという。全国にも珍しい強矢の姓が、ここを発祥の地とする傍証でもある。

それにしても、強矢は、日尾城の武将達が射まくった、強弓・強矢に由来するという伝説は、民間語源説的なこじつけに過ぎない。では、何に由来するかというと、それは強矢地区を貫く、藤倉川の流路に由来するのだと考える。その地形を見ると、見事なZ型の流路となっている。つまり、ここは「強矢」ではなく、「強谷」なのである。

スネは拗ねるという言葉があるように、スグ＝直に対置する言葉である。人間が拗ねることを「ヘソを曲げる」といい、そういう性質を、「つむじ曲がり」などというように、スネルにはマガル・マゲルの意味がある。

ここでは、ほぼ真っ直ぐに流れてきた谷川が、急に岩盤に突き当たって、無理やりZ型に流れを変えさせられている。そのように、急激に二度も曲がって流れる事を指して、スネ谷と言ったものである。直流が強い障害物によって強いて曲げられているので、漢字としては、強いてとか強引に・無理にという意味を持つ、「強」の字を当てた。

「強」をスネと読んだ例は、武田勝頼対家康・信長連合軍の長篠・設楽原の合戦で有名な、足軽・鳥居強右衛門がいる。天正三年（一五七五）五月、徳川方の長篠城は武田方の大軍に包囲されて孤立する。城主の命を受けて、わずかな手勢で籠城する長篠城を密かに抜け出して、城を巡る川を泳ぎ渡り、六五キロの道を走って、岡崎の家康・信長の陣に至り援軍を要請する。快諾を受けて帰城する強右衛門は、城の手前で合図の狼煙を上げたところで、武田の兵に捕縛されてしまう。

武田軍は強右衛門に、「城に向かって、援軍は来ないと叫べば、命は助け、家臣にしてやる」と、交換条件を持ち出して、籠城軍の士気をくじこうとするが、強右衛門はそれを拒否して、城に向かって「間もなく援軍が来るぞ。もう少しの辛抱ぞ」と叫んで、武田軍に磔(はりつけ)にされる。

強右衛門の名にふさわしい強者である。因みに、ＪＲ飯田線の長篠城駅の隣には、強右衛門を記念した鳥居駅がある。

強いて流れを曲げられている谷だから強谷。その意味は曲谷だから、隈谷・熊谷と同じ地形地名である。なお、地名に付く「矢」はほとんどの場合、「谷」の意味と考えていい。

花の平——いかさま博打と古戦場

皆野町日野沢の門平から城峯山に登る道の傍らに、「花の平」と呼ばれる土地がある。名の通り、ここは四季を通じて様々な花が咲き乱れている。ほとんど野の花を見ない盆月にも、ここには何かしら花が咲いていた。特に秋のお彼岸には、真っ赤な花が一面に野を埋め尽くす。また、花の平にはたくさんの蟻がいて、土を盛り上げた蟻塚を作って棲んでいる。

秋のお彼岸には近くの人々が、ここに赤い花を採りに出かけたのだが、その真っ赤な花を摘むと、蟻塚から無数の蟻が出て来て襲うので、人々はだんだん花の平には近づかないようになった。そこにはこんな訳があった。

《昔、この辺りではたくさんの樵が粗末な小屋に寝泊まりして、木を伐り、炭を焼いていた。雨の日には仕事にならないので、樵達は小屋の中で、手慰みの博打に興ずるのが常だった。

博打とはいえ、みんな素人のことだから、誰が強いとも弱いともなく、出たサイコロの運任せで、わずかな賭け金も行ったり来たり。大儲けする人もなく、大損をする者もなかったから、皆仲良く、勝った、負けたと言っては、笑いさざめいていた。

そんなところへ、ある日、新顔の樵が入ってきた。見るからに一癖ありそうな男だったが、生まれ在所も、どこから来たかも明かさない。流れ者にはよくあることなので、誰も気にも留めなかったが、その男の博打の強いことといったらなく、樵達はあっという間に、有り金残らず巻き上げられてしまった。

噂を聞いて、近在の腕に覚えのある男達が、その金を狙ってやって来たが、皆、勝ち取るどころか、すっからかんになって逃げ帰る騒ぎである。中には懲りもせずに、取られた金を取り返すつもりでまたやって来て、家屋敷まで賭け取られる人まで出た。

和やかだった山小屋の空気は、だんだん荒んだものになって、皆、殺気立っていた。お盆に近い、ある雨の晩、盆の手当で親方からもらったばかりの給金を、皆この男に賭け取られてしまった樵達は、ふとした拍子に、男がサイコロに細工をしていたことに気が付いた。

樵達は怒って、寄ってたかって男を殴り倒し、足蹴にした。気が付いて見ると、男は鼻から血を流して、ぐったりとしていた。樵達は慌てて男を介抱したが、男の体はだんだん冷たくなるばかりだった。

樵達は、いかさま博打とはいえ、殺すつもりはなかったのにと言い合ったが、後の祭りだ。樵達は悔やみながら、男の死体を、花が咲き誇る花の平の中に埋め、小さな塚を築いて供養した。
秋の彼岸が近くなると、その辺りには一面に真っ赤な花が咲きそろい、その後は毎年その季節になると、燃えるような赤い花が辺りを埋め尽くすようになった。けれども、その花を摘もうとすると、いきなり蟻塚の蟻が一斉に襲い掛かるので、誰もこの花を摘もうとする人はいない》

秋の彼岸が近くなると、突然、地中から顔を出して真っ赤に咲く花、曼殊沙華である。これは球根に猛毒があって、昔から恐れられた。ただし、粉末にして水に晒（さら）し、毒を抜く調理法があるといって、山小屋の周囲にはわざわざ植える事もあったという。また、腫れ物の薬にも重宝されたという。

だが、その呼び名は、全国的に、彼岸花・毒花・死人花・幽霊花・捨て子花などといって、芳しいものはない。どこでも忌避されているようである。ただ一つ、曼殊沙華だけは、「天上に咲く花」という意味で、仏教では尊い四華（しげ）の一つとして、これを見ると、自ずから悪業が消えるとされている。そのためか、墓地ではこの花を見ることが多い。また、寺の本堂の天井に吊るす天蓋（てんがい）にも似ているが、このように仏教に関係が深いだけに、この花は死を連想されるのかもしれない。

仏教で最も清浄な花として尊ばれる蓮の花さえ、日本では死を連想して、めでたい席には絶対に使わない。結婚式に蓮の花を贈ったら、ぶん殴られるだろう。

西洋に花言葉があるように、日本人も、花に思いを重ねることが多かった。昔、歌に託して人に思いを伝える時には、花木の枝に色紙を添えて送った。武士の時代になると、潔（いさぎよ）く散るという意味で、桜花がもてはやされた。病人の枕元に鉢植えの花を贈ってはならないとされたのは、病の床に根付くからという訳である。

真っ赤な色は、血を連想させる色である。日本人の神の観念は、血と死を不浄なものとして忌んだ。したがって、真っ赤な色は忌まわしい色だった。古来、強烈な赤色よりも、花といえば梅というように、清楚なものが好まれたものである。

伝説の男は、鼻から赤い血を流して死んだ。埋葬された土地の赤い花は、男の血の色なのである。花を採る人を襲う蟻塚は、もちろん男を埋葬した塚を示している。伝説のテーマは、彼岸花は採るものではないという戒めであろう。

なお、『皆野町誌』は花の平について、「ここが戦国時代の合戦場であったという伝承地である。敵味方多数が戦い幾人かの討ち死にも出ているという顕著な伝承である。最近まで さびた鉄の鏃（やじり）が拾えたという。子供のころそれをもてあそんだ人も二、三にとどまらない。これらのことは山口総五郎の感状に符合する。単なる伝承として否定することはできない」と記している。

右の「山口総五郎の感状」とは、永禄一二年（一五六九）七月七日に、鉢形城主・北条氏邦が発給したものである。

「在野城上吉田村　廿八日注進状、朔日到来、委曲披見、仍、館沢於筋ニ、松田肥前守討取条、誠以令満足候、依之、右之褒美致扶助者也」

意訳すると、「野城のある上吉田村――二八日の報告は一日に到着し、詳しく開き見た。（日野沢の）館沢（＝立沢）に於いて、（武田の武将）松田肥前守を討取ったことは、誠に満足なことである。よって、褒美として右の土地を与えるものである」。

上吉田村の野城とは、上・武国境の山中谷から土坂峠を越境する敵を支える、女部田城の事である。

これによると、赤い花の伝説は、北条・武田の合戦で武士達が流した血の色を象徴するものとなる。

武士平(ぶしだいら)——山深い落ち武者伝説の里

秩父市浦山に武士平という土地がある。奥深い土地で、昔、落ち武者の一族が住み着いたという伝説がある。

《その人達は、土地の人にも身分は明かさなかったが、身振りや動作から、武士の出であることは、誰の目にもはっきりしていた。その上、彼らは弓矢の名人だった。時々、弓を持って山に入ると、必ず大きな鹿や猪を仕留めてきた。めったに殺生は行わなかったが、それでも、自分たちが食べるのに必要以上の獲物が捕れたときには、近所の人達に配ることも忘れなかった。そのため、初めは敬遠して遠巻に見ていた村人達も、次第に慣れ親しむようになり、子ども達は遊びに行って、弓の引き方を習ったりしていた。

落人の一行が住み着くまでは、雑木が茂っているだけの名もない土地だったが、落人達が村に馴染んでくると、村人はそこを武士平と呼ぶようになって、今日に至っている》

どこにでもありそうな、単純な地名伝説である。だが、全国に尋ねてみても、武士の付く地名は意外に少ない。近くは群馬県伊勢崎市に、合併して長くなっているが、「境上武士」、「境下武士」という地名がある。ところが、これはブシではなく、タケシと読む。サカイカミ（シモ）タケシである。

千葉県市原市の武士も読みはタケシである。ここには武士古墳群がある。地名は祭神・タケミナカタ命に由来するとか、土地の豪族・高市氏に因ると言われているとのことである。タケシなら、栃木県鹿沼市には武子がある。

宮城県丸森町に武士を見つけたが、これは武士沢だった。北海道の常呂郡に至って、ようやくずばり武士地名を探し当てた。近くには富武士地名もあった。しかし、北海道の地名は、新しいものでない限り、元はアイヌ語である。漢字表記はほとんどがアイヌ語の発音に合わせたものだから、漢字そのものの意味はない。

果たして、富武士はアイヌ語の〈トウプ〉＝〈小さいウグイ〉＋〈ウシ〉＝〈あるところ〉に当てたもので、発音はトップシということだった。

これでは武士平の語源探索のヒントにはならない。やはり、武士平の地名は伝説通りなのか。しかし、この地名の解明にもう少しこだわってみると、千葉県市原市の武士が建市・武子・竹子などと書かれていたことを思うと、必ずしも「武士」の文字にこだわらなくてもいいのではないか、と思えてくる。

例えば、武士の字を当てた音は、「フジ」ではないかと考えてみる。フジは藤・縁・淵などの字を当てることが多いが、古い意味では、山の急に険しくなるところの意味を持つと言われている。富士山も急傾斜の裾を引くところから、そのフジではないかとする説もある。

また、その根を干して作る鎮痛剤などの漢方薬を附子（ぶし）ということから、トリカブトの生えている所かも。あるいは、中近世に大きな仏像を彫る時には、原木を伐り倒したその場所に小屋掛けして彫ったことから、仏師平（ぶっしだいら）・仁王平・薬師平などの地名を残すこともあるので、ここもその例か。

地名の由来は、伝説通りに武士が住んだ処なのか、山が急に迫った土地なのか、それとも、いくつか考えられるが、いまひとつ確証に足るものがない。

武士平耕地はかつては数十軒の部落だったというが、現在ではたったの一軒になり、お二人の老夫婦が住むだけの土地になってしまっている。

美女平(びじょだいら)――想像をかき立てる美女地名だが

《昔のこと、富士山が大噴火を起こして、麓の人々は四方八方へと逃げ散った。富士吉田から、同じ吉田という土地の名の誼(よしみ)で、秩父の吉田にもたくさんの人々が逃げて来た。その中にいた一人の若い僧は、井上の裏山に粗末な方丈を建てて修行に励んでいた。

この僧は加持祈禱をよくし、病気を治したり、蚕を害するネズミを防ぐ祈禱などをして回ったから、村人の信頼は日に日に高まった。

あるとき、村で評判の気立てのいい娘が、重い病気になり、どこの医者に診てもらっても、一向に良くならなかった。娘の親は僧の評判を聞いて、藁にもすがる思いで、この僧に祈禱を頼んだ。僧が祈禱してみると、悪い業が取り憑いていて、なかなか離れようとしなかった。僧は念力の勝負だと思って、護摩(ごま)を焚(た)き、一昼夜ものも食わずに、全身全霊を傾けて業魔(ごうま)と戦った。

ようやく業魔が退散すると、娘は何事もなかったかのように、元気になった。全力を使い果たした僧は、フラフラになって山に帰って行った。

翌日、娘がお礼のために訪ねると、僧は疲れ切って寝ていた。娘は驚いてお湯を沸かし、おかゆを煮て僧の世話をして帰った。その次の日も、娘が心配して尋ねてみると、僧は少し元気を取り戻していて、もう心配ないからと言って娘を帰した。

娘は自分に憑いた業魔のために、僧がこんなにも身を賭して祈禱してくれたことを知って、それからは時々僧の許を訪ねて、あれこれと僧の身の回りの世話をするようになった。

これを見た村人は、僧が祈禱に事寄せて、娘を誑(たぶら)かしていると噂した。噂が広がると、人々の僧に寄せる信頼が薄らいだ。信頼が薄らぐと、なぜか祈禱も効かなくなった。

僧は悩み、念力で自分の煩悩(ぼんのう)を断ち切らなければと思って、山の奥深い窟屋(いわや)に籠もった。僧は、ようやく訪ね当てた娘の呼び掛けにも応えず、窟屋の戸を閉めたまま、念仏を唱えていた。何時までも待ち続けた娘は、そこに座ったまま息絶えた。

いま、この窟屋のある辺りは、美女平と呼ばれている》

テーマは「美女平」の由来を説く伝説である。地名で美女の付く土地は、浸水しやすい川縁か、山間地などの湿地帯である。水がついた物や場所をビショビショと言うように、「美女平」は「ビショ平」なのである。窟屋のある岩壁の下のちょっとした平地は、岩壁から滲み出る水によって、湿地帯になっているのだろう。

＊詳しくは拙著『秩父の地名の謎101を解く』の「美女平」の項参照。

反平（そりだいら）――ご神木の天辺を

秩父市荒川の贄川に、反平という小地名がある。

《ある日、ここで暮らしている男が、向こうの山に薪拾いに出かけて行った。たくさんの薪を背板に背負って山道を下って来ると、荷の重さで草鞋（わらじ）が擦り切れて、踵（かかと）の方が無くなってしまった。

山道には角張った小石がゴロゴロしているし、棘（とげ）をもった栗の毬（いが）なども転がっている。これを踏んづけたら大変だと、男は山の神様に頼んで、道端に生えていた手ごろな樫（かし）の木を伐って、これを杖にして爪先歩きに帰ってきた。

次の日も、また次の日も、男はその杖を持って山に行き、薪をたくさん拾ってきた。年の暮れ、男は薪も十分溜まったから、今年の薪拾いもこれで終わりにすべぇと独り言を言いながら、ドッコイショと背板を降ろして、杖を庭先に突き刺した。男は薪を始末して夕飯を済ますと、杖の事はすっかり忘れて寝てしまった。

寒い冬が過ぎて春になって、ふと見ると、杖は庭に根を張って、わずかに新芽を出していた。男は、これは山の神様からの頂き物だったと気が付いて、それからというもの水を遣ったり、肥やしを撒いたりして大事に育てた。

幾年もしないうちに、樫の木はぐんぐん伸びて、空を突くような大木になり、春には小鳥たちに巣を作らせ、夏には村人のために涼しい日陰を作り、秋には小鳥やリス・山うさぎ達の冬籠もりのために、栄養のあるドングリの実をたくさん落としてくれた。

村人達は、杖から大木になった御神木を崇め祀ったが、木の天辺があんまり高いので、皆反っくり返って見上げていたので、それを見た他所の耕地の人々は、この地を反平と呼ぶようになった》

ソリは焼き畑地名である。焼き畑は、人糞尿や、牛馬や山羊・羊などの寝藁の他には肥料がなかった頃からの原始的農法で、班田収授の時代から続いていた。それらの肥料さえ運べないような遠い山地では、その土地の草木を焼いた灰が唯一の肥料だから、数年後には地力が落ちて収穫が減る。その時にはしばらく休ませて、草木が茂るのを待って、再び焼いて畑にする。幾つかの土地を区切って、交代にそれを繰り返すのである。

昔は全国どこでもやられていた農法だが、肥料が普及するにつれて消滅した。残ったのは肥料を運ぶことのできない山間地だった。都市部では田畑から住宅街に代わるにつれて、焼き畑を表す地名もほとんど消えてしまったが、サス・ソリの付く地名があれば、それは元焼き畑地帯だったと思っていい。

現在使用中の焼き畑をサスといって、指・差などの字を当てた。休耕中の焼き畑がソリである。ソリはソウリともいって、反・楚里や双里・草里などの字を当てている。サスは、切り払った草木に、火を点(さ)す事からいうのではないかと、私は思っているが定説はない。ソリは休耕田をいう「反らし畑」の略ではないかというのが、ほぼ定説になっている。

反平は、山間地には珍しい、平地の焼き畑だったのだろう。もっとも、平地の少ない山里では、猫の額ほどの緩やかな傾斜地でも、平(たいら)と呼ぶことが多いから、ここなどはその例の一つと考えていいようである。

雲取山（くもとりやま）——猿が雲を取ったという説

《昔々のその昔、大滝の山奥に、一人の仙人が住んでおった。毎日、霞を食い、露をすすって、山谷を駆けまわる修行をしていたが、山の天辺を流れる雲を見ているうちに、その雲を食ってみたいものだと思った。

そこへひょっこり猿がやって来たので、あの雲を取って来てくれないかと頼んだ。猿は、「そんな事はわけもないことだが、いま腹が減って木の実を探しているところだから、仙人さんが自分で取ってきたらよかんべ」と言った。

仙人は、「ワシは修行中でな。大事な修行には手順というものがあって、かってに雲を取りになど行くことはならんのだ。お前さんが雲を取ってきてくれたら、ワシがこれから回る谷に、山ブドウがたんとなっているから、それを採っておいてやろう」と言った。

猿は喜んで、雲をいっぱい取って来るから、山ブドウもたくさん採っておいてよッと言って、その辺りの一番高い山に登って、そこに立っている一番高い木の天辺で、流れてくる雲を待っていた。初めに来たのは赤い雲。これは眩しすぎて取れなかった。次に来たのは黒い雲。これは不味（まず）そうなので見送った。三番目に来たのは白い雲。これは真っ白で、見るからに美味（うま）そうなので、猿はひょいと飛び乗って、真ん中のおいしそうな所を千切って取った。

　それを抱えて、先ずは味見とばかりに一口食ってみると、その美味いこと、美味いこと。もう少し、もう少しと食っているうちに、雲は小さくなって、猿の重みでドシーンと地面に落っこった。落ちた拍子に、顔をしたたかに擦りむいて、猿の顔は真っ赤になった。

　猿は痛さを堪えながら少し残った雲を抱えて仙人のところに戻ると、仙人は山ブドウをどっさり採って待っておった。猿が訳を話しながら、わずかな雲を差し出すと、仙人は約束が違うじゃないかと言って、持っていた杖で、猿の尻をバシッと叩いた。

　猿はキャッと叫んで跳び上がったが、それから猿の顔と尻は真っ赤になったままだという。それから、猿が雲を取りに登った辺りで一番高い山は、雲取山と呼ばれるようになったんだと》

　奥秩父の山々は信仰の山と同時に、上野・信濃・甲斐を結ぶ重要な峠道でもあった。峠は古くは坂といい、旅の安全を祈って、神に手向けをするところであった。その手向けからトウゲという言葉が出たという語源説もある。

　私は若い頃、両神山に登ったとき、両神神社の奥宮の前で、江戸の通貨・寛永通宝を見つけたことがある。また、それと前後して、奥秩父縦走を試みたときに、飛竜神社の社前で、偶然に洪武通宝を掘り出した。社前に腰を下ろして休んだとき、持っていた杖で、何気なく地面を突いていると、落ち葉の中から、ころりと出て来たものである。その後すっかり忘れていたが、数年前に納屋を片付けていると、古い引き出しから、また、ころりと出て来て、今でも持っている。

寛永通宝は江戸時代に日本で鋳造、洪武通宝は中国・明の太祖が洪武年間（一三六八～九八）に発行した銅銭で、日本にも大量に輸入されて通用した。山深く祀られた社に供えられた古銭、これらは明らかに、山の神・峠の神に手向けた、昔人の祈りが込められているものである。

峠にはいまひとつの語源説がある。峠は山の鞍部が多い。そこは撓（たわ）んでいるからタル・タワといい、タオといい、タオリという。タオリは約まってトリとなる。峠の名にトリが付くのはそのためである。トリというと、一般的には「取」だが、峠の高さから空を飛ぶ「鳥」を連想して、その字を当てた峠名も多い。

雲取は「雲たおり」=「雲峠」の別名だったと考えられる。なお、「撓んだ処」=「峠」は地形から付けた名称だが、比較的日常的に使う峠は、人の動作に主体を置いて、「越え・越し」という事が多いようである。有名なのが「ひよどり越え」・「天城越え」など。身近にも、「乗越(のっこ)し」とか「〇〇越し」の地名があるのではないか。また、「越し」は「腰」と書かれていることもある。「腰の根」などは峠の根方・峠の麓をいう地名である。

弟富士山(おとふじやま)——数ある富士の中でもただ一つ

富士山。常に山頂に雪を頂き、標高三七七六メートルの高さから、なだらかな裾野を引いて、どこから見ても円錐形の整った山容を見せている富士山は、古くから霊山として崇められ、また日本を象徴する山として、海外の人達からも親しまれている。

フジサンの名が今残る文献に初めて登場したのは、『常陸国風土記』(七一二)で、「福慈」とたいへんおめでたい文字になっている。元明天皇和銅五年(七一二)、各国に風土記を編纂して献上せよと命じた条件の一つに、「山川・郡郷名は二字にして嘉字を当てよ」としたことによると考えられる。『万葉集』(七五九頃)の歌には、「不尽」、「不士」、「布二」などの表記が見え、『続日本紀』(七九七)に初めて『富士』の文字が登場する。以後、次第に富士の表記が定着して来るのだが、その間には「不死」、「不二」などと書く例もあった。

『竹取物語』(九二三頃)には「ふじの山」の語源説が語られている。かぐや姫を愛した帝は、天に帰ることになった姫を引き留めるために、姫の家に大勢の武士を遣わして警護するが、姫は帝に宛てた手紙と、不老不死の薬の入った壺を残して昇天してしまう。帝は、姫のいない今は長生きする甲斐もないと言って、家臣に姫の手紙と薬壺を持たせて、大勢の武士を警護に付け、天に一番近い山に登って焼けと命じる。

家臣たちは都に近くて高い、駿河国の山に登って手紙と薬壺を焼く。当時はまだ富士山頂の火口から噴煙が上がっていたので、物語は、それを焼いた煙が今でも立ち上っていると述べて、結んでいる。

富士山の由来については、「つは(わ)ものどもあまた具して山へ登りけるなん、その山をふじの山とは名づけける」=「武士達を大勢引き連れて山へ登ったので、その山に富士（武士に富む）と名付けたことだ」と説明し、また言外に「不死」の薬を焼いた山、まだその煙が続いているという意味を含ませている。

延暦一九年（八〇〇）、富士山は大噴火を起こし、その後も大小の噴火を繰り返した。その度に農作物の被害はもちろんのこと、交通網も分断され、ルート変更やら補修やらで大変な不便をもたらした。

そのため朝廷では、富士山に火の神・浅間神社を勧請して、噴火の鎮護を祈った。祭神は、記紀神話で燃え盛る火の中で三人の子を出産した、木之花開耶姫命（このはなさくやひめのみこと）である。浅間信仰は修験道とも結びついて拡がり、江戸時代になると各地に富士講が生まれて、民衆のなかに富士信仰が根付いていった。

それを反映して、国内外にはご当地富士＝郷土富士といわれる富士山が、約四〇〇座もあるという。その中で形状が最もよく似ていると言われるのが、蝦夷富士と呼ばれる羊蹄山（一八九八メートル）や、薩摩富士＝開聞岳（九二四メートル）、日光富士＝男体山（二四八六メートル）などである。

そのなかで、秩父には弟富士山がある。秩父市荒川・秩父鉄道武州日野駅の南側にある、海抜三八六メートルのこんもりとした小山である。この北側山麓にはカタクリの群落があり、早春には観光客で賑わうのだが、その麓には浅間神社が祀られ、山頂には奥社がある。

浅間神社の謂れは次のように語られている。

《昔、ここ日野村の住人・石井大上陸則（むつのり）という人が、浅間神社を深く敬い、甲斐の国の富士山頂に鎮座する浅間本社に参詣を繰り返していた。それが重なって三三回になったとき、陸則はそれを記念して、村内の座成山に浅間様を勧請した。時に昌泰三年（九〇〇）の事である。

陸則は、日々座成山に参詣していたが、天徳四年（九六〇）六月のある夜の明方のこと、浅間様が夢枕に立って、遷座を求めるお告げをした。どちらへと聞こうとすると、浅間様のお姿はすっと消えた。

陸則は驚いて目を覚まし、浅間様のお姿を追って戸を開けると、一面の深い夜霧の中で、東の山の辺りだけが晴れて、ひとつの山がくっきりと姿を現した。陸則はこれこそ浅間様のお望みの山に違いないと思って、早速、その山に神社をお遷しした。

あまりにも不思議な事だったので、陸則はこれを富士の浅間本社にお伝えしたところ、本社では陸則の徳行を称えて、新しい神社の山に「弟富士」の名称を贈った》

ご当地富士は千島列島にも阿瀬度富士（二三三九メートル）他二山あり、海外にもフィリピンのルソン富士（二四六三メートル）、南米のチリ富士などがある。中にはご本家より高い、アメリカのタコマ富士（四三九二メートル）や台湾富士（三九六二メートル）もある。これらは多分、日本からの移民が付けた名前だろう。

このように、内外ともにご当地富士は、「当地名＋富士」のパターンが一般で、「弟富士」という形はあまり見ない。似ているのは「小富士」である。これは北の岩手県遠野市・一関市から南の長崎県平戸市まで、その間に約二〇くらいは数えられるだろう。

同じ小富士でも、福島県の吾妻小富士は、標高が一七〇七メートルもある。文字通りの小富士は、東京都・小笠原村の母島にある小富士で、高さは八六・三メートル。日本最小にして最南端の郷土富士だが、日本で一番早く初日の出が拝める山としても、人気がある。近くの青ヶ島には、信仰地名そのままの「おふじさま」（一〇九メートル）がある。

富士・浅間神社への崇敬のあまり、同等であっては畏れ多いとして、地名や苗字などの「富」の文字のウ冠の点を取り去って、「冨」の文字に替えることもあった。「小富士」はそんな配慮も感じられる名称である。

弟富士・小富士と同じ語法で名付けられた山に、「黒富士」がある。常緑樹が鬱蒼としている山なのだろうか、山梨県甲府市と福井県美浜町にある。

兄（え）・弟（おと）といって、兄（え）は長じている者、弟（おと）は年下の者をいう。弟をオトウトと読むのは、弟人（おとひと）を詰めたもので、若人（わかひと）をワコウドと読むのと同じ読み方である。従って、弟の本来の読みはオトで、年下とか、小さい者とか、若い意味を表す。乙とも書くから、乙姫は若い姫のことである。姉は古くは兄姫（えひめ）とも言った。

そこで弟富士だが、小富士は高さや形から富士山に似ているだけのことだが、弟となると、富士山の血脈を引いた山という感じさえして、より近いものになる。小富士があるから、小さいという意味で弟富士や乙富士もあるのではないかと探してみたが、一向に見当たらなかった。

国内外に四〇〇座もある富士関係の山のなかで、ただ一つの弟富士の名称は、本当に「富士浅間本社から許された称号」と言ってもおかしくないほどの、見事なネーミングである。

芦ヶ久保（あしくぼ）――大男の踵（かかと）が滑って出来た窪み

《昔、デエダンボウというでっかい神様がいた。立ち上がると胸から上は雲に隠れて見えないし、小便をすればそこに湖が出来てしまうほどだから、そのでっけえ事といったら、たとえる物なんどはありゃぁしねえ。

ある日、デエダンボウは、大きなモッコに土を山ほど盛り上げて、天秤棒で担いで、のっし、のっし、のっしと秩父をめがけてやって来た。正丸峠を一跨（ひとまた）ぎして、芦ヶ久保に足を踏み入れた途端に、滑ってよろめいた。その拍子に天秤棒のモッコが揺れて、土をみんなうんまけてしまった。

土はこぼれた所に並んで盛り上がったから、それが二子山になった。デエダンボウが滑った所は踵（かかと）で抉（えぐ）られて窪地になったから、それを見た人々はその跡を足が窪と呼んだ。それが後に、芦ヶ久保と書くようになった》

いやいや、そうじゃあねえという人もいる。

《足が窪はその通りだが、モッコの盛り土は、デエダンボウが滑ったときに、前のモッコがでっかく振れて、こぼれた土が二つに分かれたもんだから、一つ塊(ひとかたまり)は宝登山になって、あと一つは箕山になった。後ろのモッコはドサンと落ちて武甲山になった。デエダンボウが、「早(は)ぁ、用はねえ」と言って、放り出した天秤棒は、尾田蒔の長尾根丘陵になったんだっつうよ》

デエダンボウはダイダラボッチ・デーダラボッチ・ネーラボッチなどといわれて、時に大多羅法師・大太郎法師・大道法師などと書かれる、巨人伝説の主人公である。語られる地域によって多少変化しているが、たいがいが山を作り、池や沼を作る巨人で、地名伝説の謂れともなっている。話は関東を中心に、全国に広がっているという。

東京都の伝説を幾つか拾ってみると――。江戸・文政年間（一八一八～三〇）に書かれた『十方庵遊歴雑記(じっぽうあんゆうれきざっき)』には、今の東京都北区豊島と足立区の境を流れる、隅田川の豊島の渡しの傍らに、大道法師(だいどうほうし)の塚があると記されている。土地の人は、ダイダラボッチの草鞋(わらじ)に着いた土砂が、こぼれて塚になったと言っていることを紹介し、だからこの辺りを代田村というと、地名の由来を説いている。

世田谷区の旧代田村にあった代田橋もダイタボッチが架けた橋と伝わっている。いまは京王線代田橋駅のある一帯の広域地名となっていて、ダイダラボッチの足跡は、大人が歩いて三〇歩ほどの大きさで、かつては代田橋付近にその窪地と称するものがあったという。

大田区には、「ダイダラボッチの小便」の伝説がある。

《ダイダラボッチが、千束の辺りで杖を突いて、両足を踏ん張って小便をひょうぐった。左足を踏ん張ったところが、土が軟らかくて盛り上がり、摺鉢山が出来た。左足の所はくぼんでしまい、いまの狢久保（むじなくぼ）の地名になった。杖を突いた所の穴には、水が湧いて小池になり、洗足池はダイダラボッチの小便が溜まった所である》

三鷹市辺りで語られていたのは——、

《ダイダラボッチが武蔵野を歩くと、歩く度に土地がへこんだ。一歩目は善福寺で水が湧いて池になり、二歩目の八丁は窪んで池になり、足についてこぼれ落ちた土が八丁大塚となり、三歩目には井の頭公園の池となった》

武蔵村山市のダイダラボッチは——、

《藤蔓（ふじつる）で山を縛ってここまで背負ってきたが、藤蔓が切れて、そのままここに残って丸山になった。ダイダラボッチは怒ってこの山の藤を皆引き抜いてしまった。それで、丸山には藤が生えなくなった》

町田市編纂の民話集には、こんな話が載っている。

《太平洋の沖から、波をざんぶざんぶと蹴立てて、大男がやって来た。大男は富士山を背負って、丹沢山に腰かけて、相模の海に足を浸し、腰から煙管（きせる）を取り出して煙草をふかし始めた。煙草の灰殻を海に捨てると、海の底からブクブクと泡が立って、次々と島が生まれて、伊豆七島になった。二服目の煙草の吸殻を足柄山に捨てると、枯草に火がついて、今でも燃え続けている。

大男が再び富士山を背負って歩き出すと、一歩目の足跡が淵野辺の鹿沼になり、二歩目は八王子の長沼になった。武蔵野に入ると広々とした野原があったので、ここに富士山を置こうと思って、原の領主に申し入れると、そんなものを置かれると見通しが悪くなるからと言って、断られた。

仕方なく、今度は甲斐の国に来ると、たくさんの山があったので、富士山をこの山の仲間に入れてくれと頼むと、山々の間にそんなでっかい山を置く隙がねえと言って断られた。

大男が困った顔をしていると、どうしてもと言うなら、甲斐の国と駿河の国の間っこに片寄せて置くならよかんべぇと言ってもらった。大男は二つの国の境目に富士山を降ろした。そのとき、ドッコイショと踏ん張った足跡に水が溜まり、五つの湖が出来た。今は富士五湖と呼ばれている。

大男はヤレヤレと言ってまた、腰の煙管を取り出した。一服してその吸殻を富士山の天辺に捨てると、まだ火が付いていたもんだから、いつまでも噴煙を上げていた》

山や池の名を変えただけで、これに類似した話や、この話の断片的なものは、埼玉県内にも、秩父地域にもたくさん語られている。例えば東松山市では、ある窪地を「でえろ渕」と呼んで、昔、大男が常陸の筑波山から三六歩でここまで来た時の足跡としているところから、ダイダラボッチはここではデエロになっていることが分かる。秩父の例では、小鹿野町河原沢地区の、「あしたくぼ」である。ここでは大きな山姥の話になっているが、《芦ヶ久保に左足を置いた山姥が、右足をぐっと伸ばして踏みつけたのが、この足跡の形をした大きな窪地である。足跡窪が訛って、今では「あしたくぼ」と呼んでいる。その次に伸ばした左足が、坂本部落の「あしたくぼ」を作ったが、次の右足は志賀坂峠を跨いで、上州の方へ行ったそうだ》

　ここまで枝分かれしている巨人伝説の原型は、古く『常陸国風土記』（七一二）や『播磨国風土記』（七一五）に見る事が出来る。

『常陸国風土記』の那賀郡・大櫛之岡（おおくしのおか）の話を現代語訳すると――、《那賀郡にある平津駅（ひらつのうまや）から西に一～二里行った所に大櫛の岡がある。昔、この地に大男がいて、岡の上にいながら、手を伸ばして海浜のハマグリを採って食っていた。その貝殻が積もって岡になった。人々はそれを見て、大量の貝殻が朽（く）ちているといって、そこを大朽の岡と呼んだ。それがいつしか訛って、大櫛の岡となった》。

　その地は、いま茨城県水戸市塩崎町の、大串貝塚に比定されている。なお、古い文献に出る貝塚はこれが最初である。

『播磨国風土記』は、託賀郡に大人がいたと記す。《大人はいつも屈んで歩いていた。南海から北海を巡り、ここまで来たが、どこも天が低くて屈んで歩いていたと言った。それに比べて、この地は天が高くて、立って歩くことが出来ると言った。それゆえ、ここを高いという意味で、託賀と言うようになった。この地に沼が多いのは、大人の足跡が残っているのである》

播磨国託賀郡は、現在の兵庫県多可郡である。

その他、ダイダラボッチの類話には、土地を削って富士山を作ったので、削ったところが甲府盆地になったとか、榛名富士を作る土を掘ったところが、榛名湖になったなどがある。

「足が窪」の語源説に似ている話に、富士と筑波の話がある。《ダイダラボッチが、西の富士、東の筑波とよばれて、どちらも名山として譲らないが、重さで優劣を決めようと、二つの山をモッコに入れて天秤棒で計った。そのときモッコの綱が切れて、筑波山がドサンと落ちた。落ちた拍子に、筑波山は二つに割れてしまった。それで今は男体山と女体山になっている》

この大男の話は誰でも知っていたものとみて、曽我の五郎・十郎が、敵と狙う工藤介常に対面する歌舞伎、『寿（ことぶき）曽我（そが）の対面（たいめん）工藤館（くどうやかた）の場（ば）』にも取り入れられている。初めに登場する、朝比奈三郎義秀の口上は、「……ねえらぼっちの寝言の歌に、富士は一夜の細工物、横もっこうは駿河なる小田原提灯、手提灯……」と、モッコで担いだ富士山の話を挟んで、小田原の地名につないでいる。ここでは、大男の名はネエラボッチである。

昔からこんなに人々に愛されているデーダラボッチにあやかろうと、武蔵村山市では毎年、「村山デーダラまつり」という町おこしのイベントを続けている。「デーダラ神輿（みこし）」の創作を競ったり、地域の文化・伝統芸能を披露したりして、観光客も増え、大いに賑わっているという。デーダラボッチは今でも、あちこちで息づいているという訳である。

正丸峠を一跨（ひとまた）ぎして、足を置いたとたんに滑ったという、足が窪の谷は、傾斜が強くて流れが速い。不用意に足を踏ん張れば、誰でも足を取られそうな地形である。そんな地形を使って、「足が窪」が「芦が久保」になったというのは、うまく出来た話である。

ところで、芦ヶ久保の地名の由来だが、これは秩父市吉田が古くは芦田であったように、文字通り芦の茂った谷沢によるものと考えていいだろう。

十々六木（とどろき）――不動滝の激しい水音

秩父市大滝にあった集落の地名。滝沢ダムの建設に伴って移転して、集落はいまはない。「十々六木」は「二十六木」とか「廿六木」とも書いてトドロキと読む。

ここには、この上流の中津川に住んだという、猿島覚範入道（さしまかくはんにゅうどう）にまつわる地名伝説がある。覚範入道は下総国・猿島郡の出で、平将門の家臣だったが、天慶の乱を逃れてここに居を構え幸島（さしま）を名乗ったと伝えられる。

江戸時代には秩父山中の鉱山を開発した平賀源内が、この幸島家に逗留した記録があり、源内の居所という部屋を源内居と呼んで今に残る。源内作の浄瑠璃、『神霊矢口の渡し』は、この部屋で書かれたという。

さて、十々六木地名の由来だが、次のような伝説がある。《覚範入道は仁王様のようなたくましい骨格で、雲突くほどの大男と聞こえていたが、山深い中津川の事なので、十々六木の衆は誰も見たことがなかった。ある大雨の日、入道は水嵩の増した中津川をむりに渡ろうとして、片方の草履（ぞうり）を流されてしまった。

数日後に、川の水がいつものほどに戻った日の朝、鰻針（うなぎばり）を上げに行った男が、針にでっかい草履が引っ掛かっているのを見つけた。
とても背負って帰ることが出来ないので、村の衆を呼んでそれを見せると、皆口々に、「驚いたなあ。こんな草履は見たことがねえ」と言った。よっぽど驚いたとみえて、村人は、「驚いた、驚いた」と繰り返した。そのうちに、オドロキがトドロキになって、この土地の名前になったとさ――》という話。

他にも十々六木の由来は二つある。一つは、耕地の上の白岩に立っていた大木が、大風で谷底に倒れ込んだときの大音響から、トドロキの名が生まれたというもの。もう一つは、耕地の不動滝の水音が勢いよく轟き渡ることから、トドロキと言われるようになった、とするものである。

秋田県の由利本荘市にも「二十六木（とどろき）」という地名がある。山形県・庄内町には「廿六（とどろ）木（き）」がある。東京都世田谷区や山梨県勝沼町には「等々力（とどろき）」という地名がある。これらは皆、地域を流れる川の瀬音や、滝の音に因んだものと説明されている。

青森県深浦町のトドロキは「轟木」と書く。通りかかった三頭の馬が、追良瀬川の激流の音に驚いて暴れたので、この名が付いたという伝説がある。やはり、激しく流れる川の音が由来である。

秩父市大滝に残る明暦元年（一六五五）の検地帳には、「十々六木」が「轟木」と表記されている。そうなると、「轟」はたくさんの車の響きのようだが、長崎県諫早市の「轟峡」や、同県の嬉野市にある「轟の滝」を見れば、これも安心して川瀬の水音に由来すると説明できそうである。従って、大滝地区の「十々六木」地名の由来は、先に記した第三の説、不動滝の水音の激しさによるもの、ということになるようである。

小豆淘太——川淵に出るお化け

小豆よなげは谷や沢に棲む妖怪である。秩父は山国と言われるくらいだから、いたるところ谷や沢筋である。小豆よなげの住処がたくさんあるということである。

住処はたいがい、鬱蒼とした繁みを流れる谷川が、大岩に堰かれて滝になっているような所である。そういうところは昼でも暗いほどだから、山仕事の帰りなど、夕方になると足元がおぼつかなくなる。おまけに谷川の畔の坂道は湿っているから、重い薪などを背負って帰るときなどには、滑ってよく転んだ。

その時間になると、小豆よなげが出る。滝の底からザッザッザ、ザザァー、ザザァー、ザックザックという気味の悪い音が、大きくなったり、小さくなったりして、繰り返し大岩に響いてくる。

畑仕事でつい遅くなって一人で帰るときなどは、この音を聞くと滝に吸い込まれるような気持ちになるので、ここを通る時は日が沈まないうちに帰るようにと言われたものだった。

小豆よなげは漢字で書けば、「小豆淘げ」である。「淘げ」は名詞で、動詞なら「淘げる」。古くは「淘ぐ」と言った。『広辞苑』によると、その意味は、「①米を水に入れ、淘(ゆ)り磨(と)ぐこと。②細かい物などを水に入れて淘り分ける」ことである。そこから、選り分けて、いいものを選別する＝淘汰(とうた)する意味にもなった。

小豆はふつう水に入れて、混じっているゴミなどを捨てるのだが、その前に箕(み)や篩(ふるい)を使って、ゴミや小石を取り除くこともある。秩父ではこれら一連の作業を小豆を淘げるといっている。その作業には、細かい小豆が触れ合う、ザッザッザッ、ザザァー、ザザァー、ザックザックという音が伴う。

昼間の作業ならむしろ快い音なのだが、なぜか暗い静かな夜道で、谷川の底からこれに似た音が聞こえて来ると、ゾッとして寒気がしてくる。

小豆よなげは地方によっていろいろな呼び方があり、「小豆洗い」・「小豆研(と)ぎ」・「小豆あげ」・「小豆そぎ」・「小豆こし」・「小豆さらさら」などが採録されている。

東京都檜原村では「小豆洗い」と言い、ある家の嫁さんが小豆を煮たところ、その中に小石が混ざっていたといって姑さまに酷く叱られて、川に身を投げて以来、夜になるとこの音が聞こえて来るようになったと伝えている。

また、皆野町の身馴川(みなれがわ)沿いの金沢～出牛地区辺りでは、ヨ音が抜けてしまって「小豆なげ」になっているようである。そうなると、淘げの意味は消えて「投げ」のイメージが湧いて来る。事実、平成一九年（二〇〇七）に発行された『秩父の伝説』（秩父市教育委員会）では、皆野町金沢地区の採話として、「小豆投げ」の話を載せている。

身馴川に夜網漁に出かけた男が、崖下の谷川に網を下ろしたところ、《川上にあたってザラザラ、ザラザラッとまるで小豆でも投げるような物音がする》。男は怖くなって家に逃げ帰るのだが、取ったはずの魚はビクに一匹も残っていなかったという話。結びは、《この辺りでは、この音を「小豆投げ」と言うそうだ》というものである。つまり、話者はこの妖怪の名を「小豆投げ」と確信して語っていたわけである。

兵庫県佐用町の工川（たくみがわ）という谷川の畔に、しんごん坂という山道がある。谷の流れが見え隠れする竹藪に囲まれた細道で、人ひとりやっと通れるような急坂である。通る人は皆、しんどい坂じゃと言ったので、しんごん坂になったのだという。

竹藪は昼間っからうす暗く、足元は年中湿っていて、歩く度にジュクジュクして滑りやすく、とにかく気味の悪い所だった。

《梅雨時の小雨の降る夕方、ある男が肩に荷を負って家路を急いでいた。しんごん坂に差し掛かると、川の方から妙な音が聞こえて来る。立ち止まって耳を澄ますと、谷川の音に混じって、ガシャガシャと何か洗うような音である。薄闇をすかして見ると、ぼんやりと人影が映る。こんな時分に何を洗っているのかと気になって、一歩踏み出したとたんに、人影がスッと近付き、足をつかんで引き込もうとする。
男はやっとの思いでその手を振りほどき、荷物を放り出して、一目散に家に逃げ帰った。
話を聞いた村人は、しんごん坂の小豆洗いだと言って、それからは夕方になると、しんごん坂を通る人はいなくなった》

私の生家は旧両神村の柏沢という山の中の集落で、一〇〇メートルも歩くと、谷川の崖の上に出る。そこには自生の杉の木が何本か生えていて、杉(すぎ)の木崖(きばけ)と呼ばれていた。道は左折して、谷に並行するなだらかな坂を下りると、子ども達の遊び場の谷川に出る。

子ども時代は日中戦争の頃だったから、村には街灯などはなく、夜になれば辺りは真っ暗だった。懐中電灯より、まだ提灯の方が多い時代で、〇×さんが酔っぱらって、杉の木崖からまくれたなどという事もあった。

子ども達は、どこ・ここととなく、谷川のわずかな川原や道端で、群れて遊ぶのが常だった。夕方になると、これも、どこ・そことなく、子ども達が遊んでいる近くの家のお婆さんが出て来て、「はあ、暗くなるから、早く帰(けえ)らねえと、杉の木バケから小豆よなげが出るよ」などと言われて、急いで家路に就いたものである。

どうやら、小豆よなげの妖怪伝説は、暗い夜道の危険な場所を示す、危険信号だったようである。

川下(かわしも)の氏神様(うじがみさま)――神は上(かみ)なり

秩父市上吉田の明ヶ平(みょうごだいら)の氏神様の話である。

《昔々のこと、村に疫病が流行り、村中の人が寝込む始末だった。まだ元気な幾人かが氏神様の前に集まって、「どうしたらよかんべぇ」と相談していると、そこへ、市女笠(いちめがさ)を被り杖を突いた巫女(いちっこ)が、鈴を鳴らしてやって来た。それを見た人達は、「巫女に占ってもらったらよかんべぇ」ということになって、呼び止めた。

巫女は氏神様の前で何やら呪文を唱えてお祈りしていたが、やがて神のお告げを村人に伝えた。「神様は穢れた水に苦しんでおられる。神様は清らかな水がお好きなのじゃ。見ればここは川下の村外れではないか。すぐさま社を村の川上に移しなされ」

村人達は、「そういえば、どこの氏神様も、川下に祀っている所はねえ」と、口々にそういって、早速、氏神様の社殿を、村の川上にお移し申し上げた。すると、たちまち寝ていた人は元気になり、それからは村に疫病神は入って来なくなった》

神は上(かみ)である。雷が代表するように、昔の人は、あの音を天上の神が鳴らす音と考えたから、神鳴りといった。古くは、神そのものと考えて、鳴る神と呼んだ。もっと古くはイカヅチである。イカは厳(いか)めしい・厳(いか)ついなどの、厳(きび)しく怖い意味で、ツは「天ツ風」・「沖ツ島」などの用法で、現在のノ。チは霊魂・神である。つまり、厳めしく怖い神と受け止めたわけである。

雷が大木などに落ちることから連想したのだろうが、記紀神話などが伝える日本の国づくりは、天孫降臨(てんそんこうりん)＝天の神の子孫の神々が地上に降り立たれて作ったことになっている。

キリストやイスラムのように一神教の国もあるが、日本の神は自然神だから八百万(やおよろず)の神といって、あらゆるところに神は宿ると考えていた。八百万もいたら、神も数えなければならない。神の数え方は一柱二柱、または一座二座である。

柱は天の神は大木を伝って降りて来るという発想から生まれ、座は神社の座に着いたものとしての数え方である。日本武尊や弘法大師が突き立てた、杖や箸が根付いて大木になったなどという伝説は、この考えにつながるものである。

神社は和語では宮(みや)。宮の語源は御屋(みや)。神や貴人の屋だから御をつけて御屋。天皇の御屋＝宮のある所が宮処(みやこ)＝都である。処(こ)は場所を示す此処(ここ)・其処(そこ)・何処(どこ)の処(こ)。

都は天皇＝貴人の居る処だから、そこへ行くことを「上る・登る」と言った。そこから離れる事は「下り」である。京都に都がある頃は、そこへ行くのが「上京」で、そこから関東へ行くのは「東下り（あずまくだり）」と言った。「江戸へ下る」とも。

江戸に都が遷ると、「上京」は逆転した。鉄道が敷かれると、江戸＝東京へ向かう列車は一斉に「上り」の表示になった。

以来、東京湾に注ぐ川の上流部に住む人達は、川の流れに沿って下流に向かって「上り」の列車に乗ることになった。だから、東京をはじめ下流の人達は、「下り」の列車に乗って、登山することになる。さすがに、長瀞の遊覧船の「川下り」だけは「上り」とは言わないが、あのまま東京まで行ったら、やはり「上り」になるのだろうか。

お殿様の住むお城の周囲は、「下々（しもじも）」の住むところだから、「城下町」である。家来の武士達がお城に行くことを、「登城」と言った。お城は高いから、「登城」ではない。身分の高い殿様のいるところへ行くから、「登城」なのである。明治になって、学制が出来ても、四民平等などと言いながら、教育は「お上」が施すものという考えを引きずっていて、学校をお城に準え（なぞらえ）て「登校・下校」と言い慣わした。

山村では、急坂を下って平地の学校へ行くのにも、「登校」と言う。帰りは、大変な山道を、汗だくで登って家に帰っても、「下校」である。

この伝説はそうした日本人の感覚と慣習に基づいたものである。山村の村はたいがい、山間（やまあい）の一本の谷筋に沿って集落が作られている。そこでは方向の基準は、河流に沿ってカミ・シモである。巫女が指摘したのは、崇拝すべき村の氏神が、地域の下流（しも）にあっていいはずがないということである。

前述したように、神は上である。どこの神社も、天により近い山の上にある。参拝の都合で山頂に奥宮を置き、里宮を建てる所が多いが、あれはあくまでも参拝用の社である。いま社と書いたがこのヤシロは屋代（やしろ）であって、形代（かたしろ）＝神霊の代わりと同じくその代理なのである。

神の上に人があってはならない。だから、地名でも、姓でも、井上や川上はあっても、宮上はない。宮がつくなら宮地・宮前・宮脇・宮下などである。

どんな理由からか、氏神の宮が村の下流にあった。それを通常の川上に戻したので、「その後、疫病神が入らなくなった」＝村人の気持ちが安泰になったということである。

川底（かわぞこ）の不動様（ふどうさま）——自然災害と人災と

《昔、甲斐の武田信玄が雁坂を越えてここ武州は大滝の山奥に入って来て、あっちこっちで金山を開いた。中津川の奥の方の若沢にも、人夫が小屋を建てて金を掘っていた。人夫達は小屋の傍に、武田家の守り本尊の不動様を祀り、依り代に二本の檜を植えて、朝晩拝んでいた。

何年も経って武田家は滅びてしまったが、人夫達はそのまま若沢に住み着いて、わずかな金を掘って暮らしていた。あるとき、大嵐があって、掘り進めた山が崩れて、不動様は社ごと流されてしまった。それから人夫達も三々五々山を下りて、そのうちに小屋もなくなってしまった。

それからまたずっと年月が過ぎて、中津川の原生林を伐採して、材木を川流しで出す仕事が始まった。不動様のお社の前の檜は、長い年月を経て立派な大檜に育っていた。川流しの人夫達は、これはいい材木になるぞと言って、谷の激流を気を付けて流していったのだが、ある大岩にぶつかって、大檜は真っ二つに折れてしまった。

これでは使い物にならないと、人夫達ががっかりしていると、昔の事を聞き知っていたある老人が、「これはお不動様のご神木だから、何かのお告げに違いない」と言った。それを聞いた人夫達は、「そんならこの辺りに、流されたお不動様が沈んでいるのではないか」と言って、皆で大岩の下の渦巻いている淵の底を探した。

すると、思った通り、川底の砂利の中に、お不動様が沈んでござった。人夫達はお不動様は滝がお好きと聞いて、小滑沢（こなめざわ）の奥にある三条の滝の岩陰にお祀りして、折り木不動様と呼んで崇めた。

それからは危険の伴う山林の伐採でも、川流しの作業でも、事故に遭う人はいなくなったということだ》

秩父市中津川に伝わる、不動様の霊験を説いた伝説である。川底から仏像を探し出して祀るという話は各地にあるが、最も有名なのが、浅草の浅草寺の聖観世音菩薩像だろう。世に知られている縁起によると、この観音像は、推古天皇三六年（六二八）、宮戸川＝現墨田川で網を打っていた漁師の檜前（ひのくま）浜成・竹成兄弟の漁網に掛かって引き揚げられたとする。

檜前兄弟はこれを仏像と知らずに、川に投げ込んだが、何度やっても網に掛かるので場所を変えてみたが、やはり網に掛かって来て、魚は一向に掛からない。不思議に思って、土地の長・土師中知（はじのなかとも）に見せると、初めて尊い仏像であることが分かる。

話を聞いて集まって来た里の童子達が、草を刈り集めて草庵を作って祀る。浅草寺の起源である。そのうちに中知は自宅を寺に改修して、尊像を安置した。そのとき、一夜にして寺の辺りに千本の松が生え、三日後には見事に成長した松林に、天から金の鱗の龍が舞い降りた。この瑞祥（ずいしょう）から、金龍山という山号を名付けた。

なお、このおめでたい話にまつわって、浅草の語源は、チベット語の聖者の住まいを表す、アーシャークシャが訛ったものだという説まであるという。

仙台市太白区にある南赤石観音堂の由来も、浅草寺の伝説とよく似ている。

《この辺りに正直で真面目一本の農夫がいた。男は夏になると毎夕、名取川で馬を洗ってやった。この日も馬を洗っていると、川底で何やら光るものがある。不思議に思って、家に帰って話すと、家族達が見に来たが何も見えない。そんな事を繰り返すうちに、家族は誰も信用しなくなった。

すると、いつもより川底が光ったと思ったその夜、夢枕に観音様が立った。男は、ハタと気づいて、翌日、川底を掘ってみると、案に違わず観音様の像が出て来た。

男は大切に拾い上げ、赤石山円通寺にこれを納めた。数年後の事、旅の途中で寺に立ち寄った慈覚大師が、この像を見て、『これは世にも稀な十一面観音像なる故に、もっと高

所にお祀りすべし』と言ったので、今の高地を選んで堂宇を建てた》

このような話の原型は古く、『日本霊異記』（七八七頃）や、『今昔物語集』（一一二〇頃）などに見ることが出来る。この二つの本に載る話は、仏教説話としてほとんど同じものだが、概要は次のようなものである。

《駿河国と遠江国との境を流れる大井川の畔に鵜田（うだ）の里がある。淳仁天皇（じゅんにんてんのう）の天平宝字二年（七五八）の話だが、鵜田の里の川岸の辺りから、しきりに、『私を取り出してくれ』という声が聞こえていた。

たまたまそこを通りかかった旅僧が、その声を聞きつけて耳を澄ますと、川底の砂の中から声がする。僧は洪水で流された人が生き返ったのかと思って、掘ってみると、薬師仏の木造が出て来た。高さ六尺五寸で左右の耳が欠けている。

僧は、「これは我が大師。何の過失があってこの水難に遭い給うた。偶然ここでお会いできたのも何かの御縁。私が修理して差し上げましょう」と言って、仏師に耳を修理させて、鵜田の里に堂を建て、尊像を祀り供養した。

この薬師仏は霊験あらたかで、出家と在家の老若男女が、引きも切らずにお参りしている》

県内でも加須市道目の天神社の天神像は、昔、古利根川で魚取りをしていた男の網に掛かって引き揚げられ、ここに祀られたと伝えられている。

ここまでは伝説としての話だが、実際に記録されている、「川底の仏像」も各地にある。例えば三島市南本町にある、「腰切不動尊」。これは寛永一〇年（一六三三）に御殿川の川底から引き揚げられた石像で、腰から上しか彫っていないのでこの名があり、腰から下の病や安産にご利益があるとされている。

奈良・興福寺の傍の猿沢の池の近くを流れる、率川（いさかわ）という小さな川の石橋の下には舟形の台座の上に幾体もの石像が並んでいる。これは幕末に川の工事をしたときに掘り出したもので、その数四十数体を数えたという。

最近の話では、平成二九年（二〇一七）九月二一日付『西日本新聞』に、福岡県八女市の矢音川で、女子高校生が石の仏像を見つけたことを報じている。高校生はゴーグルで川の中を覗いたとたんに、川底に沈んでいた仏像と目が合った気がしたと語っているという。地元では、江戸時代に護岸工事の安全を祈って埋められた像が、大雨で流れ出したものではないかと、話題になっているという。

それよりも少し古い外国の話だが、二〇一一年七月のこと、タイ国中部のサラブリ県の川底から二〇～三〇センチの小型の座仏像・約三〇〇〇体が引き揚げられて話題になった。なかには寺院の名を彫った仏像もあって、盗まれたものではないかと言われているとか。

盗んで処理に困って捨てたという事例もあるだろうが、琵琶湖畔・長浜市の黒田安念寺の「いも観音」は、合戦の兵火から守るために田んぼに埋め、後で掘り出して川で洗って清めたために、口も鼻も分からないほどに傷んでいるという。有名寺院が多く、しかも、歴史的には何回も合戦の行われた、奈良・京都はじめその周辺には、兵火から守るために、仏像を池や川に沈める事はよくあったといわれている。

中高生の頃、日本史のテスト対策で、「仏は五五二百済から」と丸暗記したものだが、仏教が初めて日本に渡来したのは、『日本書紀』（七二〇）によると、欽明天皇一三年（五五二）に、百済の聖明王が釈迦仏の金銅像と経典とをもたらした事によるという。蘇我氏は仏教に帰依し、物部氏は反対した。そのとき、国内に疫病が蔓延すると、物部氏はそれを仏教のせいにして、仏像を難波の堀江に捨てるという騒ぎがあった。

この仏像は後に信濃国の本田善光という人に拾われて、いま、全国的に有名な長野の善光寺の秘仏となっているという、おまけの話まで付いている。

その後、物部氏は衰え、蘇我氏が全盛時代を迎えて、日本に仏教が普及する基礎が作られた。このように、仏像と河川の関係は、初めから縁が深かったと言えるようである。

『日本霊異記』の僧が、川の砂利に埋まっていた薬師仏の像に向かって、「何の過失があって、この水難に遭い給うた」と独り言しているのは、「人間や自然の過失」について、何があったと問うているのである。その中身は戦火・盗難・堤防鎮護・洪水や土砂災害などが念頭にあるはずである。

歴史的に比較的新しい「過失(あやまち)」では、明治維新の廃仏毀釈がある。仏教を重んじた徳川幕府の政治を一気に天皇親政に変革するために、仏教を廃して神道を復活させる政策である。これによって、多くの仏像は首を折られたり、野山や河川に捨てられたりした。本書「きんまら祝儀」の項でも、遠野市の河川工事で発見した石像の事を扱っている。

中津川の奥地の折木不動尊も、浅草寺その他の仏像と同じく、自然の中で営む人間生活の歴史のなかで翻弄されたものといえるだろう。ここまで古い歴史や遠くの話ばかり拾ってきたが、小鹿野町長久保にもこんな実話があった。

《昭和一一年(一九三六)頃の事、長久保の小菅(こつが)地区・下組は一〇軒ほどの耕地だったが、そのなかで二三人が何らかの体の不具合で悩んでいた。そこで群馬県の日野のお天狗様・地森神社に行って易を立ててもらったところ、ある家の東の方に、頼っている神様の姿が浮かんでいると言われ、耕地で相談して神社を建てることになった。

明日から工事を始めるという晩に、その家の奥さんの夢に、助けてほしいという三人の姿が現れた。屋敷を掘ってみると、三体の稲荷様の姿を彫った平たい石が出て来た。耕地の古老のお婆さんは、昔、この辺りにお稲荷さんがあったと聞いていると言った。

こうして、昭和一二年（一九三七）に建てた神社はお稲荷様になり、それ以来耕地には病人は出なくなった》

なお、本書の原稿を書いていた昨年の台風一三号によって、私の家から直線にして一〇〇メートル足らずの山裾が崩れ、旧道沿いに立っていた古い石仏が倒され、わずかに押し出された。もっと大規模な山崩れだったり、土石流だったりしたら、この石仏も土砂に埋まったり、堀の中に沈んだりしたはずである。

後の世に何かの偶然で、そうした物が発見されることもあるだろうという事を、実感した出来事だった。ひいては自然災害の多いこの国では、そうした災害によって、地底に埋もれ、川底に沈んだままになっている石像などが、発見されないままに、無数に眠っているだろうという事も、思わされたことである。

崩畑（くえはた）——東京・浅草寺の本尊様は秩父大滝の御出身

これも「川底の不動様」に類する話だが、地名を伴うものなので一項にあげてみる。甲武信ヶ岳に発して、大滝から秩父盆地を流れて関東平野を貫き、荒川放水路・墨田川となって、東京湾に注ぐ荒川は、全長一七三キロにも及ぶ大河である。普段は飲料水となり、稲を育てて、人々の生活を潤す荒川は、いったん暴れ出すと、山を崩し、田畑を荒らし、家を流して人々の暮らしを破壊する。

だから、人々は昔から、大雨でも降ると崩れやすい所や、壊されやすい堤防、浸水しやすい土地などには、それを警告する地名を付けて、子孫に注意を促し、神仏を祀ってご加護を祈った。秩父市大滝・上中尾の「崩畑」も注意喚起の地名の一つと考えられる。

《昔々、ここには洞向山西光寺というお寺があった。ご本尊は聖観世音菩薩で、たいそうご利益があるので、参詣の人は引きも切らず、お寺は栄えていた。

ところが、あるとき、これまでにない大嵐が吹き荒れて、裏の山が崩れ、お寺は土砂にのみ込まれて、あっという間に荒川の濁流に巻き込まれてしまった。

時移って、推古天皇三六年（六二八）のこと、ある二人の漁師兄弟が隅田川で漁の網を引いていたところ、その網に光を放つ物が掛かっていた。不思議に思った兄弟が急いで網を引き揚げてみると、何と聖観世音菩薩様の尊像だった。

兄弟は機縁を感じて、そこに寺を建て尊像をお祀りした。寺の名は金竜山浅草寺。その話が評判を呼び、各地から参詣の人々が押し寄せて、寺の周りには茶店や旅籠が軒を連ね、やがて浅草という賑やかな町になった。

この話を耳にした上中尾の人達が参詣して、和尚さんにご本尊を拝ませてもらうと、尊像の背には「武州古大滝西光寺」の文字が彫ってあった。上中尾の人達は、よくぞあの濁流にも耐えて、ここに安住の地を求められたものと、感激したり、喜んだりして、信仰の心を強くした。

その晩、上中尾の人達は、近くの旅籠（はたご）に泊まって、和尚さんにどう話して御本尊様を貰って帰るかと相談したが、いい知恵が浮かばなくて、皆黙ってしまった。すると一人の男が、「おらぁ、思うんだけどなあ」と、口を開いた。

「何でも出来なさる観音様なんだから、裏の山の土砂崩れだって、止めなさる事が出来たはずだ。なのに土砂の流れに乗りなさって、ここの漁師の網にかかったつうのは、どうも観音様がここに来てえと、そう思いなさったからじゃなかんべか」

皆は、なるほど、そう言われりゃ、そうかもしれねえと思った。「それに今貰って帰ったって、村にゃ寺もないことだしなあ」と誰かが言うと、「新しくお寺を建てて、皆に拝みに来てもらったって、このお寺に比べりゃあ知れたこった。このお寺で大勢の人に功徳を施してもらうのが、観音様の本意に添うことだんべぇ」。

そうだ、そうだと、皆納得して、和尚様には何も話さず、観音様にご挨拶だけして帰ってきた。そんなわけで、今は寺はないけれども、土砂崩れで流されたお寺の跡は、崩畑と呼ばれて今も残っている》

こんな伝説を伴った崩畑というと、普通、寺跡が後に耕されて、崩れた畑と呼ばれていると解されそうである。だが、地名の場合、畑＝端で崖の縁などの崩れやすい場所を指すことが多い。ここもそうした危険予知の地名と解するのが妥当だろうと思われる。

＊拙著『秩父の地名の謎99を解く』の「大畑の項」参照。

こぶった淵(ふち)——小深田淵(こぶけたふち)の雨乞い伝説

秩父市・蒔田川の下流の大慶寺というお寺の近くに、こぶったと呼ばれる淵がある。そこは川が大きく曲がって、袋のようになった深い淵だった。いつでも満々と青い水をたたえて、静かに流れていたから、子ども達は水辺で遊び、村人は田畑に水を引いたりして、淵の恩恵に浴していた。

《ある夏の事、この辺りは日照り続きで、田んぼの水も涸(か)れ、畑の野菜もうなだれて、黄色くなってしまった。このままあと幾日か雨が降らなければ、稲も野菜も枯れてしまうと心配になった村人は、大慶寺の庭に集まって、雨乞いの相談を始めた。

霊験あらたかな神水を頂いて来て、こぶった淵に注いで雨乞いをすると雨が降る、という事は聞いていたが、このところ村では何十年もやったことがないので、どこから水を頂いて来たらいいのか、誰も知らなかった。

「氏神様にお願いすべえ」と、ある人が言うと、「ああに、森のお諏訪さまが水の神様だっつうから、お諏訪さまがよかんべぇ」と言う人もいた。するとまた一人が、「両神山は竜神山だから、そのお水を頂いて来ると効き目があるっつうよ」と言えば、「武甲山のお水がいい」と言う人もいて、なかなか相談がまとまらなかった。

「そんだら、皆で手分けをして、お水を頂いて来るのはどうだ」という知恵者がいた。

「それがいい。それがいい」という事になって、皆で手分けをして、氏神さまの椋神社、森のお諏訪さま、竜神を祀るという両神山、那智の滝の熊野権現を祀る武甲山などに出かけて行った。

雨乞いのお水を頂いたら、村に帰るまで決して後ろを振り向くもんじゃねえと、そう教えられていたから、皆、律義(りちぎ)にそれを守って村に帰り、こぶった淵にお水を注いで雨乞いの祈りを捧げたが、それでも一向に雨が降る様子はなかった。

村人はまた大慶寺の庭に集まって相談したが、いい知恵は浮かばない。そこで、こうなったら最後の手段だと、こぶった淵に若い娘を人身御供に捧げることにした。くじ引きで、人身御供は弥八の娘のおきんと決まった。そう告げられたおきんは、村のためになるなら、喜んでこの身を水神様に捧げましょうと言った。

弥八をはじめ村人は、いくら村のためとはいえ、哀れなことだ、悲しいことだと、嘆き悲しんでいると、寺のお堂の中から和尚さんが出て来て、こう言った。

「おきんの真心は、すでに水神様に通じておる。この上は、おきんが身を投げるには及ばぬ。藁でおきんの人形を作り、こぶった淵に捧げなされ」

村人は大喜びだ。一日がかりでおきんによく似た藁人形を作って、それにおきんの着物を着せた。夕闇の迫る頃、蒔田川の川筋には幾つもの篝火を焚き、その中を村人は総出でおきんの人形を担いで、大きく輪を描いているこぶった淵の畔に集まった。篝火の明かりに照らされて、おきんの着物を着せられた人形は、本物のおきんにそっくりだった。

雨乞いの鉦と太鼓の高まりの中で、おきんの人形は、静かに淵の中に沈んでいった。皆が見詰める淵の水は、何事もなかったかのように、深みを増した静かな淀みになっていた。

そのとき、突然、一陣の風が巻き起こり、篝火の炎を吹き消した。と、そのとたんに、耳を覆う雷鳴が轟き、激しい雨が降りだした。

雨は三日三晩降り続いて、干割れた田んぼを潤し、萎れた草木をよみがえらせた。そのとき、村人はハッと気が付いた。大慶寺は無人の寺だった。では、あの和尚さんは誰だったのだ。村人が不思議に思って辺りを見回すと、寺の山門の前に立つ、お地蔵様の足元の苔がわずかに剝がれていた。

村人たちは、このお地蔵様が、村の難儀を救ってくれたのだと悟って、いっそう尊崇の念を厚くした。それからというもの、お地蔵様の前に、花と線香の絶える日はなくなった》

こぶった淵の雨乞い伝説である。だが、これはこぶった淵の謂れを語ったものではない。伝説はお地蔵様の霊験譚である。では、こぶった淵の名の由来は何か。

伝説でも説明しているように、この淵は蒔田川の流れが大きく湾曲している所に出来ている。だいたい川の淵は、流れを遮るように突き出している山の根や大岩などに突き当たって渦巻き、川底をえぐるために出来るものである。この淵となる湾曲した形を袋と形容することが多い。池袋・沼袋などがそれである。

また、この形状を古くはフケと言った。深・浮・浮気などの字を当てる。千葉市稲毛区の小深町（こぶけちょう）・愛媛県長久手市の小深（こふけ）、千葉県成田市の小浮（こぶけ）・茨木県取手市の小浮気（こぶけ）などの例が挙げられる。

こぶった淵は袋状になっている形を、瘤（こぶ）に見立てて言ったものか。あるいは、その状態をいうフケから小深田（こふけた）・小浮田（こふけた）を促音でコブッタと言ったものか。私は後者の方かなと思っているが、いずれにしても、そのどちらかだろう。

どちらの場合でも、「こぶった」の「た＝田」は「処（と）」が転化したものである。「あの処（と）・この処（と）」が「あなた・こなた」になり、湾曲している所をいう、「和田」は、元は「曲処（わど）・輪処（わど）」だったのがワダになり、嘉字を当てたのと同じ転化だと言える。

万寿ヶ淵（まんじゅぶち）――なぜ、「お万ヶ淵」はあちこちにあるのか

秩父市大滝の落合地区に万寿淵という淵がある。ここにはお万という娘の伝説がある。

《昔、この辺りに、お万というきれいな娘がいた。お万の所に、夜な夜な通う若者がいた。二人はいい仲になったが、若者は身分も名も明かさない。お万は母親に教えられて、ある晩、帰っていく男の着物の裾に糸を付けておいて、それを手繰って後を付けてみた。

糸は真っ青な川の淵に入っていた。お万が淵の縁に佇んでいると、不意に強い力で淵の中に引き込まれてしまった。

お万がいなくなったので、親達は村中の人を頼んで捜し回ったが、どこにもいない。捜しあぐねたお万の母親が、その淵の畔を通りかかると、淵の中から呼ぶ声がした。不思議に思って淵を覗くと、淵の底の方に、ぼんやりとだが、きれいな衣装に身を包んだお万の姿が見えた。

驚いて声を掛けると、淵の底からお万の声が聞こえて来た。

「私はこの淵の竜宮城のお嫁になっているから、心配しないで。これまで大変お世話に

なったけれど、もう、家に帰るわけにはいかないので、せめてもの恩返しに、願い事は何でも叶えますから、紙に書いて流してください」

　そう言って、お万の姿は見えなくなった。それからというもの、お万の親達ばかりでなく、村人の願いまで、お椀が欲しいと言えばお椀、お膳が欲しいと言えばお膳と、なんでも聞き届けてもらえるようになった。ただ、淵から借りたものは、用が済んだら必ず返すという約束だった。

　村人は大変喜んで、この淵を万寿の淵と呼んだ。こうして何年か経ったとき、ある欲張りな村人が、借りたお膳を自分の物にしてしまって、何時まで経っても返さなかった。それからというもの、淵はすっかり静まり返って、どんな願いを書いて流しても、何の音もしなくなった》

　この話は古くから各地に伝わる三つの伝説の類型をつなげたものになっている。まず、夜、通ってくる人物の衣の裾に糸を通しておいて、それを手繰って所在や人物を特定する話だが、これは『古事記』に原話がある。

　活玉依姫（いくたまよりひめ）が夜ごとに通う美男子の名を親に尋ねられて、答えられない。すると、親は、赤土を床に散らし、麻糸を針につけて男の衣の裾に刺しておけ、と教える。その通りにして翌朝見ると、針に付けた麻糸は戸の鍵穴から外に出ていた。糸の筋をたどって行くと、美和山に至り、糸は山頂の神社に止まっていた。すなわち、その美男子は三輪山の神だったのである。活玉依姫は美称の活＋霊憑姫で、元々神霊の憑り付く姫を表す名称だから、これは巫女にまつわる神霊譚である。

次に、万寿淵では、返す約束を破ったために、ありがたい霊験が消えている。これも古い民話伝説のパターンで、その起源は『古事記』の神話に求めることが出来る。

例を挙げると、まず、イザナギ・イザナミ神話で、黄泉国に身罷った妻・イザナミをこの世に連れ戻そうと出かけたイザナギは、支度をするから見ないでと言った妻との約束を破って、覗いてしまう。そこには蛆の湧いた妻の死体があった。驚いて逃げ出すイザナギを、妻は鬼となって追いかけ、ついに絶縁してしまう。

もうひとつ、海彦山彦の古事記神話では、海彦＝火遠命が兄から借りて失くした釣針を海に探しに行き、龍宮の豊玉姫命と結ばれる。やがて出産の時になり、産屋を建てるのに、茅代わりに使った鵜の羽の屋根を葺き合えないうちに、姫は産気づいてしまう。心配する海彦に向かって、姫は「異郷の身になった者でも、出産のときには本来の体になるものです。どうか、私が入っている間は、産屋の中は見ないでください」という。

海彦はその言葉を怪しんで密かに覗いてしまう。すると、産屋の中では、大きな鰐が陣痛の苦しみでのたうっていた。見られたことに気づいた姫は、産んだ子を置いて海の国に帰り、境界の海坂（うなさか）を塞いでしまって、二度と戻っては来なかった。因みに、この子は鵜の羽の茅で屋根を葺き合えないうちに生まれたので、鵜茅葺不合命（うがやふきあえずのみこと）と名付けられた。

同類の民話では、鶴の機織りの姿を見てしまったという、「鶴の恩返し」の話が有名である。

次に、話のまとめの部分の椀貸し伝説だが、これは川の流れが突き出た山の根や大岩に阻まれて出来た淵は、通常渦を巻くことから生まれたものらしい。渦が輪を描くことから輪ヶ淵といい、これを言いやすくしてワンヶ淵というようになると、渦巻きが椀状になって、木の破片などを水底に引き込んでは浮き出させる姿を重ねて、椀貸しのイメージが生まれた。話ではついでにお膳だったり、いろいろな日用品も加わっていることが多い。

しかし、現実には起こり得ないことなので、それは過去の話にして、昔、誰それが約束を破ったので、今はもうそういうことはなくなった、と説明して納得させるしかないわけである。

さて、この万寿淵の地名だが、寿は話のついでにつけたもので、元は各地にある「まんが淵」、「お万が淵」である。全国にはその名の淵が大変多い。なぜかというと、その元の名は曲淵（まがりぶち）だから。先にも書いたように、だいたい川の淵は直線に流れている所には出来ない。ほとんどが川が曲流しているところで、それは流れが突き出した岩などに阻まれて渦巻き、その勢いが川底の砂利を浚って深い淵を作る。

「曲淵」という普通名詞が、「まんが淵」と訛ると、女性の名の「お万」が連想されて、「お万が身を投げた淵」となったり、「椀貸し淵」の伝説と結びついて「万寿の淵」の話になったりするのである。

生川（おぼっかわ）——畠山重忠の産湯の川

武甲山を水源として、横瀬町に流れ下る川を、生川という。下流は横瀬川となって、荒川に合流する。生川は地元では主にオボッカワである。祖母（おば）がウバになるように、オ音とウ音は交代しやすい性質を持つ。秩父ではその傾向が強く、負んぶすることを、オブウと言ったりウブウと言ったりする。産着はオボギ・産屋明はオベエヤキである。

《平安時代の末の頃、武甲山の麓・持山の念仏寺というお寺に、若い僧が一人で住んでいた。ある夏の蒸し暑い晩、僧は寝そびれて目をつむったまま横になっていると、どこからか衣擦（きぬず）れの音がする。僧は、はて、誰かと不思議に思って耳をそばだてていると、確かに人の気配である。

僧が起き上がって襖（ふすま）を開けると、廊下に美しい娘が立っていた。娘は、きれいな月と虫の音につられて、外に出てそぞろ歩きをしているうちに、道に迷ってしまったと言った。僧は、こんな夜更けでは危ないから、夜が明けてから帰るがいいと言って、部屋に招じ入れて、夜が明けるまで身の上話などを聞いてやった。

それから娘は時々寺を訪れるようになり、二人は深い仲になっていた。やがて、娘は身ごもり、お産が近くなったある日の事、娘は僧に向かって、いつになく厳しい表情をして言った。

「私はこれから産屋(うぶや)に入ります。どうかお願いですから、お椀に一杯の水と、お米を七粒用意してください。それから、七日の後に私がこの産屋を出るまでは、決して中を見ないと、約束してください」と。

僧が約束すると、娘は安心した顔をして、水の入ったお椀と、七粒の米を持って、産屋にすっと入って行った。

一日経ち、二日経ち、……僧は物音ひとつしない産屋をじっと見守っていたが、あまり静かなので、次第に不安になって来た。けれども、娘との約束があるのでじっと我慢をしていたのだが、気になって、気になって仕方がない。六日目の夜明けに、そっと小屋に近づいてみると、中から微かに苦しそうな呻(うめ)き声が聞こえて来た。

僧はどうしたものかと、立ち尽くして迷っていると、呻き声がぴたりと止んだ。「生まれたのか？」僧は我を忘れて小屋の中を覗き込んで、仰天した。娘が赤子を抱いているとばかり思ったのに、僧が見たものは、太い赤松の幹のような鱗に覆われた大蛇が、赤ん坊を抱いてとぐろを巻いている姿だった。

僧の驚いた気配に気づいた大蛇は、大きな赤い目をカッと剝いて、若僧を睨みつけた。
「あなたは、どうして約束を破ったのですか。ああ、口惜しい。私は、本当の姿を見られたからには、もう、ここにいる訳には参りません。どうかお願いですから、この子だけは立派に育ててください」と言うなり、真っ黒な雲を呼び、激しい風を呼び起こして、赤ん坊を置いたまま、武甲山の天に昇って行った。

しばらくは正気を失って、呆然と大蛇の去って行った空を見上げていた僧は、やがて気を取り直して、娘の忘れ形見の赤ん坊を抱いて、寺の前の小川で産湯を使った。武甲山の神霊の許に生まれたこの子こそは、後に鎌倉武将としてその名も高い、秩父太郎畠山重忠公だった。

武甲山から流れるこの川は、重忠が産湯に使ったことから、その後、「生川」と呼ばれるようになった》

異界との交わりが、「見るな」の約束を破ったために断絶する、という類の民話伝説は、前項の記紀神話・海彦の物語以来、連綿と続いている。民話「鶴の恩返し」は、誰でも知っている類話である。

畠山重忠の誕生の話は、これとほぼ同じ形で、秩父市大滝の太陽寺と、大血川にまつわって語られている。太陽寺の住職と、大蛇の化身との間に生まれた子どもの産湯につかったので、於乳川（おおちかわ）と呼ぶという地名伝説が一つ。続いて、その子が川に流されて、大里郡の畠山庄の豪族に拾われ、長じて秩父太郎畠山重忠になったという英雄誕生譚である。

伝説には、有名人の事跡と結び付けて、その土地や事物を権威付けたり、話題性を高めたりしようとする、素朴な意図も働いているものだから、ときにかなりムリなものもある。

大血川には、平将門の妃と従者達の悲劇も語られているが、これは地名伝説として、他に真似のできない自然さと納得感がある。それに比べて大血川と重忠誕生の結びつけは、普段はまったく使わない於乳川の字を当てなければ成立しないところに、とって付けたような不自然さがある。多分、昔、学識のある太陽寺の住職あたりが、生川伝説に倣って作り上げた話だろう。

幼児が川に流されて拾われ、成人して英雄になるという筋書きは、桃太郎伝説にも通じて、これも類型がある。一種の貴種流離譚（きしゅりゅうりたん）と言うべきものだが、伝説にはその事も織り込んであるあたりは、ある程度の知識がなければできない話である。

これは民間の「拾い親」の慣行とも底通する発想だろうか。病弱な幼児を橋の下とか、辻に捨てて、誰かに拾い上げてもらうと、その子が丈夫に育つという信仰である。秩父の山村では、「拾い親」をあらかじめ頼んでおいて、形式的に行うようなことは、昭和の中頃まであった慣習である。

それにしても、どちらも寺の僧侶と異界のものとの通婚譚だが、これは寺が現世と他界との接点であるということから出た発想である。なお、地元の有名人の産湯の井戸と称するものは、共通のものとして全国各地に散在している。

氷雨塚(ひさめづか)――盗掘後の雨宿りの場

皆野町大淵は、地名が示唆するように、荒川の段丘上に位置する地域である。ここに大淵古墳と呼ばれる古墳があったが、いまは墳丘は除かれ、横穴式石室の一部が残されているだけである。石室は大型で、規模の大きい古墳であったことが推定される。この塚はかつて氷雨塚と呼ばれ、次のような伝説があった。

《氷雨塚の敷石の下には大きな穴があって、それは竜宮まで続いている。昔、村人が一〇人ほどこの塚に集まり、初日の出を待ってお祭りをする準備をしていると、どこからともなく、一人の老人が現れて、珍しいところへ行ってみないかと誘った。

日の出にはまだ時間があると、村人達が老人の後について、塚の穴に入ってみると、やがて大きなお城のような屋敷に着いた。お屋敷の中は立派に飾り付けられ、金銀・宝石をちりばめた家具や調度が並んでいた。

村人達がポカンと口を開けていると、そこへお屋敷の主らしい美しいお姫様が現れて、「皆さま。ようこそ、お出でくださいました。さあ、こちらへ」と、隣の室へと招き入れた。大きなテーブルにきれいな花が飾られ、たくさんの大皿には、見た事もないようなご馳走が山と盛られている。

初めはモジモジしていた村人達だったが、勧められて、目の前の料理を一口食べてみると、その美味いこと、美味いこと。それからは皆我を忘れて食べまくって、腹はポンポンになってしまった。

さあ、お暇(いとま)をというときに、お姫様は、お土産に、「二百年長寿の薬」をくれた。村人は口々にお礼を言って、お屋敷の門を象(かたど)った洞門を出ると、なんとそこは見馴れた氷雨塚の中だった。

さて、一〇人分の薬の入った袋を預かった男は、欲を出して一人でみんな飲んでしまったので、その男だけが二〇〇〇年も長生きしたということだ》

山村の竜宮伝説は谷川の深い淵によくあるものだが、これは荒川に近い地域ということもあってか、古墳の底が竜宮に続いているという話である。皆野町や長瀞町の荒川筋にある、大きな甌穴(おうけつ)にも、底が竜宮だの、地獄だの、つまり、異界に通じているという話があるように、深い滝壺・大きな塚穴・不思議な甌穴など、底が見えずに不気味な感じのするところは、すべて異界につながっているという、古人の発想があったらしい。

しかし、氷雨塚の伝説としては、話の内容には、氷雨の由来に触れるものは何もない。

名前には関わりなく、塚そのものから出た発想だったようである。

　それはそれとして、氷雨塚とは何か、気になる名称である。私が初めて出会った氷雨塚は、小鹿野町信濃石の塚だった。高校生時代の郷土研究部という部活動でそこに行き、地元の人から話を聞いた。

　その人はヒナメ塚と言っていた。昔、この塚を掘ったとき火の雨が降って、その人達は大火傷を負ったので、それ以来この塚に手を出す人がいなくなった、というような話だったと記憶する。それ以来、火雨塚（ひなめづか）という名前への興味は忘れなかった。そのうちに、あちこちに氷雨塚（ひさめづか）と呼ばれる塚があることを知って、火雨であれ、氷雨であれ、興味はますます募っていた。

　『秩父風土記』は、皆野町国神にある氷雨塚について、「この村に氷の雨様とて石宝所にありき。穿見（うがちみ）れば古物品なり。近来も出（いで）、長（おさ）ら家に持てり」＝「村人が『氷の雨様』と崇めている塚があり、掘ってみたら古い宝物＝剣・勾玉・土器類などが出た。近年も出土して、村長の家に保存している」と記している。

　『新編武蔵風土記稿』が、「氷雨塚五ヶ所」と題して、「この類（たぐい）、近村に数多あり……土人＝地元の人は、これを大塚と呼ぶ」と記しているのは、皆野町の大塚古墳群のなかの大塚古墳のことである。これを、同書は、「里正＝村長の一郎左衛門が祖父・一郎右衛門貴高が幼少の頃、其の中に入りしと云……」として、同書成立年代＝文政一一年（一八二八）よりはるか前に、既に穴が開けられていたことを示している。つまり、以前に盗掘に遭っていたことである。

大塚古墳は七世紀後半に築かれた、秩父盆地最大級の古墳で、県の指定史跡となっている。

続いては、秩父市寺尾の飯塚・招木古墳群のなかの氷雨塚である。これは『風土記稿』では、「氷雨塚の図」と題して、雑木林のなかでポッカリと口を開いた円墳の図を載せている。

何故、各地に、こんなに、氷雨塚と称する塚があるのだろうか。どうやら、私が最初に耳にした火雨塚ではないようだが、共通点を探ってみると、秩父盆地内にたくさん古墳がある中で、氷雨塚と呼ばれるのは開口した塚だけである。

では、氷雨とは何か。文字通りに見れば、氷の雨なら雹か霰である。信濃石で火雨塚を掘った時に火の雨が降ってきたように、盗掘した時に雹や霰が人を襲ったとでもいうのだろうか。調べてみると、氷雨には大雨・土砂降りの雨という意味もあった。

古事記神話に、日本武尊が東征の帰途、伊吹山の悪神を討ちに登ったとき、山の悪神は、「是に大氷雨を零らして、命を打ち惑わし」たという事件があった。これが土砂降りの雨である。

『古事記』では、「命を打ち惑わし」たと、簡単に述べているが、『日本書紀』ではこの場面を、「峰霧り、谷暗くして、また行くべき路なし。乃ち彷徨いて、其の跋渉まむ所を知えず。然るに霧を凌ぎて強ちに行く」と、大氷雨によって霧が湧き、路さえ分からなくなった様子を描き、それでも尊はがむしゃらに歩いたと述べている。

因みに、伊吹山は日本海の強風を受けて、いつも気象の荒れる山である。その事から古代人は山の悪神が、荒い「息を吹く山」と呼んだものである。それを思えば、『日本書紀』の表現も理解できようというものである。

伊吹山の遭難まがいのことが原因となって、尊は足を病み、ついに故郷を目前にして倒れ、国偲びの歌を詠みながら、白鳥になって天駆けっていくことになる。

これによって日本人の心に強い印象を残した悲劇の英雄・日本武尊の葬送曲に出て来た「大氷雨」が、おそらく古典に出て来る最初の氷雨という言葉である。

氷雨と、口を開けている塚の関係が、少し見えてきたような気がするが、それをしっかりつないでくれたのが、『今昔物語』（一一二〇頃）の次の説話である。

「近江ノ国ノ篠原ノ墓穴ニ入シ男ノ語・巻二八・第四十四」

「今ハ昔、美濃ノ国ノ方ヘ行ケル男ノ、近江ノ国ニ篠原ト云フ所ヲ通リケル程ニ、空暗リテ雨降リケレバ、『立チ宿リスベキ所ヤ有ル』ト、見廻シケルニ、人ノ気(けはい)遠キ野ノ中ナレバ立寄ルベキ所ナカリケルニ、墓穴(つかあな)ノ有リケルヲ見付ケテ、其レニ這入リテ暫(しばら)ク有リケル程ニ、日モ暮レテ暗ク成リニケリ」という、長い一文から始まる物語である。

その続きは――、《暗くなったが雨は止まない。仕方がないから、今夜一晩はここで過ごそうと、男が奥の方に入って寝ていると、夜中に何者かが入って来た気配がする。男は、これは鬼の住まいとも知らずに入ってしまったかと、怖くなって身を縮めていると、入って来たのはどうやら人のようで、着ていた蓑・笠を脱いで、荷物をポンと置くと、そのまま座り込んだ。

男は、これはオレと同様に、旅の途中で雨に降られ、夜になったので、この墓穴で雨宿りしようと入って来たのだな、とは思ったが、もしもこの墓穴に棲む鬼だったらと思うと恐ろしく、声も出さずにじっと聞き耳を立てていた》。

その後の話は次項の「神取引」に譲るとして、しまいには、男はお供え物の餅三枚をせしめ、おまけに後から入ってきた男の荷物まで手に入れて、大儲けをするという他愛ない話なのだが、ここで大事なのは、雨宿りの墓穴である。

この本は、墓穴と書いてツカアナと読ませている。明らかに昔、貴人を埋葬した古墳である。しかも、塚穴だから、発掘済みの古墳である。古墳の盗掘はかなり前の時代からあったらしい。この話を見れば、『今昔物語』の成立した頃には、もう珍しいものではなかったことが分かる。

なお、『今昔物語』では、他の話でも「墓」はみなツカと読ませている。土葬のために、墓は大小にかかわらず、土を盛った塚状のものだったからである。当時、庶民の間には墓石を建てる習慣はなかった。

秩父でも、人が出入りすることが出来る古墳だけが、氷雨塚と呼ばれる理由が、これではっきりしたと言えよう。つまり、交通はすべて自分の足で歩かなければならなかった時代、それは長く続いていたのだが、そのときに俄かに大雨に降られた場合の、大切な雨宿りの塚穴、それが氷雨塚だったのである。

加えて言うと、塚穴は墓穴である。そこは雨宿りには格好の場所ではあるが、夜ともなると、鬼人でも出て来そうな気味悪さもある。迷信深い昔の人だったら尚更だろう。物語の二人の男が感じた鬼気迫る不気味さは、そのまま最初の話の古墳の底には、竜宮＝異界につながる穴があるという、伝説の発想を生む素地だったと言えるのではないだろうか。

神取引(かみとりひき)――神も仏もカネ次第

正月一五日は小正月といって、前の日から、農林漁業などの生産活動にまつわる、いろいろな行事が行われる。左義長(さぎちょう)・どんど焼き・道陸神焼(どうろくじんや)きなどと呼ばれる火祭りも、地域ぐるみで行われる行事として、この日の花形である。

その形はだいたい、長い竹竿や細木で円錐形に組んだ枠組みに、藁や杉の小枝・笹の葉など燃えやすいもので覆った小屋に、正月の門松や注連飾り、書初めなどを持ち寄って添えたものである。

この作業は子ども主体のものが多い。準備が整うと、夕方暗くなるのを待って、これに火を点ける。勢いよく燃え上がる炎に照らされて、これを取り囲んだ子ども達と、見守る大人達の気分も盛り上がる。

秩父市荒川ではこれを、「てんごう祭り」と呼んで、天狗祭りと結びつけているが、本来は火を点けて大騒ぎするところから、「転合＝いたずら・ふざけ合う祭り」と言ったものだろう。天狗祭りがテンゴウ祭りに転化したという説明は、音韻の法則上無理がある。

偽坊主の門付けなどを、「てんごう念佛」と言ったように、テンゴウは江戸時代以降、庶民の間でよく使われた言葉である。

　小鹿野町橋詰部落の峠には、「道六神」が祀ってあり、そこを「道六神峠」と呼んでいる。道六神は普通「道陸神」と書き、道祖神の別称で、部落や村の境界を守る塞の神である。

　ここの道六神焼きの行事には、一風変わった言い伝えと、それに伴う仕来りがあった。先ずは、ここの道六神様は、隣の大室部落の道六神様に借金がある。そこで、毎年返済期日前に道六神焼きを行って、「今年も家が焼けてしまったので、返せないから、来年までお待ちいただきたい」と、言い延べをするというのである。かつては、橋詰部落では、行事の翌日、わざわざ人をたてて、大室の道六神様に申し述べに行ったものだという。

　その頃は、朝から部落中の男衆が、前の川原に正月の松飾をはじめ竹竿一〇本・麦わら一五〇束に、椎や樅・栂の枝などを山ほど集めて、丈高い小屋を組み上げた。小屋の根元には麦藁を厚く敷き、その上に峠の道六神様の台石を三つ運んできて据える。家が焼けてしまったという、申し開きのためである。

　真っ赤な炎が天を焦がし、針葉樹の葉の爆ぜる音や、青竹の破裂音が響き合って、祭りは最高潮に達する。子どもはこの火に当たると丈夫になる、男衆はこの火で煙草を吸うと風邪を引かない、女衆はこの火に髪の毛を入れると頭痛が抜けるとも言われた。燃え落ちた火はオッカド＝ヌルデの木で作った太刀でかき回す。焼け焦げた太刀は戸傍（とぼう）＝家の入り口に置くと泥棒や疫病除けになる。

翌朝は、部落の黒沢姓の二軒の主が、焼け跡を訪れて、「昨夜は、お焼けになったそうで、大変なことでござんした」と、お神酒を供えて火事見舞いを申し上げ、三つの台座を道六神様にお返しして行事は終わる。

何故、借金なのかは分からないが、実に人間臭い行事である。火事と喧嘩は江戸の華などと囃（はや）された江戸時代には、粗末な木造の長屋に、所帯道具といえば鍋・釜・布団しか持たないその日暮らしの店子（たなこ）達は、焼け出されると幕府から一定の見舞金が支給された。だから、その階層の人達は焼け太りといって、火事を歓迎した。

それを当てにして放火する輩も出たので、幕府は火付け強盗は磔獄門（はりつけごくもん）という厳罰で以て対処した。宵越しの金は持たないという長屋暮らしの店子はいいとしても、小さな商いで暮らしを立てていた商家などは、もらい火で焼け出されたらたまったものではない。

借金話の伴うこの道六神焼きの仕来りには、そんな時代の風潮も反映しているのかもと思えてくる。ともかく、この神事の趣は、神の世界というよりも、人間世界の領域である。

中世以来、庶民の信仰は、来世の極楽浄土の暮らしを希求するものと、ひたすら現世利益を求めるものと、二極分化したように見えるのだが、極楽浄土への道も、苦行の末ではなく、念仏を唱えるだけでよいという教えによって、楽をして未来永劫の幸福を得ようというのだから、これも現世利益の一つと言えなくもないようである。

「賽銭の割にはでかい願い事」――初詣やら祭りやら、神社仏閣の前で手を合わせ、わずかなお賽銭で大きな幸福を得ようとする人間の姿は、しばしば川柳の題材にもなるが、現世利益を求めた、神仏との取引に他ならない。つまり、日本の神は、人間の生き方などを説く深い教義はもたない自然神だから、人に恵と禍いをもたらす存在なのである。

そこで祭りには、神前に神酒(みき)・御饌(みけ)＝ご馳走をお供えして、五穀豊穣や家内安全を祈るのが定式である。神の怒りを感じた時にも、物心両面の捧げものをして、それを宥(なだ)める。無実の罪で太宰府に流された菅原道真の怨霊(おんりょう)が、雷になって天皇の皇居・紫宸殿(ししんでん)に落ちたと恐れた天皇は、道真に天神の称号を贈り、天満宮に祭り込んでその怒りを鎮めようとした。

それが庶民のやり方になると、例えば、前項の「氷雨塚」の項でも取り上げた、『今昔物語集』の塚穴の話では、次のようなやり取りになる。

旅の男が行き暮れて、真っ暗な墓穴(つかあな)の中で寝ていると、後から夕立に遭った男が飛び込んで来る。初めの男が、塚の主＝鬼でも帰って来たかと怖じて身を縮めていると、後から来た男は、暗闇の中でここに逃げ込んできた言い訳を述べ、「もし、ここに住み給う神が居（お）わすなら、どうかこれをお供えしますから食べてください」と言って、何かを置く気配である。

奥の男はそれが人だと分かって安心し、そっと手を伸ばして触ってみると、それは三枚の餅だった。男は腹が空いていたので、それを食べてしまう。暫くして、後から来た男が餅を確かめると、それが無い。ビックリした男は、さては鬼が……と、慌てふためいて、旅の荷物も持たずに逃げ出してしまう——という筋書きである。

墓穴に泊めてもらう宿賃として、旅食の餅を主の鬼神に差し上げるという発想は、峠の神に物を手向けて、安全を保障してもらおうという感覚とも通じるものである。

秩父の伝説のなかにも、それに類するものは数多く見られる。小鹿野町大指部落の「いぼ神様」は、元、八幡様だったが、ある人が「いぼが消えたら、社を掃除してあげます」と祈ると、不思議にいぼが消えたので、その後はいぼ神様として知られるようになったという。「〇〇を治して」と願をかけて、神前の小石・蝸牛の殻・杓子などを借りて帰り、治るとそれを二〜三倍にして返すという風習は、全国どこでもあるようだ。

同町赤谷の畑の中に、「夜泣き石」とか、「夜泣き婆さん」と呼ばれる大きな石が座っている。昔は社殿の中に祀られていたそうだが、今は剝き出しの石である。赤ん坊が夜泣きの癖がついて困ったとき、この石にお願いすると直ぐに治ると言われているが、その頼み方が変わっている。

まず、この石の地主に頼んで、藁縄を通常と逆の左縄に綯(な)ってもらい、この石をしっかり縛り上げる。そして、子どもの名前と年齢を告げて、この子の夜泣きが止まったら、縄を解いてあげますからよろしくと祈ると、夜泣きは収まるという。

夜泣きがすっかり止まったら、縄を解き、お礼に団子を作って供えるのである。こうなると、取引を有利に進めるために、脅迫的要素を含んだものになってくる。

同様なものが皆野町でも採録されている。漆にかぶれたときに、漆の木を縫い糸できつく縛り、治ったら解いてやると約束すると、早く治るというのである。これは全国的に行われている、柿の木に対する「成り木責め」と似た発想である。また、同町では、眼かご＝目に腫れものができたときには、井戸に竹で編んだ篩(ふるい)を半分見せ、治ったら全部見せると言えばすぐに治るという民間療法が伝えられていた。

この究極的な形が、四五〇年経っても秩父の人達の記憶から消えない、「信玄焼き」である。永禄一二年（一五六九）から数年間、何度も秩父地域に侵攻した甲斐の武田信玄は、人心攪乱(じんしんかくらん)のために、各地で行って来た放火・野荒らしの戦術を徹底的に行使した。秩父神社・椋神社という、平安時代の『延喜式』にも載っている、由緒も格式もある神社をはじめ、大小にかかわらずあらゆる神社・仏閣に、火を放ったようである。

「戦火が広がる」という言葉がある通り、古来、合戦には放火がつきものだった。一二年近くも続いた応仁の乱は、京都市内の相国寺をはじめ有名な神社仏閣のほとんどを焼き尽くした。だが、これは敵の陣地となっていたり、相手方に付いて対抗したりする勢力を攻撃するための放火であり、または市街戦の戦火の類焼であったりしたもので、それ以外の理由で火を放つという事は見られなかった。

信玄は拠点とした現甲府市を大都会に発展させ、寺院の数も五〇を超えるほど増やし、二回目の川中島合戦の翌年には、信濃善光寺の本尊を甲府に移して甲斐善光寺を創設するなど、決して神仏を粗末にするような人物ではなかったはずである。自身も永禄二年(一五五九)、三九歳の時に仏門に入り、それを機に晴信の名を信玄に改名している。

仏門に帰依しながら、何故に仏罰も恐れない、暴挙ともいうべき蛮行を繰り返したのか。私はそこに夜泣き石を縛って要求を容れさせる、民間信仰とのつながりを見るのだが、どうだろうか。

小鹿野町でも、例えば飯田の明神様は、信玄焼きに遭うまでは、一の鳥居が信濃石にあったほど大きな神社だったと伝えているが、この神社が話題にのぼる時には、必ず、信玄がこれに火を放つ時、「この戦いに勝利させてくれたら、十倍の社殿を寄進する」と約束したという話が付随する。

同じ町内の旗居部落にも、同様の話がある。部落の「機神様（はたかみさま）」の近くに大きな寺があったのだが、信玄が、「天下を取ったなら、倍にして返す」と誓って焼いてしまったというのである。この種の話は、横瀬町の蔵王権現社・熊野権現社をはじめ、秩父地域のどこでも聞かれる話である。

戦勝を祈り、「勝利の暁には倍の社殿を建ててお返しする」と約束する仕様は、夜泣き石や漆の木を縛り上げる構図と同じである。人間社会の約束事を、神の世界に持ち込んだもの、というよりも、神を人間扱いにしたものと言えようか。まさに神に現世の相互利益を求めた取引に他ならないではないか。

神仏に対する民間のこのような発想は、中近世を通じて一般的に普及していたのではないか、と思える節がある。そう思う一つに、雨乞いがある。雨乞いは、部落の者が寺に集まって念仏を唱えたり、「お水貰い」といって、特定の神社の池や、霊山の滝水を貰って来て地元の川に注いだり、藁で作った龍を担いで雨乞い歌を歌いながら練り歩き、川や池で泳がせたり、またはそれらを組み合わせた行事を行うのが普通である。

お水を貰った帰りに、休んだり、後ろを振り返ったり、水をこぼしたりすると、その地に雨が降ってしまうから、絶対にやってはならないという禁忌も各地共通である。

雨乞いをする池や滝は神聖な場所として、普段は木を倒したり、石などを投げ込むことは禁止されているのだが、願ってもどうしても雨を降らしてもらえないときには、そこに大石を投げ込み、太い棒で掻き回し、汚れた手拭いや褌（ふんどし）などを洗って、雨を強請するというやり方も、秩父にはあった。例えば、本書「蛇崩」の項で取り上げる、荒川・安谷川の太郎落し淵でその方法が行われていたことを、『秩父の伝説と方言』（秩父市教育委員会）が採録している。

　これは思うに、その池や滝に棲む龍神を怒らせて、神威を発揚させようとする手段である。切羽詰まったやり方ではあるが、夜泣き石や信玄焼きに通底する民間信仰のひとつの形ではないかと思う。

　そんな事を思うとき、かつて群馬県境の山の集落で一人暮らしをしていた、明治三〇年（一八九七）生まれの山崎とりさんに、昔の暮らしを伺っていた折に、ふと耳にした「神取引」という言葉を思い出す。「ワシは蝮（まむし）の居る山に入るにも、呪（まじな）いを唱えて行くから、素足でも咬まれた事はない」と、とりさんが言うので、どんな呪いかと聞くと、それは神取引があるから言えないという答えが返ってきた。耳慣れない言葉だと思いながらも、そのときは蝮の呪いの方に話が進んでしまって、つい聞き流してしまったが、後になって思い出して、確かめておけばよかったと後悔したものの、後の祭りだった。

なお、この項を推敲していた時のこと、たまたま視聴したＮＨＫの番組で、元亀元年（一五七〇）に、武田信玄の家臣が焼き討ちした岐阜県御嵩町の願興寺について、後に信玄が再興を約束したが、果たせぬうちに没してしまったという話を伝えていた（二〇二一年一月三〇日・ＮＨＫ　ＢＳプレミアム『解体キングダム』）。

信玄は自ら放火した寺社を後に再興した例があるのだろうかと調べてみると、再興はともかく、行く先々で放火していることが分かった。

永禄八年（一五六五）八月には箕輪城攻撃に先立って、諏訪明神や佐久の新海大明神に願文を奉納した。それは美辞麗句を並べて神徳を讃えた上で太刀を献じ、戦勝の暁には、神前に大規模な読経会を催して報謝するという誓文だった。

それなのにと言うべきか、そしてと言うべきか、信玄は箕輪城を落とす総攻撃の二日前に、城近くの諏訪神社内の養龍寺に火をかけた。この攻撃で、九年目にしてようやく手に入れた箕輪城は、腹心の内藤修理亮を城代として入れ、併せて養龍寺の再興を命じている。まだ例はあるかもしれないが、信玄も民間の夜泣き石やイボ神様との約束同様に、やがては約束を守るつもりで神取引をしたのではないかと思えてくる。

寝入り観音——如意輪を読み替えた農民の知恵

観音堂という小地名は各地にある。ここでは横瀬町の「寝入り観音」の伝説を取り上げてみる。

《秩父の三四カ所の札所には、それぞれの観音様がいなさるが、昔、まだ観音様の御座らっしゃる札所が、決まっていなかった頃のことだ。

正丸峠を越えて、大勢の観音様が、がやがやと秩父の里においでなさった。観音様のご一行は、子の神までおいでなさると、そこで一休みして、誰がどこの札所に入るかと、相談を始めなすった。

そのとき、一行の中の如意輪観音様は、子の神様の前に腰を下ろし、旅の疲れでついうとうと居眠りをしなさった。弟の観音様が札所九番に決まって、大喜びをしていなさったのも知らずに、寝込んでしまわれたので、三四カ所の札所は次々と埋まってしまい、とうとう如意輪様の入る札所はなくなってしまった。

途方に暮れて思案顔の如意輪様を見た子の神様は、わしの前に座ったばっかりに寝てしまったのは気の毒だったと言って、近くに小さな祠を建てて如意輪様を祀ってあげ申した。
それを見た村の衆は、この如意輪観音様を、「寝入り観音」と呼ぶようになったということだ》

「寝入り観音」の由来を語る話である。「子の神」地名と「寝入り観音」とを結び付けたうまい話だが、実は似たような話が皆野町上三沢地区でも語られている。

観音様と一口にいうが、正式の名は観世音菩薩、または般若心経に、「観自在菩薩、行深般若波羅蜜多時。照見五蘊皆空、度一切苦厄。……」とある、観自在菩薩である。因みに、般若心経は、全六〇〇巻ある大般若経の内容を、たったの二六二字に圧縮したお経で、観音様の功徳を述べているものである。

「観音」とは、下から読めば「音を観る」＝「音を聞くの古い言い方」で、人の苦しみ悩む声を聞いて、救いを与えるという意味である。「音」＝「声」については、今でもたまには、大きな声を、でっかい音などと言うのを聞くことがある。

「菩薩」は地蔵菩薩・弥勒菩薩・文殊菩薩などというように、仏になるために悟りを求めて修行している者のことである。だから、平たく言えば、観音は名前で、観音という仏道修行者が観音菩薩である。

正式に仏像を祀る大きな寺では、観音菩薩は阿弥陀如来の脇侍として如来の左に立つ。

右側に立つのは勢至菩薩である。合わせて阿弥陀三尊という。この意味は、阿弥陀如来という仏様のもつ慈悲を観音像が示し、知恵を勢至像が象徴している姿だという。

そのように観音菩薩は、人間の悩み苦しみに救いを与える道者だから、いろいろな人・さまざまな苦悩に対して対応するために、三三通りに化身＝姿を変えて、この世に現れると信じられている。経典の世界ではそれだが、現実的にはとても多すぎて理解できないので、一般的には六観音と言われている。宗派によって多少の出入りはあるが、挙げて見ると、聖観音・千手観音・馬頭観音・十一面観音・不空羂索観音（ふくうけんさくかんのん）・如意輪観音の六観音である。

仏教では人間が死ぬと、冥界の入り口で生前の行いが厳しく審査され、その罪の軽重によって、行く先が六つの道に分けられる。それは地獄道・餓鬼道・畜生道・修羅道・人間道・天上界という、いわゆる六道（りくどう）である。

先に挙げた六観音は、その順に、六道を行く亡者の苦悩を救う観音という事になっている。畜生道に馬頭観音は分かりやすいが、この観音は普通の観音様の優しい顔と違って、別名を馬頭金剛明王とも言うように、恐ろしい憤怒（ふんぬ）の形相（ぎょうそう）をとっている。

いまなお田舎の道端に立つ馬頭観音は単純なものが多いが、込み入った像は三面八臂（はっぴ）といって、三つの顔と八本の腕を持つ。それぞれの顔に目が三つ、口には牙が突き出し、髪の毛は怒ったライオンのたてがみのように逆立っていて、頭上には白馬の頭部が載っている。

中央の二本の手が合掌しているのはいいが、他の手は数珠の他に、鉞斧(なた)・剣・綱・金剛杵(こんごうしょ)を持って、赤蓮華(あかれんげ)や水牛の上に座っている。

これは根性が悪く、仏教を誹謗(ひぼう)したり、悪行の数々を重ねてきて、とても一筋縄にはいかない人間が落ちる畜生道に待ち受けていて、救いの手を差し伸べる観音である。初めから優しい笑顔では通用しない相手だから、怖い顔で接して、次第に感化しようという、何とも人間臭い発想ともいえる観音様である。

人間道を担当する不空羂索観音も、分かりづらい名前だが、羂索とは道から外れて溺れる人に、投網(とあみ)や投げ縄を渡して救うという意味だという。「羂(けん)」は鳥獣を捕らえる網の事で、「索(さく)」は釣り糸の事である。

六道と言えば、お寺の参道に並んだ六地蔵が、冥界の六つの道に行く亡者を救うと言われているが、民間信仰のうえでは、地蔵さまは観音菩薩の化身ともいわれている。

さて、横瀬の子の神の前では、居眠りという大変な失敗をやらかしてしまった、如意輪観音だが、正式な名称は如意輪観世音菩薩。六観音の中では天上界という、人間として最高の生き方をした亡者に連れ添う、優しく穏やかな性格を持つお方だった。

「如意」とはこの方の持つ「如意宝珠（にょいほうじゅ）」のことで、意のままにどんな願い事でも叶えられる珠という意味。孫悟空が持つ如意棒の如意である。「輪」は「法輪」＝教えという事である。お姿として描かれる代表的な一面六臂の像は、右手第一手を頬につけて思惟（しい）＝深く思考している形で、京都・広隆寺の国宝・半跏思惟像（はんかしいぞう）を思わせる。

もっとも、思惟する姿は、洋の東西を問わず、あのような形をとるものとみえて、ロダンの彫刻、「考える人」もあんな姿勢をとっているが、仏像の思惟する姿もほとんど同じで、広隆寺の像は弥勒（みろく）菩薩像である。

平安時代の才女・清少納言は、『枕草子』（一〇〇一頃）に、「仏は如意輪」と第一に挙げ、「如意輪は人の心を思（おぼ）し患（わずら）ひて頬杖（ほおつえ）つきておは（わ）する」と書いた。「頬杖ついて」いるあの姿は、俗にいえば居眠りをしている姿で、観音様が、悠然と夢の世界に漂っている雰囲気をかもしている。

観音信仰が庶民の間に広まったのは、中世からである。如意輪観音の安らかで、慈愛に満ちたその表情や教えから、中世から江戸時代を通じて、別名・子育て観音として特に農村女性の信仰が厚かった。

その頃、一般の人々は、文字の読み書きなどほとんどできなかった。仏の教えも、耳から聞くだけである。如意輪観音などと聞いても、その意味や文字などは分からず、その絵姿などを見て、耳から入ったその音を、寝入り観音と解釈したのは至極当然の事だったろう。今では冗談か洒落と思われるような話だが、各地に観音堂があり、戦後もかなり遅くまで「女人講」が続き、寝入り観音の話が伝わっているところを見ると、それはそのまま呼ばれていたのだろうと思えてくる。

仁王田（におうだ）――田植えを手伝う地蔵や仁王

小鹿野町腰の根の小地名・別所に仁王田と呼ばれる所がある。昔ここに十輪寺という寺があったと伝える。

いま、町の上一丁目に常木山十輪寺という、真言宗の古刹がある。本堂の正面に仁王堂があり、金網を張った左右の堂内には、阿吽の形相をした二体の仁王尊が、参詣者を威圧するように立っている。『新編武蔵風土記稿』は、「仁王、長サ六尺八寸、弘法大師ノ作ナリト云伝フ（いいつたう）」と記しているが、近年の調査の結果、室町時代の作と認定されている。

同書は、寺について「那賀郡広木村常福寺ノ末寺ナリ。除地三段八畝、外ニ鬼王免（おにおうめん）除地八畝……鬼王免ハ此ノ仁王ヘノ除地ナリ。……昔年、当寺ハ今ノ寺地ヨリ北ノ方六町許（ばかり）ニアリシガ、京保年中、今ノ地ニ移セシト云フ（いう）」と記す。那珂郡は現児玉郡。

この記述は、昔、別所に十輪寺があったという口碑に符合する。仁王堂を維持するために租税を免除されたという、「鬼王免八畝＝約八アール」の田んぼが、口碑にいう仁王田なのだろう。

昔、お寺があったという三〇〇年も前の記憶の中で、仁王田だけがしっかりとその名を残しているのには、訳があった。それは仁王様の功徳が、人々の印象に強く刻み込まれる仏話があったのだ。

《あるとき、この寺の坊さんは、田植えの時季になっても、お寺の仕事が忙しくて田植えが出来ずに困っていた。ある夕方、檀家の法事から帰ってきた坊さんは、寺の田んぼを見渡して、このままでは田植えの時季が外れてしまって、ご本尊にお供えする初穂も穫れないといって嘆いた。

ところが、翌朝、坊さんが起きて見ると、寺の田んぼには一面に水が張られていて、きれいにそろって植えられた早苗が、朝風にそよいでいた。坊さんが不思議なことがあるものだと思って見ると、田の畔に大きな足跡が幾つもついていた。それをたどっていくと、足跡は仁王門に続いていて、門の中には足を泥だらけにした、二体の仁王様が立っていた》

その話を聞いた村人は、慈悲深い仁王様への崇敬の想いを込めて、この田んぼを仁王田と呼んだ。

川越市折戸の「子育て地蔵堂」にも、これと似た伝説がある。それは中世のこの辺りの開発領主・大野某の話になっているが、《作男と一緒に田掻きをしているとき、作男は別な用事が出来て帰ってしまった。主人が一人ではとても終わらないと困っていると、そこへ六人の若者がやって来て、てきぱきと田掻きを済まして、帰って行った。主人が後を追ってみると、足跡は地蔵堂まで続いていて、六体の地蔵様が泥足のまま、すまし顔で並んでいた。いまでも、地蔵様は泥足のままで立っている》という。

加須市では、作男が強欲な地主に、広い田んぼに一日で稲を植えろと言われて困っている所へ、子どもに姿を変えた地蔵様が手伝って作業を終えたことになっている。川口市神戸では《どこからともなくやって来て、田植えを手伝ってくれた坊さんは、終わると宝泉寺という無人の寺に入って行った》という事になっている。

長野県松代の大林寺は真田昌幸の妻・寒松院殿の菩提寺として知られているが、ここに伝わる「田掻き地蔵」の話も、ほぼ同様である。

《寺のご朱印地の田起こしは、例年の通り近くの信者が三、四〇人も集まって無事に済ましたが、予定した田掻きの日の前の晩に大雨が降って町は水浸しになり、誰もが田掻きの手伝いどころではなかった。住職が困っていると、どこからともなく六人の若い衆が現れて、てきぱきと仕事を進め、日暮れまでには、三、四〇人分の田掻きをしてしまった。後で、この六人は寺の六地蔵尊の化身と判って、寺の功徳は広く世に広まった》

群馬県に伝わる話には、子どもを持たない老夫婦が、田掻きに疲れて、こんなとき、子どもがいたらなあと嘆くと、地蔵様が子どもに化身してやって来て、手伝ったというものがある。

「田掻き地蔵」という言葉があるように、この話は圧倒的に地蔵様が多い。それだけ地蔵様は親しまれ、信仰が広がっていたことが分かるが、小鹿野町では仁王様になり、同町・両神の大胡桃（おおぐるみ）ではこの話が虚空蔵様（こくぞうさま）になっている。

《江戸時代の事。下郷の百姓が一家総出で田んぼに出て、馬を使って田起こしの仕事にいそしんでいた。ところが、途中、馬鍬（まんが）を引いていた馬が、田んぼの真ん中で停まってしまい、どうしても動こうとしない。優しく声を掛けても、叱っても、尻を叩いても、馬は一向に動こうとせず、馬鍬の刃は土にめり込んだままだ。

仕方がないから、まだ少し早いが、昼にしようという事になった。少し休ませればそのうちに馬も動くだろうと、馬には飼葉をやり、一家は田んぼの畔に座って昼飯を摂り、ゆっくりと休んで立ち上がったのだが、それでも馬は動こうとはしない。

一家の者が手綱を引っ張り、尻を押し、馬に声かけたりしていると、そこへ円い笠を被った坊様がやって来た。坊様は暫く立ち止まって様子を見ていたが、「お困りのようだな。どれ、わしが見て進ぜよう」と言うなり、田んぼに入って馬の手綱を取った。そして、馬に優しく声を掛けながら馬の首を軽く叩くと、馬は静かに歩きだした。

皆が呆気にとられて見ていると、馬に曳かれた馬鍬は、さっさと田んぼの土を掘り返して、見る間に一枚の田んぼの土を起こしてしまった。百姓一家は喜んで、深く頭を下げて口々にお礼を言ったが、頭を上げた時には坊さんの姿は消えていた。

翌日、近所の人にこの不思議な話をすると、その人は、「たぶんその坊さまだと思うが、昨日の夕方、円い笠を被った坊さまが、山の虚空蔵様の方へ歩いて行ったよ」と言った。不思議に思って、皆で虚空蔵様の山に登ってみると、社の中には泥だらけになった虚空蔵様が立っていた》

つまり、この霊験譚は、主役を入れ替えれば、どこにでも通用する話なのだ。田起こしや田掻きの話が多いのは、春になって田植えの時期になると、晩秋に山に帰り、冬の間山に籠もっていた歳神（としがみ）＝田の神様が降りて来るという、日本人の太古からの信仰に、その後渡来した仏教思想が結びついた結果である。

なお、この類の話のちょっと変わり種が、長瀞町に伝わる「泥足の阿弥陀」である。

《遠く鎌倉の頃、この土地の領主・滝上十郎道信が、児玉党の幕下五郎太郎との間に領地争いが起こり、幕府の決裁を仰ぐために鎌倉へ上ることになった。道信は日頃崇拝している、滝上家の持仏堂の阿弥陀仏に勝利の決裁を得ることを祈って、旅に出た。いつものように旅籠を出ると、その日は時雨もよいの寒い朝だった。すぐに草鞋（わらじ）は濡れそぼちて、冷たくなった足を引きずって歩いていると、後ろから呼ぶ声がする。振り返ってみると、両足が泥にまみれた裸足の僧が、これをと言って一通の文書を差し出した。見ると、幕府に差し出す、裁判の証拠の文書だった。大事な物だけに、宿の戸棚にしっかりと納めておいて、忘れて出かけてしまったものらしい。

深々と頭を下げた道信が、顔を起こすと、そこには僧の姿はなかった。不思議に思いながらも、道信は道を急いだ。幕府の決済はみごとに勝訴。これも阿弥陀様のお陰と、急いで家に帰って阿弥陀様に報告に参じると、持仏堂の中に立つ阿弥陀様の両足は、乾いた泥にまみれたままだった》

まことしやかに人名まで特定しているが、これは『新編武蔵風土記稿』が取り載せている霊験譚である。なお、上杉謙信の持仏・泥足の毘沙門天は、謙信の初陣に加勢して勝利をもたらしたものとして、謙信ファンの間では広く知られているところである。

不動滝のウナギ淵――虚空蔵様のご眷属

《小鹿野町両神薄の瀬戸の山から滑り落ちる滝沢が、薄川に入る辺りの崖っぷちに、不動様が祀られていた。四本柱に背子板をぶっつけた造りに、板葺きの粗末な上屋が古びて、所々に穴が開いていた。とくに、滝のしぶきが掛かる屋根の端っこは、朽ちて崩れて、年々それが広がっていた。

夏の大雨でも降った時には、滝川の水が溢れて、不動様が背負っていなさる火炎にしぶきが掛かるもんだから、放っておくと消えてしまう。そんなときには、不動様は、光背の火炎が消えてしまわないようにと、踏ん張って、歯を食い縛って、体内の火を焚いていなさった。

ある夏の蒸し暑い晩のこと、不動様の前山の四阿山から下りてきた虚空蔵様が、柏沢耕地を通って、川越しに不動様の前に来なさった。そんな事には気づかずに、不動様は上屋の下の滝壺に、夢中になって羂索=投網を投げていなさった。

虚空蔵様が、「何をしておいでかな」と聞くと、不動様はバツの悪そうな顔をして、「なあに、悪さをする長魚を懲らしめてるだがね」と答えた。

虚空蔵様が桶を覗くと、水も入っていない桶の中で、たくさんのウナギが口をパクパクやって、苦しそうに身をくねらせていた。虚空蔵様は驚いて、「不動さんよぅ。長魚だなんて、こりゃあ、ウナギじゃないか。ウナギがワシの眷属＝お使いぐらいのことは、あんただって知ってべぇがね」と、強い口調で言った。

「そりゃあ、知らねえわけじゃあねえが」と、不動様は押し返すように言った。

「お前（めえ）さんの御眷属は、夜になるちゅうと暴れ出して、滝登り競争だなんのって、まあ、何十四かは知らねえが、ごにょごにょ～びしゃびしゃって、毎晩、この滝沢を昇りたがってさぁ。滝の流れが速（はえ）ぇもんだから、その度（たんび）にしぶきが酷（ひで）ぇもんで、おちおち寝てもいらんねぇ。そんなとき、うっかり寝て御覧な、光背がびしょびしょに濡れちまって、朝になって火を点（つ）けべえったって、点いたもんじゃあねえ。幾ら言って聞かせても、聞くもんじゃぁねえんだから、ワシははあ寝不足で……」

見れば不動様は、寝不足の赤い目をしていなさるように見えたから、虚空蔵様は気の毒になって、「そりゃあ申し訳ねえこってがんした。ワシがこの通りお詫びするから、オラが眷属だけは放してやっておくんなせえ。これからはそんな事をするんじゃあねえよって、よーく話して聞かせとくから申（む）し」と言った。

「ワシだって、懲らしめてやるつもりで羂索を打ったんで、べつに焼いて食うべえって思ったわけでもねえから」と笑って、不動様は桶のウナギを滝壺に返してやった。
虚空蔵様は滝壺のウナギ達に、「はあ、悪さをするんじゃあねえよ」って、よーく言い聞かせて、不動坂を上って小鹿野の宿に向かって去って往になさった。それからは、滝登りを止めたウナギ達が、滝壺の中でうようよと泳ぎ回るようになっていたっけ》

私が子どもの頃＝昭和一〇年代後半（一九四〇〜）には薄川にはウナギがたくさんいた。川に置き針を置くと、ウナギがよく掛かった。この話の不動様は私の生家のすぐ近くで、社の脇を流れる不動沢の滝壺には、ウナギがたくさん集まっていたが、誰もその淵のウナギだけは手を出さなかった。

祖父はウナギ捕りの名人だったが、ある日その淵に置き針を置こうとしたとき、それを止めて祖父が話してくれたのがこの話だった。今にして思えば、家の近くには虚空蔵尊を氏神とする、岩田姓の家が多かったことも、これには関係していたのかもしれない。岩田姓の家ではウナギを食べない家例を守っていた。

その後、何度も行われた道路の改修で、不動坂は拡幅され、不動沢の淵も埋められて、今は面影も留めていない。

秩父市上吉田の虚空蔵様には、子どもがご眷属のウナギに助けられた伝説がある。

《昔、幼い子どもを連れた母親が虚空蔵様の前を通りかかり、近くの峠で拾って来た一粒の栗を供えてお祈りした。それから川沿いの道を家路に急いだが、ふとした弾みで子どもが足を滑らし、川に転落してしまった。折から水嵩（みずかさ）が増していた川は、たちまち子どもを飲み込んで押し流してしまった。母親は半狂乱になって、近所の人達にも頼んで捜し回ったが、子どもを見つけることは出来なかった。

悲嘆にくれていること幾日か、そこへひょっこりと、子どもが一人で帰って来た。母親をはじめ近所の人たちが大喜びして訳を聞くと、子どもはニコニコして、楽しかったと言った。「川の中に入ったら、大きなおじさんが抱き上げてくれて、毎日、ウナギの舟に乗せてもらって、川の中で遊んで来た」と。それを聞いた人達は、これこそは虚空蔵様のご加護だと言って、皆でお礼参りを繰り返した》

これとよく似た伝説が、三郷市の彦倉地蔵尊にまつわって語られている。彦倉地区は古利根川の堤防に守られている地域で、ときどき洪水・水害に襲われる。そこに祀られる彦倉虚空蔵尊のウナギ供養会には、ウナギを扱う商売人が各地から集まって来る。そこに伝わる伝説とは――。

《昔、大雨続きで古利根川の堤防が決壊して、水は家の軒先まで迫って来た。逃げ遅れた子どもや老人は、たちまち水に呑まれてしまった。大勢の人達が濁流にもまれて、浮き沈みしながらアップアップしているところへ、大きな丸太が寄って来た。流された子どもや老人はそれにつかまったり、馬乗りになったりして、命は助かったが、不思議なことにこの丸太は、激しい濁流にも流されずに、同じところに浮いていた。

よく見ると、丸太と思ったのは、太い縄を綯ったように互いに体を寄せ合っているウナギの大群だった。あるもの知りの老人が、これは虚空蔵様のお遣いだと叫んで、彦倉虚空蔵尊の方を向いて伏し拝んだ。皆、慌てて老人に倣って、虚空蔵様にお祈りを捧げた。すると、ウナギの大木は人々を乗せたまま、虚空蔵尊の近くの堤防まで寄っていき、皆を無事に陸地に送り届けると、ゆっくりと水の中に消えて行った》

ウナギは洪水のときに、岸辺に現れる。沢が合流している大川では、沢に上って来る。川底の土石流を避ける意味かもしれないが、この不思議な行動に、昔の人は虚空蔵尊の災害消除的性格と結びつけて、その眷属と考えたものらしい。

大胡桃（おおぐるみ）の虚空蔵様（こくぞうさま）——時代を超えた伝説

虚空蔵菩薩は、広大無辺な知恵と富でもって人々を救う力を持つという。「虚空」とは無限に大きいということ。「蔵」は大宝蔵といって、富の詰まった宝庫である。像が右手に持つ剣は、普通の剣と違って、切っ先が丸くなっている。これは戦いのための武器ではなく、知恵を表しているものという。左手に捧げる珠は富を表す。

これによって、虚空蔵様は庶民の間で、知恵・記憶から、病や障害を除き、罪を滅じるという力まで期待され、求められるようになって、信仰を集めた。

ウナギをご眷属とするのは、不思議な生態を持つウナギが、地震や自然災害を予知すると考えられたことから、虚空蔵菩薩の除障の力と結びつけたものと言われている。因みに、地震予知がウナギからナマズに代わったのは、江戸時代になってからのことである。

日蓮上人は、薬王丸といっていた一二歳のときに、千葉県の清澄寺に上り、虚空蔵菩薩に三七日間参篭（さんろう）して智者になることを祈り、満願の日に明星の宝珠を授けられたという。そのことから日蓮宗の信仰が厚く、虚空蔵様が祀ってある地域では、ある時期、その宗派の影響が強かったと見ることが出来る。

前々項の「仁王田」で田掻きを手伝った、大胡桃の虚空蔵様も、活発な布教活動を行ったらしく、もう一つの霊験譚が語られている。

《昔、北条氏の配下にあったこの地に、甲斐の武田軍が押し寄せた。武田勢はあちこちの神社やお寺に火をかけて、気勢を上げていた。人々は武田の信玄焼きと言って、それを恐れた。

ある日、武田の武士達が小沢口の念仏橋に押し掛けたとき、対岸の大胡桃から矢が射掛けられ、大勢の武将が負傷した。その矢の太くて長いこと、とても尋常な者では引ける矢ではなかった。それでなければ、あんな遠くから矢が届くものではない。

武将達が村の者を捕らえて聞くと、あそこには、ありがたい虚空蔵様がおいでなさると答えた。武田の武将達は恐れをなして、大胡桃の虚空蔵様だけには、信玄焼きの火を掛けなかった》

ここにも甲斐武田との合戦譚が出て来るが、つまり、強力な武田軍をも物ともしない、虚空蔵様の威力である。ところで、地元では、この本尊は天正年間に、武田の家臣だった加藤丹後守が、讒言によって武田家を追われ、ここに移り住んだ時に奉持してきたものと語られている（りょうかみ双書2『祭りと芸能』）。

天正元年（一五七三）は元亀四年と重なるが、その四月に武田信玄は信濃で死亡し、武田は勝頼の時代になっている。天正年間といえば当時としてはたいへん長く、文禄につながる二〇年間を指す。だが、天正一〇年（一五八二）三月には、勝頼は信長・家康の連合軍に攻められ、甲斐の田野で三七歳の若さで自殺している。これによって、武田家はほぼ滅亡した。

したがって、口碑通りに、天正年間に加藤丹後守なる人物が、大胡桃の地に虚空蔵尊を奉持して移り住んだとすれば、その元年から一〇年の間という事になる。しかし、武田信玄が秩父地内に侵攻したのは、永禄一二年（一五六九）から元亀二年（一五七一）の三年間で、天正の年号に移る三〜四年前の事である。つまり、信玄焼きの頃には、まだ大胡桃の虚空蔵様は存在していなかったことになる。

伝説というものは、もっともらしく時代や年号までも明記することがあるけれども、そんな矛盾などは気にしない、民衆のおおらかさを以て語られていることが多い事を承知しておく必要がある。

鶴の湯（つるのゆ）——信玄の隠し湯とも

小鹿野町両神の大塩野地区に伝わる話である。

《昔、この辺りは小田原北条氏につながる、鉢形城主・北条氏邦の領地だったので、対立する甲斐の武田信玄が、たびたび攻め込んで来た。信玄は、いまでも信玄焼きという言葉が残っているように、攻め込んだ土地の神社仏閣に放火し、略奪を繰り返した。

戦いが長引いたので、田畑は荒れ、人々は疲れ果てていた。武田軍の兵士達も、毎日の合戦で疲れきっていた。あるとき、槍を引きずったり、刀を杖にして、いかにも疲れた様子の武田の兵士達が、大塩野を通りかかった。

すると、道端の畑で、見るからに歳老いた一人の百姓が、元気よく鍬を振り上げて畑を耕していた。あんまり元気そうなので、一人の兵士がその秘訣を聞くと、老人は事もなげに、「そこにある、御霊権現様の鶴の湯という鉱泉に入っているからさぁ」と答えた。

兵士達は、それッとばかりに、鶴の湯に飛び込んだ。すると、何と何と、疲れきっていた体はすぐに癒され、気分までものんびりとしてしまった。話はすぐに広まって、武田の兵士達は我も我もと、鶴の湯に押し掛けた。

するると、疲れが治るのはいいんだが、すっかりいい気持ちになって、戦う気分なんか、どっかへ吹っ飛んでしまう。これを知った武田の大将・山県三郎兵衛は、カンカンに怒って、鶴の湯を閉めてしまった。武田の兵士達は、鶴の湯のお礼だがな、何だがな、湯の傍に東泉寺という寺を建てて去って行った。甲斐國にとっては秩父は東に当たるから東の泉の寺だなんて、武田の兵士達も洒落た事をしたもんだ。それとも関東の泉かな。

武田勢が引き揚げてから、また鶴の湯は始まったが、そんな事があってから、この湯は、「信玄の隠し湯」なんて言う人がいて、えらい賑わったそうだ》

話の内容は違うが、山の中の小さな湯宿には、「信玄の隠し湯」と称するところが多い。聞いただけで秘湯という感じがするので、宣伝効果は抜群である。ところで、この大塩野には昭和三〇年代頃まで、「鶴の湯」という一軒の鉱泉宿があった。それは村の主要道に面した小さな宿で、女将さんが一人で仕切っていたと思う。

ここに小鹿野町小森の郷土研究家・山中正彦さんからいただいた、『大塩野旅人宿』という冊子があるが、それによると、大塩野で鉱泉が発見されたのは、江戸末期の文化・文政（一八〇四～三〇）の頃だったようである。以下はその冊子による。

その頃、伝説にも名の出て来る、東泉寺所有の田んぼを、牛を使って田掻きをしたところ、牛が田の中に腰まで埋まってしまった。牛を助け出すために、田んぼを深く掘ったところ、そこから鉱泉が湧き出したという。

東泉寺は山号を音羽山といい、飯田松坂の光源院の末寺で、現在鉱泉の井戸のある場所より北北東にあたる山付きにあった。いまでもその前にある家は、「寺前（てらめえ）」と屋号のように呼ばれている。

当初は近在の四、五〇軒の人が参加して掘り始めたが、次第に抜ける人も出て、いまは残った一二軒で組合を作り、源泉の井戸を管理している。井戸の深さは、七〜八メートルあった。

現在の当主・加藤好治氏の家の玄関の脇には、いまでも古びた一枚板の、「旅人宿」の看板が掛けたままで保存されている。かつて鉱泉宿を営んでいた名残である。宿の創業は好治氏より三代前の常蔵氏で、万延元年（一八六〇）から明治三年（一八七〇）の間に始めたものと推測されている。旅人宿の看板には、「湯元　加藤常蔵」と記し、場所の表記は、「両神邸」とある。

これを調査した山中氏は、当時盛んだった秩父札所の巡礼者や、両神山信仰の講中を中心に、行商や定期的に巡回する瞽女（ごぜ）などを、迎えた宿だったろうと推測する。

大きな一枚板の看板の裏には、「御泊宿」と大書し、下の右側に「薄村　大塩堅」、左側に「湯本　加藤琴次郎」と記されている。これは、常蔵氏から息子の琴次郎氏に代替わりした時に、これまでの看板の裏を使って書き換えたものらしい。

「旅人宿」から「御泊宿」へ。「湯元」から「湯本」へ。そして、「両神邸」から「薄村　大塩の」へ。今もよく行われる、イメージアップのための新装開店商法である。老舗を受け継いだ琴次郎氏の、新鮮な意気込みが感じられるところである。山中氏は「両神邸」と「薄村　大塩の」の所在地の変化に、村の時代の変遷を読み取っている。

当時の鉱泉は真竹と赤松で筧（かけひ）を作り、井戸から宿に引いていた。宿は大正年代まで続けた。好治氏が子どもの頃には、まだ男湯と女湯が仕切られていたという。宿の一つの記録として、熊谷警察・小鹿野分署あての、食い逃げ被害届の書類の写しが残っているとか。

加藤家が廃業した後、近所の家で桶汲みの湯で旅館を始めたが、長続きはしなかった。昭和五年（一九三〇）になって、小鹿野町で材木商を営んでいた鶴沢重太郎氏が、近くの街道沿いの家で新しく鉱泉宿を始めた。鶴沢の姓に因んで、「鶴の湯」と称し、「傷ついた鶴が羽を癒した鉱泉……云々」と宣伝に努めていた。

さて、この話と、先の伝説とを比べてみると、どうだろう。武田の軍勢が志賀坂峠などを越えて、秩父に乱入したことは、史実として数回あるが、それは戦国時代の事。その兵士達が入浴した「鶴の湯」は、昭和五年の創業だという。

自分の姓を十二分に活用した鶴の湯の経営者が、宣伝用に創り出して流布した話なのか、それとも顧客の文人などの面白半分の戯作なのか。以前から伝わっていた話に、「鶴の湯」の名をはめ込んだとしても、鉱泉が発見されたのは江戸の末期の事だから、そう遠くないことは知れている。

「箸立て杉」の項の皇鈴山の例でも見た通り、伝説とはそういうものなのである。新しい事でも、古い衣を着せ替えれば、それと知らない人には、古くから言い伝えられたものと思われてしまう。口から耳へ、耳から口へと言い継がれるうちに、自在に変形することもある。

同じ伝説でも、口下手な人が伝えるのは、どこで・誰が・どうしたから・どうなったという、筋書きだけである。それを語彙が豊富で、話し上手な人に語らせれば、筋書きは変えないまでも、様々な肉付けをして、面白おかしく、あるいは哀れで物悲しく、もっともらしい話になる。

伝説では、今はない東泉寺を武田の兵士達が建てたと語っている。実際、この寺の本寺である川向こうの光源院は、もと甲源院と書いて甲斐源氏を表す通り、武田の息のかかった寺院だった。武田軍が秩父に攻め入った時の拠点にもなり、伝説の山県三郎兵衛は、武田の十二将の一人に数えられた実在の武将で、この寺に制札も残している（本書「光源院と三山座敷」の項参照)。

これらの事実を適当にちりばめた、効能のある「鶴の湯」伝説に、「信玄の隠し湯」の妙味を利かせたこの話は、わずか数十年の間に、整合した物語となって、人々の間に語り継がれていたのである。

なお、この大塩野の地名の由来は、那須塩原温泉の名と同様に、「大・野」の間に「塩」をはさんで、鉱泉の湧水地を示したものである。つまり、江戸末期に牛が知らせるよりも、何百~何千年も早くから、現地に住む人々は、この地にアルカリ泉質の水が湧くことを知って、大塩野と呼んでいたのである。

因みに、この泉質は、平成三一年(二〇一九)二月の分析結果として、湧出地における性状は「無色透明無味無臭/pH値9・3」が示され、やや強いアルカリ泉質であることが分かっている。現在も井戸は保存されていて、旧両神村で国民宿舎「両神荘」を始めた際には、ここからポンプで宿舎に鉱泉を送っていた。

犬戻り橋（いぬもどりばし）――神田に田の神を送迎する亥（い）の子（こ）の祭り

昔は秩父神社の社領は広く、江戸後期には、今の秩父鉄道秩父駅付近から、国道二九九号線の宮の側交差点くらいまでは、敷地内だった。そのため、文政一一年（一八二八）、幕府の学問所において編纂された、『新編武蔵風土記稿』の大宮郷の小名一覧には、社領に含まれていて、今の宮の側町の名は記載されていない。

神社の社殿周辺は柞（ははそ）の杜（もり）とよばれて、敷地内いっぱいに、銀杏の木や欅の大木が鬱蒼（うっそう）とした森を作っていた。社殿裏手の杜の中を、地蔵川と呼ばれる一筋の深い堀川が斜めに走り、現在の交差点の方向に向かって流れていた。私が、中学生の頃には、現在の市立西小学校が、市立第一中学校だったので、通学の近道として、森の中のその堀川に沿った踏み分け道を通ったものである。木の下陰で年中湿っていた、粘土質のその道は滑りやすく、両側が抉ったように湾曲しているその堀に、足を滑らせて落ちたら出られないという、恐怖感を抱きながら通ったことを覚えている。

その少し先に、犬戻り橋と呼ばれる橋があった。名の謂れは、神社を御守りしていた神犬が、神社の敷地内を巡回するときに、この橋の袂まで来ると、その先は神域外だと知っていて、決して橋を渡ろうとせずに引き返していったために、この名が付いたという。
戻るという名を嫌って、嫁入りの行列はこの橋を渡らない習慣があった。強いて渡った嫁さんが、離縁されて帰ったという悲劇的伝説も語られている。前出の『風土記稿』や『秩父風土記』にも、戻り橋・犬戻り橋として、婚姻のときは渡らないと紹介されている。なお、昔は土橋だったが、この時代にはすでに石橋になっているとある。

神域と外をつなぐ橋がなぜ、犬戻り橋なのか。これは、前述のような単純な伝説で、納得してしまっていいのだろうか。

犬戻りという地名は各地にある。代表的なのが、三重県熊野市の鬼ヶ城（おにじょう）だろうか。世界遺産に登録されている、「紀伊山地の霊場と参詣道」に含まれる地域で、海岸線に沿った岩礁の奇岩群の一角にある、通行困難な場所。犬さえ危険を感じて、引き返すという難所である。その近くには猿戻りの地名もある。

三重県大紀町の犬戻り峡は、断崖絶壁に囲まれた渓谷美を誇るだけに、今は道路も整備されているけれども、かつては険阻な道だった。静岡県掛川市の高天神城の裏山にも、犬戻りがあり、次のような話が伝わっている。

《『高天神城を制する者は、遠州を制する』とまで言われたこの城は、武田軍が難攻不落を誇って守備していたが、徳川勢に奪われる。このとき、味方の不利を本国に知らせに走った、武田の武将・横田甚五郎尹松（ただまつ）は、城の裏山の細い尾根を抜けて行った。その細尾根は、犬戻りとか、猿戻りとか言われるほどの難所だったので、城を取り囲んだ徳川勢の警戒は手薄だった。甚五郎はそこを突いて、危険を冒してまで尾根道を走ったので、以後、その尾根は犬戻り・猿戻りの名とともに、甚五郎の抜け道と呼ばれるようになった》

　戦国時代の話なら、小鹿野町の日尾城にも犬戻りという岩場があった。主城の鉢形城からの使いの犬がここまで来ると、先には進めないので、城の者が出迎えて書状を受け取ったという。

　秩父神社の伝説以外の犬戻り地名は、皆このように交通の難所である。では、交通の難所というわけではない、秩父神社脇の犬戻り橋はどう解したらよいか。

　私はこの橋の名は、秩父神社のごく古い、田の神を送り迎えする、収穫儀礼の印象を残すものではないかと思っている。ごく古い歳神様（としかみさま）や田の神様を祀る行事として、旧暦二月の初亥（はつい）の日を、年神様が田の神となって田んぼにお出ましになる日と定めて、ご馳走を作って振る舞いお祈りをした。これを出亥（でいのこ）と言う。

　旧一〇月の初亥の日は、田の神様が山にお帰りになる日である。この日は収穫を祝い、また来年の豊作を予祝して、神様をねぎらい酒食を共にする。亥餅（いのこもち）を搗き、子ども達は新藁で藁デッポウを作り、亥搗き（いのこづき）＝十日夜（とおかんや）といって、暗くなってから家々を回り、庭や畑の地面を打つ。この行事が戻り（もど）亥（いのこ）である。

武甲山を源流として、神社の許を通り、一段下の段丘に広がる田んぼに注ぐ地蔵川の水は、神の恵みとして水田を潤す。そこには神社の神田もあったはずである。神社では、お田植えの神事の一連のものとして、神田に出向いて、出亥も、戻り亥の行事も、厳かに執り行っていたものと思う。

亥は亥の子とも書いて、猪とともに、犬の子とも考えられていた。犬は古くはエノコロとも言ったから、イノコとの境界が交錯したものである。エノコログサを、狗尾草と書くことからも、それは知れる。また「羊頭狗肉」という格言があるように、狗＝犬である。

神域と地域の境界に架かる神橋のたもとでは、おそらく歳神・田の神を送迎する、出亥と戻り亥の神事が行われていたと思われる。その印象が、後に犬戻りの言葉になって残ったと、考えられるのではないだろうか。

繋(つな)ぎの竜(りゅう)――姉様の厄介払い

秩父神社の社殿に掛かる繋ぎの竜は、左甚五郎の作としてあまりにも有名である。鉄の鎖でぐるぐる巻きにされているので繋ぎの竜と呼ばれるが、その所以についても有名な伝説がある。

《秩父札所一五番・少林寺の近くに天ヶ池がある。夏になると夜な夜な竜が現れて水浴した。それだけならいいのだが、十分に水浴が終わると、突然外に出てのたくりまわり、付近の田畑を荒らして、住民を困らせた。

竜の住処を探してみると、竜が暴れた翌朝には、必ず秩父神社々殿の竜の彫り物の下に、水溜まりがあり、時にはまだ竜の鱗が濡れて滴が垂れていることもあった。神社では、住民の願いを聞いて、竜を太い鉄の鎖で社殿に繋ぎ止めたところ、その後、田畑が荒らされることはなくなった》

隣接する小鹿野町には、その前座となる話がある。秩父神社は中世に妙見宮を合祀して以来、ずっと妙見様と呼ばれて来たが、その頃の話である。

《妙見様は三人姉妹で、小鹿野の新井の妙見様が大姉、次が奈倉の妙見様で、秩父神社の妙見様は末娘だった。その証拠には、昔からお祭りはその順に行われている。

特に奈倉の妙見様の名は、近郷近在はもちろんのこと、江戸までその名は知られていた。それを知った彫り物師の左甚五郎が、更なる技の上達を祈って、奈倉の妙見様に竜の彫り物を奉納した。

ところが、その晩に雷雨があり、稲妻が光ると、竜の彫り物に魂が入り、たちまちそれは生きた竜になった。竜はブルブルッと激しく身震いすると、体は何倍もの大きさになり、風を巻き上げて空に昇り、明け方になって嵐が止むと社殿に帰ってきた。雷雨や稲妻がある度にそれは続いた。

竜が出かけるとき、帰って来るときには、すさまじい風とその太い尾が、田畑の作物をなぎ倒した。農民たちは困り果てていた。

永禄の頃、甲斐の武田信玄の手勢が秩父谷に押し寄せて、神社仏閣に火をかけたとき、秩父の妙見様も焼き討ちにあった。その後、社殿が再建された時、姉さんの奈倉妙見様は、御祝いに左甚五郎の竜を贈ることにした。竜は水を司る神だから、今後の火災を防ぐようにと言ったのだが、本当は体よく暴れ竜を手放したかったのだ。

秩父の妙見様も暴れ竜の事は知っていたので、一度は遠慮したのだが、姉様から、そなたの所は町中だから、田畑が荒らされる心配もあるまいと言われて、渋々頂くことにした。ところが、竜は今度は少林寺の天ヶ池に行くようになり、時には武甲山の麓の姿の池にまでも飛んでいくようになったので、秩父の人達は困ってしまった。けれども、せっかく頂いたものだから、奈倉の姉様に返すわけにもいかないと、考え抜いた末に、とうとう竜を神社々殿に鉄の鎖で繋ぎ止めてしまったのだと》

伝説の心は、それほどに名作の竜だという事である。では、作家とされる左甚五郎とはどんな人物だったのか。一つは、左甚五郎作と言われる彫り物が、全国に一〇〇〇体を超えるほどあることから、これは個人名ではなく、名工をまとめた代名詞だろうという。

個人としては、岸上甚五郎義信という人物が、モデルとして挙げられている。この人は文禄三年（一五九四）播磨国明石の生まれで、一三歳で伏見の禁裏大工棟梁の遊佐法橋与平治の弟子になり、一六歳の時、多武峯十三塔を建てて家康に絶賛された。

その時、家康から、「この腕ならば、右に出る者はいないから、左を号とすべし」といわれて、左甚五郎を名乗ったとされている。いや、仲間に技量を妬まれて、右腕を斬り落とされても、左手で名工の名をほしいままにしたので、左甚五郎と言われているのだとか、元々左利きだったからとか、酒飲みで左党の左だとか、名工だけに諸説紛々である。義信なら、後に江戸に出て江戸城の修復にも関わっているという。

左甚五郎といえば、日光東照宮の眠り猫が有名だが、江戸・寛永寺の四隅の柱に彫った竜の話も知られている。甚五郎が江戸に出たとき、将軍・家光から四人の彫工の一人として選ばれ、竜の競作を命じられた。

甚五郎は竜を見たことがないので困り果て、浅草の浅草寺に七日の穀断ちをして参籠(さんろう)し、竜の拝顔を祈った。満願の夜、浅草寺の上空に七色の雲が漂ったと見るや、上野の不忍池が渦を巻き、巨大な竜が現れて、たちまち上空に飛び去った。それをつぶさに見届けた甚五郎は一夜のうちにみごとな竜を彫り上げて、寛永寺に奉納した。

それを見て、家光は絶賛したが、困ったことに竜は夜ごとに不忍池に水を飲みに出かける。その度に大風が吹き、嵐が起こるので、人々は何とかしてほしいと寛永寺に訴えた。それを聞いた甚五郎は竜の目にノミを投げつけた。以来竜はおとなしくなったが、今でもその竜の目にはノミの傷痕が残る。

甚五郎の暴れ竜は、さいたま市大崎の大崎山国昌寺の山門にも彫られている。ここでは御沼(みぬま)が時々洪水を起こして、辺りを荒らした。人々はこれを水怒りといって恐れ、あるとき国昌寺の和尚に頼み、江戸の左甚五郎に、水を司る竜の姿を彫ってもらって供養した。ところが、ある日、葬儀があり、山門を出た葬列が遺体を墓地に埋葬して帰り、翌日お参りすると、何と墓地は掘り返されて、遺体が無くなっていた。

見ると、竜の爪に土が付いている。和尚さんも村人もびっくりして、相談した末に、竜を山門の欄干に釘づけにして、山門を閉じることにした。そこは今でも開かずの門とよばれている。御沼はいまの見沼である。

和歌山県紀の川市の粉河寺(こかわでら)にあるのは、甚五郎の竜ならぬ虎である。これは「野荒らしの虎」と呼ばれて、夜な夜な暴れ出して田畑を荒らすので、笹薮の中で、村人に目を突いたり、脚を刺したりされている図になっている。「野荒らしの虎」は埼玉県にもいる。坂東一一番札所・吉見観音で知られる、比企郡吉見町の岩殿山安楽寺。この寺の欄間に、甚五郎手彫りの野荒らしの虎が掛かっている。

甚五郎ファンの中では、全国に一〇〇〇体余りもある彫り物のうちで、秩父神社の繋ぎの竜を、最高傑作と挙げる人が多い。同じ社殿の「見て・言って・聞いて」の「お元気三猿」も、五本の指に入るそうである。

全国トップクラスの繋ぎの竜が、元は小鹿野の妙見様にあったという伝説は、その人気に便乗して、ご当地の神社の格上げを図ろうという、うまい語り口である。伝説に込められた郷土への誇り。これも、一つの郷土愛の発露として、微笑ましく受け止めたい伝説である。

姥神様と乳母神様――怖さと優しさと

横瀬町赤谷には姥神という小地名がある。そこには姥神様が祀ってある。その伝説はこうだ。

《昔、入り風が吹くと、名栗の方から山姥が、大野峠を越えてやって来た。山姥は歯の抜けた怖い顔をしていて、汚い着物を着流しにしてよたよたと歩いて来たが、頭に差した櫛の歯を欠くと、耕地の人の考えていることを、何でも見抜いたので、耕地の人達は気味悪がって、何とか耕地に来ないでもらいたいと思っていた。けれども、山姥はそんな気持ちもすぐに見抜き、どんな手を考えても、見抜いて先回りされてしまうので、耕地の人々はほとほと困り果てた。

困り果てた人々は、あるとき通りかかった坊さんから、いいことを聞いた。山姥は犬が大の苦手だから、出て来たら犬をけしかけて、追い払えばいいという事だった。耕地の人達は野良犬を集めて、ご馳走を振る舞ってから、こう言った。

「ここんところ、山姥が出て来て、悪さをしてしょうがねえ。頼むから、山姥が出て来たら、みんなで追っ払ってくんな。うまく追っ払ってくれたら、これよりうまいご馳走を、たんまりと振る舞うからな」と。

そんな事とは知らずに、また山姥がやって来た。山の根っ方で待ち伏せしていた野良犬達は、わっとばかりに飛び掛かり、勢い余って、山姥を食い殺してしまった。耕地の人達は、さすがの山姥も、犬の気持ちまでは読めなかったなと言って、生き返られては事だからと、山姥の首を刎(は)ねてしまった。すると、首は飛び上がり大野峠を越えて、名栗の方へ飛んで行った。なんでも、名栗の湯の沢という所に落ちた首は、埋葬されて姥神様として祀られているそうだ。

胴体の方は捨てて置くわけにもいかず、祟られても困るから、そこに埋葬して姥神様を祀った。この姥神様は、風邪の神様として霊験あらたかで、篠の杖を供えて願をかけると、たちどころに風邪が治るといって、近郷近在の人達の御参りが絶えなかった》

次は、秩父市荒川の白久に伝わる、乳母神様の伝説である。

乳母神様は、杉木立の中にひっそりとたたずむ、小さな石の祠である。地元ではババア神様ともいう。これは畠山重忠の乳母を祀った祠といって、風邪を治す神様として信仰を集めている。

《大滝の太陽寺の住職と、大蛇が化身した娘との間に生まれた子どもが、荒川に流され、ずっと下って畠山の庄の土豪に拾われた。それを知った太陽寺の住職は、大滝から乳母を差し向けた。この乳母に養育された子どもは、すくすくと育って、やがて元服して、畠山庄司重忠と名乗った。

乳母は務めを終え、大滝に帰ることになった。乳母は帰る途中、風邪を引いたが、無理をして故郷を目指したために、荒川の豆早原（ずさばら）で高熱を発して倒れ、ついに帰らぬ人となってしまった。その後間もなく、この辺りに風邪が大流行したために、人々は風邪で亡くなった乳母の祟りではないかと恐れ、石祠を建てて乳母の菩提を弔った。とたんに、あれほど猛威を振るった風邪の流行はぴたりと止んだ。

この話は広く伝わり、石祠は乳母神様と呼ばれ、風邪を治す神様として信仰を集めた。風邪が治ると、半紙でわざと包んだ篠の棒を水引で結って、お礼に供える慣習が続いている》

姥神と乳母神、どちらも風邪を治す神で、篠の棒をお供えするという点でも共通している。同じウバカミなのだが、どこが違うのだろうか。

全国的に見ると、北海道江刺市に、「姥神大神宮」という大社がある。

《昔、江差の津花の地にやってきて草庵を建てて住み着いた姥は、天変地変を予告して地域の安全を守ったので、人々の信頼を集めていた。

しかし、その頃、海は魚が少なくなり、浜の漁師たちは不漁続きで困っていた。そんなある日、沖の神島から草庵にかけて、虹のような光が差し、それに乗って白髭の翁が現れた。翁は姥に小瓶を差し出し、「この小瓶の水を、海水に注ぐべし。されば、この浜に鰊（にしん）の群れの来たるは疑いなし」と言って、ふっと姿を消した。

姥が、近くの浜に出て、言われた通りに小瓶の水を海に注ぐと、海水はたちまち白く濁り、沖の方から鰊の群れが押し寄せた。浜の人達は飢えから救われたばかりか、それからというもの、浜は毎年鰊漁で賑わい、本土の方からもたくさんの人達が渡って来て、北海道一の漁港になった。

人々が鰊景気で浮かれているうちに、いつしか姥の姿は消えていた。地元の人々は、姥様のお陰を忘れてはならないと、姥神大神宮を建立して、姥神様を祀った》

これが社伝のあらましだが、この宮は、その後、北海道開祖神（ほっかいどうかいそのかみ）と言われ、陸奥国松前一之宮（むつのくにまつまえいちのみや）とも言われて、江戸末期の文化一四年（一八一七）には、光格天皇より、正一位記の神階と、大神宮の称号を贈られている。

青森県下北半島の恐山は古くから死者の霊が集まる霊山として知られ、死者の声を聴き出す「いたこの口寄せ」も盛んだった。その影響の濃い東北地方には、ウバサマ・ウバガミサマの石像がたくさんある。だいたいが山の登山口や社寺の参道脇、あるいは道端の岩の上などに鎮座している。

その姿は大きな口をあき、目を大きく見開いて睨(にら)むような表情で、胸元をはだけて乳房を垂れ、片膝突いているものが多い。その怖い表情や姿態の割には、信仰としては安産祈願、豊かな母乳の保障や子どもの夜泣き治癒といった、子育て関係のものである。

どうやら、山姥伝説と脱衣婆(だつえば)の信仰が習合したのが、その形らしいといわれている。三途の川の渡し場で亡者の衣類をはぎ取って、生前の罪の重さを量るという脱衣婆は、仏教史上では鎌倉時代から現れて、地獄信仰と共に民衆の間で信じられてきた。山や社寺の入り口に座すというのも、聖地と俗界との境に立つという意味で、三途の川の入り口に符合する。

富山県立山の芦峅寺(あしくらじ)に祀るのは「うば尊」というが、別には姥神とか、姥権現とも呼んでいる。山姥らしい恐ろしい形相をしているが、正体は山の神であって、立山信仰の象徴として祀られ、多くの武将から厚く信仰されてきた。

これらに比べて、関東の姥神は、もちろん、いろいろな要素は混じっているが、山姥や脱衣婆よりも、乳母の印象を強く持っているようである。

横瀬町の姥神伝説は、元はもっと複雑な要素を含んだ整然とした話だったのが、あちこち欠落してあのようなものになったものと考えられる。山姥が頭の櫛の歯を欠くと里人の心の内が分かるというあたりは、古い櫛占信仰の跡を思わせるし、首が山を越えて遠くの里まで飛んで行ったというのは、将門伝説にも通ずるところがある。現行のままでは寄せ集めのようなチグハグ感が免れない。里人に迷惑を掛ける山姥として描かれているのに、いきなり風邪の神の功徳を説いているのもそうである。

話は整合性を欠くところがあるにしても、ここでは姥神伝説が乳母神の性格に融合していることは確かである。

乳母神の方は重忠の乳母伝説と同様に、主に武将の幼い頃の乳母が務めを終えた帰りとか、落人になった武将の妻に付き添っている途次で、風邪で亡くなったという筋書きが多い。幸手市の吉野神社は、天文年間に北条氏との戦いに敗れた領主・一色氏の妻女・吉野の前と乳母の安戸を祀った神社で、安戸は姥神様と呼ばれ、風邪の神とされている。また、愛知県東栄町にある「祖母明神」もウバガミサマと呼ばれて、やはり風邪や喘息に功徳のある神様と言われている。

古く九世紀の頃は祖母はオオバだった。その頃の乳母はチオモといった。オオバが次第にオバ・ウバになり、一三世紀頃になると、ウバが乳母の意味で使われるようになる。更に、一七世紀末頃からウバといえば乳母の事になり、祖母・老婆の意味は消えていったという言葉の変遷がある。

山の神が山姥の形を取り、脱衣婆の信仰と習合し、その後に生まれた乳母神とも融合していったというのが、ウバガミ伝説の実態と言えるようである。

なお、ウバガミが風邪を治す神とされているのは、幼児の養育の中で最も大事な仕事が、万病の因（もと）といわれる風邪を引かせないこと、風邪を治すことだったのではないかと考えられる。かつて、七歳までは神の子といって、いつ神の許に返す事になるか分からないほど、幼児の死亡率が高かった頃には、まさに風邪は万病の因であった。幼児にもしも風邪を引かせたら、加持祈禱に頼るしかなかった時代には、経験を積んだ乳母の技は最も頼りになるものだったろう。

そして、二本の篠竹を供えるというのは、乳母のもう一つの重要な役目である、お食い初めの儀式から、幼児の養育を象徴する箸を大事にするという意味だろうと思われる。

代価の土地——武蔵国造の地位争いと同じ構図で

《昔、小森村の名主さまが飼っていた黒駒という馬は、近在では知らない者はいない名馬だった。名主さまはそれは可愛がり、大事にしていたが、ある晩、フッといなくなってしまった。朝になって黒駒がいないのに気が付いた名主さまは、方々手を尽くして捜したが、村の中には全く手掛かりがなかった。

心配で夜も眠れなかった名主さまのところへ、隣の野沢の秣場＝共同の草刈り場に、馬の死骸が横たわっているという知らせが届いた。驚いた名主さまが飛んで行ってみると、まさしくあの黒駒の変わり果てた姿だった。

名主さまは嘆き悲しんで黒駒を引き取り、塚を築いて懇ろに葬ったが、どうにも気にかかるのは黒駒の死因である。村の者が、「黒駒が野沢の秣場に入って草を食ったために、野沢の人達に殺された」と言えば、「どこに証拠がある。ヘンな言い掛かりは止めてくれ」と、野沢の人達はいきり立った。

やった・やらないの激しい水掛け論のあげく、「それじゃあ、お代官様に決めてもらおうじゃないか」という事になって、小森と野沢の人達は、「恐れながら」と、お代官様に願い出た。そのとき、野沢の人達は隣村の応援を頼んで、大勢で代官所に詰めかけた。

お代官様は、両方の言い分を聞いたうえで、「叩いたり、斬りつけたりした跡もないとならば、何かの病で死んだと判断するのが適当である。馬が突然、厩から逃げ出したと申すのも、病の気によるものと判断する他はあるまい」と言って、小森側の訴えを退けた。

収まらないのは小森村の人達である。「厩を跳ね出すほど元気な馬が、一晩や二晩で死ぬはずがねえ」と、今度は隣の薄村の応援を頼んで、もう一度代官所に訴え出た。

薄村の名主さまは、お代官様だって一目も二目も置くほどの、力のある人だったから、あっけなく先の判決はひっくり返って、小森村の言い分が通ってしまった。

お代官様の判定だから仕方がない。野沢の人達は黒駒の代償として、渋々と秣場を小森村に差し出した。小森村の人達は大喜びで、これも元はといえば黒駒のお陰と、そこに馬頭尊を祀り、薄村にはお礼として秣場の中の大樅と大橋入とヲッツハと呼ぶ場所を割いて差し出した。

その秣場は、いまは、昔の小森村の原沢の共有林になっているが、その中にある薄村の飛び地は、そのときお礼に差し出した土地である》

飛び地の存在を説明する土地争いの伝説だが、何の資料も残っていないので、今となって事実かどうか検証しようもない。だが、興味深いのは、今から千数百年前に、武蔵国でこれとまったく同じ構図の、土地争いが繰り広げられたという事が、『日本書紀』（七二〇）に記されていることである。

安閑天皇元年の条。武蔵国の国造・笠原直（かさはらのあたい）使主（おみ）と同族の小杵（おき）がその地位を争い、小杵は上毛野君（かみつけのきみ）・小熊に援助を求めた。それに対抗して、使主は天皇に援けを求め、ついに小杵を排して国造の地位を守ることが出来た。そのため、使主は天皇にお礼として横渟（よこぬ）・橘花（たちばな）・多氷（たひ）・倉樹（くらき）の四つの郡を屯倉（みやけ）として献上したというものである。

安閑天皇元年は、時代的には六世紀の前半と考えられている。しかし、他には文献的史料は何もないので、あとは当時の古墳群などを調査して、時代に合ったものを比較検討するしか、この話を解明することは出来ない。

現在提示されているのは、使主を北武蔵の、小杵を南武蔵の有力豪族に位置付け、北武蔵による、南武蔵勢力の制圧の経緯を記述したものではないかという説である。その根拠は、献上した屯倉が、武蔵南部＝埼玉県の比企郡から多摩地方にかけて、存在すると考えられているからである。

小森村の話のように、領地取得の謝礼として土地を差し出すならば、当然、新しく得た地の一部を出すものと考えられる。しかし、これにも幾つかの疑問が呈されていて、まだ定説といったものは生まれていない。国分寺瓦や木簡、稲荷山古墳の鉄剣のように、文字の書かれている出土品などの、新しい発掘が待たれるところである。

国譲りといえば、最も古い話として、記紀神話に天照大神の神勅により、大国主命が国土を皇孫に譲って引退した話がある。ただし、これも初めからすんなりといったわけではなく、初期段階では、高天ヶ原から交渉に遣わされた神が大国主命に取り込まれて寝返り、次に遣わされた神を射殺するなどゴタゴタがあった末に、三度目の交渉使・建御雷命（たけみかづちのみこと）の力尽くの交渉によって決着がつくというものである。

言ってみれば、全面戦争には至らなかったものの、局部的な小競り合いの結果、一方が要求をのまされたという形である。『記紀』では、これを代表者の力比べという形で描いている。このような物事の決着の付け方は、いま各地に伝統行事として伝わる、祭りの相撲や綱引きなどの形として、残っているようである。

春日部市には、同じ土地争いでも、ある土地を互いに相手に押し付け合う争いがあった。これも言い伝えだが、旧大畑村と備後村の境界にある会の堀川付近は低湿地＝いわゆる圷（あくつ）で、作物は穫れず租税負担に耐え切れない土地だった。そこで両村では互いに押し付け合っていたが、なかなか折り合いがつかずに、とうとう代表一〇人を出して相撲で決着をつけることになった。

場所は大畑村の香取神社の境内。香取神社はよく鹿島・香取と並べて言われるように、先の建御雷命を祀る鹿島神宮と共に、古来、軍神として尊崇されていた神社である。両村ともここで必勝を祈って勝負に及んだが、熱戦の末、大畑村に軍配が上がった。村人達は念願の厄介払いが出来て、飛び上がって喜んだ。

そのときに「やったり、やったり、やったりなー」と、皆が声を上げて踊りまくった歌と踊りが、春日部名物の「やったり踊り」として今に残っている——、ということである。

なお、今に残っている小森地区の薄の飛び地、ヲッツハは聞き慣れない地名だが、挟み罠を秩父では「圧っす・圧っつ」というところから、これは動物を獲るための罠を仕掛ける「圧っつ場」だろうと思われる。

『古事記』の神武天皇東征の記事に、大和国宇陀で出会った兄宇迦斯という族長が、服属を拒んで天皇を欺き、迎え入れる大殿の内に「押機を作りて」圧し殺そうと図り、事情を知った天皇の従臣らに、自分から先に入れと押し込まれて、「己が作りし押に打たえて死んだという話がある。そのとき「宇陀の高城に鴫罠張る……」という例え歌が歌われたという付記をみても、押機が罠だったことが分かる。因みに、『日本書紀』ではこれを「機を施きて」と表現している。

いま山村に残るオシ・オス・オソなどの付く地名は、だいたい罠場だったと言われているが、バネ仕掛けのネズミ捕りのように、踏めば挟まれたり、圧殺されたりするような仕掛けは、大小工夫されて、古代から行われていたようである。

秩父方言の特徴の一つに、促音便の多用がみられる。「おし→おっし・おす→おっす」の変化はその例に当たる。また、当時の記録として「ヲッツハ」と書かれているのは、現代的に書けばヲはオであり、ハはバである。古い様式では基本的に濁点は打たなかったのだから、今様に書けば「圧っつ場」となり、これは僧都場＝猪威しなどと同様に、狩猟用具を仕掛けた場所を示す地名と考えて間違いないだろう。

合角(かっかく)ダム――鹿が角突き合うカクカクの音?

秩父市上吉田地区と小鹿野町倉尾地区にまたがって、合角ダムがある。この名は、ダムの底に沈んだ、小鹿野町の合角集落から採ったものである。「合角(かっかく)」は、極めて珍しい地名である。「合」の文字は漢音ではコウ（カフ）、呉音ではコウ（コフ）・ゴウ（ゴフ）と読み、日本ではそれに加えて、慣用的に「カッ・ガッ」と読むこともある。ただし、合併・合作・合評・合奏など「ガッ」の例は幾つも挙げられるが、「カッ」となると、合(かっ)羽(ぱ)・合戦くらいしか思いつかない。

この名の由来については、地域を流れる谷川がU字型をしているところから、同様の地形をもつ幾つかの地域の例を併せ見て、川門から来たものではないかと考えた。これは拙著『秩父の地名の謎101を解く』の合角の項で詳述しているが、しかし、今ではもう一つの考え方に傾斜している。

それは阿武隈川が、かつて「合曲川」と書かれたことを知ったことからの発想である。地名は現代はほぼ定着したが、どこでもそうだが、時代や記録する筆者によって、さまざまな書き方をされてきた。アブクマは、「アブ＝崖＋クマ＝曲がりくねる」川、つまり、上流は両側を高い崖に囲まれて流れ、中流・下流の特徴は大きく曲がりくねって流れている川という意味である。

大河なので古くから知れ渡り、平安時代には「あふくまがわ」、「おおくまがわ」として、歌枕にもなっている。漢字表記では『延喜式』（九二七）に安福麻として登場し、『八雲御抄』（一二三四）には会曲と書かれている。また、『吾妻鏡』（一一八〇～一二六五）では遇隅である。近世になると、逢隅・大熊・青熊・大曲などさまざまである。

「安福麻」は明らかに佳字を当てた美称である。他はそれぞれにその実態に迫ろうとしているように見えるのだが、中で私が注目したのは「合曲」の表記である。合角ダムの底に沈んだ合角川は、その形・意味からいって、小さな阿武隈川である。

「曲」と「角」と「隈」は同義である。そのことから、今私が考えているのは、「合角」は「合隈（あうくま）・合曲（あうくま）」の意味で「合角（あうくま）」と表記したものを、後にカッカクと読み表したものではないかという事である。

訓読みの地名が音読みに代わる例はよくあることである。学生時代の友人に福岡県遠賀郡出身の男がいた。彼は古典の勉強の中で、「オレの出身地は古事記に出て来る『岡の水門』だ」とよく自慢していた。「それが、後に恰好（かっこ）つけて岡（おか）を遠賀って書き換えたものだから、いつの間にか音読みでオンガになっちゃったんよ」と。

どう見ても「カッカク」という発音は地名には馴染まない、不自然な音だから、地形からいっても、地名の成り立ちはこう考える方が自然かもしれない。そうはいっても、意味の上では前著を否定することにはならないのだが。

さて、この合角地名にも由来を説明する伝説がある。それはごく単純なもので、この辺りは深い袋状の谷になっているために、四方の山で鹿が角突き合う音が、カクカクとよく響いたので、カッカクと呼ばれるようになったというものである。

あまりにも単純な話なので、それで納得する人は少ないと思うが、この類の地名伝説は各地にある。例えば先の阿武隈川の名の由来だが、水源に当たる、福島県白河郡甲子岳の山中に住んでいた大熊によるという事である。熊谷市の由来も、鎌倉武士の熊谷直実が、この地で大熊を退治したことによると説く人がいる。直実は熊谷に居住していたから熊谷を名乗ったものなので、これではそれ以前の熊谷地名はどうなってしまうのだろうか。

ところで、合角には地名の由来ではないが、合角川の真ん中にどっしりと構える大きな『天狗岩』にまつわった、有名な伝説がある。

《昔、この辺りの森林の伐採にやってきた樵(きこり)達は、無法者ばかりで、材木問屋の主人が、安全を祈って山のお天狗様にお供えした酒までも飲んでしまう始末。酔っぱらってお天狗様の悪口まで言って騒ぐ樵達にも、お天狗様は村人のためを思ってじっと我慢していた。

樵達は切り溜めた材木を谷川に流して江戸に運ぼうとしたが、水が少なくて思うように流せない。そこで、お天狗様の手洗い淵を塞き止めて、そこに材木を集めておいて、淵に水がいっぱい溜まった時に、一気に堰を壊してその水の勢いで材木を流そうと考えた。いわゆる鉄砲流しである。

ある朝、いつものようにお天狗様が顔を洗うためにこの淵にやってくると、なんと切り倒したばかりの丸太がごろごろと淵を埋めて、水はすっかり濁っているではないか。お天狗様はもう我慢が出来ないと、いきなり山の天辺に駆け上がったかと思うと、そこにある大岩に手を掛けて頭上高く持ち上げた。

岩の根方の小石がばらばらと落ちてくるのに気づいた樵達が、驚いて山を見上げると、そこには名主さまの家ほどもある、でっかい岩を持ち上げたお天狗様が立っていた。

「樵どもよ、よーく聞け。この山を荒らすようなお前らにゃ、その木を遣るわけにゃいかねーぞ」。お天狗様の大声が谷間に響き渡ると同時に、ドッシーンと、材木をいっぱい溜めたお天狗様の淵に大岩が降ってきた。樵達はものすごい水しぶきに吹き上げられて、空高く舞い上がった。

お天狗様の手洗い淵にどっしりと座った大岩には、お天狗様の手の跡がくっきりと付い

ていた》

実際、見ると、その岩には人の手形そっくりの窪みが付いているのである。大水が出る度に洗われる岩の底部には、太い流木が何本も突き刺さって、水が引いた後には、投げ落とされた岩が材木を踏み折ったという、伝説通りの光景が出現する。

岩の上には大日如来のお宮が祀られていて、夏になると子ども達は淵で泳いだり、岩によじ登って遊んだりと、お天狗伝説は地域の子どもたちの血肉となっていた。

天狗岩には、もう一つ、次のような伝説があった。

《日照りが続いて、合角川の水も少なくなり、日頃仲良く暮らしていた村人達が水争いを起こしそうになった。上の村と下の村の人々がこの川原に集まって、あわや掴み合いになりそうになった時、山の上のお天狗様の祠からお天狗様が姿を現して、「村の衆、よーく聞け。水争いなんどをするもんじゃねえ。水は皆で分けて使うもんだー」と言ったかと思うと、傍にあった大岩を掴んで放り落とした。

村人たちの目の前の川の真ん中に落ちた大岩は、川の水を塞き止めて淵を作った。淵には見る見る水が溜まって、村人たちの生活を潤した。それ以来、村人たちは、水は分けて使うもんだという、お天狗様の教えを守って、仲良く暮らしたという》

どちらの伝説にも、地域の特殊な自然の造形に託して、故郷を思う気持ちが語られているようである。ここに合角ダム計画が起こったとき、地元では猛烈な反対運動がおこった。そのとき、地元のある老婆がこの伝説を引いて、「水は皆で分けて使うものだからなぁ」と、賛成ではないが、真っ向から反対も出来ない複雑な心境を呟いた。それを聞いた中学生の孫が、ダム計画に対して揺れる自分の心境を訴えた作文が反響を呼び、第六回『全日本中学生水の作文コンクール』で最優秀賞として、国土庁長官賞を受賞したことがある。伝説が地域の人々に及ぼす大きな影響を思う。

孝行畑・貧乏畑——伝記と伝説

《孝行の種子は秩父の蒔田むら　ははの名までもよろづ与右衛門——、これは、代官・萩原弥五兵衛が百姓・与右衛門の徳行を称えて詠んだ歌である。寛政元年（一七八九）陰暦三月、与右衛門は江戸の代官屋敷に呼び出された。

蒔田村の百姓・与右衛門夫婦は、一四、五年も寝たきりの父と、年取ってあまり動けない母の面倒を見ながら百姓に精出していた。親孝行で評判の与右衛門は、父が寝たきりではつまらなかろうと、天気の良い日には、その病身を背負って稲や野菜の成長を見せ、大宮の町のお祭りには、母を背負って祭り見物に連れて行った。

また、夏の暑い日には、朝早く起きて、涼しいうちに田畑の仕事を済ませ、昼間、昼寝をする時間には、父母の枕元に座して蚊やハエを追い、冬の寒い季節には一日中焚火を絶やさないようにして、家の中を暖めていた。

隣近所や耕地の付き合いにも義理を欠かさなかった。年始回りから、鎮守様のお祭り、盆暮れの挨拶まで、親を背負ってでも、手を抜かなかったので、近所の評判は良かったが、何しろ手が回りかねて、田畑の収穫は思うにまかせず、年貢の割り当てを済ますと、残るものは何もなかった。

幼い三人の子どもは、親たちの行いを見て育ったので、祖父母を大事にして、家事や畑仕事もよく手伝ったが、なかなか貧乏から抜け出すことが出来ずに、三人とも気の毒なほどやせ細っていた。

名主をはじめ近所の人達は、それを見かねて、代官所に年貢の減免を願い出たらと、何度も勧めたが、与右衛門夫婦は、日頃、皆さまにお世話になっているのだから、せめて皆さま並みの事はしたいと言って、頑としてそれを受け付けなかった。

ある日、名主さまが、起きぬけに与右衛門の家を訪ねてみると、まだ片付けていなかった布団は、藁とむしろだけだった。

これを見た名主さまは、もう捨ててはおけないと、代官所へ救済を願い出た。お代官さまは、名主や組頭連名の嘆願書を読んで、配下の役人に実情を調べさせると、隣近所は申すに及ばず、遠方の者にまで、与右衛門夫婦の親孝行ぶりは知れ渡っている事が分かった。

これにより、代官・萩原弥五兵衛は、与右衛門を江戸屋敷に呼び出し、褒美の金品を渡すとともに、自ら与右衛門の孝行を称える歌を詠んで与えた。歌の意味は、親孝行の種を蒔いた秩父の蒔田村には、それを蒔いた与右衛門の名は、千万の代(ちよろずよ)までも語り継がれる事であろうよ、という意味である。因みに、母の名は千代であった。

与右衛門は褒美の金で一枚の畑を買った。今までの地味の悪い日陰の畑と違って、与右衛門夫婦が手を掛ければかけるほど、たくさんの収穫をもたらした。お代官さまに褒められたことを鼻にかけるでもなく、今までよりもいっそう親を大事にし、骨身を惜しまず仕事に精を出す、与右衛門夫婦を見て、人々は与右衛門の畑を孝行畑といって、子ども達にその経緯を話して聞かせた。

寛政一二年（一八〇〇）九月三日、充実した人生に満足して、与右衛門は世を去った。お代官さまが歌に詠んだように、この話は親から子へと語り伝えられ、大正八年（一九一九）の事、この話に感動した村の有志の手で、与右衛門の顕彰碑が建てられたという事である》

これは『尾田蒔村誌』で、「孝子・与右衛門の話」として紹介している人物伝で、『秩父の伝説』でも取り上げている伝記である。一方、小鹿野町下小鹿野には、貧乏畑と呼ばれる畑があるが、これは伝説である。

《昔、この畑の前に立派なお屋敷があって、お大尽＝金持ちの親子が住んでおった。家から見える田んぼや畑はみ〜んなお大尽の物だった。

お大尽さまは幸兵衛という名前があったが、近所の者からは長者さまと呼ばれて、威張っておった。倅の福松も親の真似をして、子どものくせに村人を呼び捨てなんどにして、お殿様のようにしておった。

長者さまの屋敷は幸兵衛屋敷といって、そのでかさといったら、間口が一〇〇間、奥行きも五〇間もあった。一間が六尺＝一・八メートルだから、そのでかさは分かるべぇっていうもんだ。

長者さまの庭には、これまたでっかい池があった。裏の山から湧き出してくる水で、池はいつでも満々と水をたたえ、でっかい岩を据えた中之島には格好のいい松が植えてある。その島に赤く塗った太鼓橋を渡して、長者さまは毎朝そこに立って緋鯉・真鯉に餌をやるのが習いだった。

そこを朝作りの村人でも通ると、誰彼となく呼び止めては、「どうだい、この見事な鯉を見てくんな。お前さん家の子どもよりか、よっぽど太って、色つやもいいだんべぇ」といって、得意になっていた。それもそのはず、鯉の餌はお江戸の店から、一番上等なものを、三日に一遍ずつ届けさせていたんだっつうから。

村の者は面白かぁねえ。腹の中じゃあ面白くなくっても、顔に出せば何をされるか分からないから、ハイハイと、長者さまのいう事を聞いておった。

ある日、池の傍で遊んでいた倅の福松が、中之島の松の木のセミを捕ろうとして、池ん中に落っこった。福松はあっぷあっぷしながら、池にかぶっていた松の枝にしがみついたもんだから、たまらない。福松は肥え太っていて重てえし、松の根は岩にやっとこ張り付いていたようなもんだから、根扱ぎになって、これも池の中に真っ逆さまだ。

福松は駆け付けた村人達に、両足をつかんで、やっとこさ引っ張り揚げてもらったが、いつものように、お礼も言わず、大泣きぃしながら屋敷の中に跳び込んだんだと。

「長者さまん家の福松坊が、池に逆さにはまったそうだ」

「庭の松の木は、まだ池の中に、逆さに沈んだままだとさ」

「福と松が逆さまに落っこったんじゃ、こりゃあいいことはねえぞ」

こんな噂が、たちまち村中に広がった。それからというもの、長者さまの家運は見る見る傾いて、田んぼも畑もみ～んな人手に渡ってしまった。だが、家だけは買い手がつかない。村人は、「間口一〇〇間　奥行き五〇間　売り払うとて誰が幸兵衛」といって、密かにはやし立てた。なかには、この歌のどこがおかしいんだい、なんて首をひねる人もいたが、「幸兵衛さんを〈買うべえ〉に掛けたシャレなんだよ」と聞かされると、ワハハと笑った。

土地をみんな失くしてしまった幸兵衛さんは、とうとう庭の池をつぶして畑にした。ところが、この畑には何を作っても育たない。幸兵衛さんと福松は、あきらめて、近所の百姓仕事を手伝って、何とか食いつないでいたっけが、村人はこれを聞いて、その畑を貧乏畑と呼ぶようになったんだとさ》

そこは今でも地元の人に貧乏畑と呼ばれている。山際の地下水が通っている斜面である。普段は乾いているように見えるが、ちょっと雨でも続けば水が沁みだして、湿地帯のようになる。作物が根腐れを起こしやすい土地なので、腕に自信のある人が、借りて耕作を始めても、だいたい数年で放り出す。いまでは休耕田になって、雑草が我がもの顔に茂っている。

池を埋め立てたという伝説は、地下水が湧きやすい地所だということを、説明しているものである。

「孝行畑」の伝記は『尾田蒔村誌』(秩父市と合併以前の旧尾田蒔村・村誌編纂委員会発行・平成四年)の記述を基に、多少の手を加えて紹介したものである。続く「貧乏畑」はこの土地の地味の悪い理由を物語った伝説である。

伝記と伝説とはどう違うのか。『広辞苑』によると、伝記は《①個人一生の事績を中心とした記録、②あることについて語り伝えられてきた記録》であり、伝説は《①うわさ。風説。②神話・口碑などの「かたりごと」を中核にもつ古くから伝え来った口承文学》である。

伝記は人物伝となると、孝子・与右衛門のような実在の人物の、『広辞苑』解説の①にあたることになるのだが、日本武尊や聖徳太子の伝記というような本もある。今では日本武尊を実在の人物と考える人はいない。

歴史教科書に長くとり載せられてきた聖徳太子さえ、最近ではその存在が疑問視され、否定的な見解が続出しているところである。全国的に知られた人物伝は別として、小さな地域の伝記は書物の存在が忘れられ、読者から口承へと転ずると、次第に伝説化していくものと言えるようである。

せんの滝(たき)――ジャワ島にもあった、白糸の滝の別称

かつて小鹿野町の町立倉尾中学校に、国語の教員として勤めていた頃のこと、国語と美術の学習と、郷土学習を兼ねて、生徒会活動として、『倉尾ふるさとカルタ』を作ったことがある。

まず、手分けして地域の自然・歴史・伝統・風俗・行事・芸能・伝説・偉人などを調べて冊子を作り、それを基に生徒がそれぞれ五七五の句を詠む。出来た句は自分で短冊に書いて、校舎の廊下に貼った模造紙のい・ろ・は……の所定の場所に掲示する。いわゆる投句である。「い」から「ん」まで作品が埋まったところで、複数の作品が貼られたものは、作者が均等になるように配慮しながら、委員が選別していく。

次は、その句のイメージの湧いた人から、希望制で絵札づくりを割り当てる。小規模校なので、全員にうまく割り当てが出来、正に全員参加で郷土カルタが出来上がった。その間、生徒会では、空き缶や廃品を回収し、薬草を採って資金を積み立て、箱入りのカルタを作って、地域の全戸に配布してたいへん喜ばれた。

そのなかの一枚に、「杖を頼りに　歩けどあるけど　せんの滝」という読み札がある。札の裏には、こんな、句の解説がある。

《倉尾神社から宮の入り林道を登り、左に入った沢の上流に『せんの滝』があります。高さは四、五十メートルの空滝ですが、雨季にはみごとな滝になります。

昔、山向こうの河原沢から茅の坂峠を越えてきた按摩さんが、この滝の上に出てしまい、何度戻ってもここに来てしまうので、やむなく杖を岩の割れ目につきたてて、この空滝を降り始めました。しかし、高い絶壁なので、按摩さんは力尽きて落ちて死んでしまいました。その時の杖が、逆さ杖の木となって生い茂っていた、という伝説が残っていいます》

按摩さんが、「何度戻ってもここに来てしまうので」、さっき来た滝だという意味で、「先に来た滝だ」と言ったことから、センの滝になったという話である。

千・仙の付く名称の滝は、全国にたくさんある。群馬県川湯村の薄根川と川場谷沢の合流付近にある三本の滝は、切り立った岩石と滝壺のコバルトブルーの景観から、仙人が住んでいるという言い伝えがあり、「仙の滝」という名が付いたという。同県中之条町には、「仙の滝」と「大仙の滝」がある。前者の落差は一五メートルくらいで、これは仙人が発見したという伝説がある。後者の落差は約二〇メートル。

同じ群馬県草津町の「嫗仙の滝」は、落差約二五メートル、白根山の噴火によって出来た赤い岩肌に、白い水流が幾筋にも流れ、女性的な雰囲気が美しい滝と言われている。

山梨県高根町清里の大門川にかかる三本の滝は、上流の滝が「宮司の滝」、下流のが「大滝」で、中流の落差約二〇メートル・幅二〇メートルの滝が「千ヶ滝」と呼ばれている。長野県軽井沢町にも「千ヶ滝」があり、これは落差約二〇メートルの滝である。

同じ「センヶ滝」でも、山梨県の昇仙峡の最奥部にある滝は「仙娥滝」と書く。花崗岩の岩肌を削りながら落下する、落差三〇メートルの滝は、古代中国神話に出て来る美女・嫦娥にたとえて名付けられ、「日本の滝百選」に選ばれている。

広島県三原市には「白扇の滝」があり、山口県下関市には、「徳仙の滝」がある。

滝の名に「不動滝」が多いのは、修験道の信仰の普及から、滝の側に不動尊を祀ったためで、滝の形状を表す名称としては、白糸の滝・すだれの滝・布引の滝・玉垂の滝・裏見の滝などがある。

それらに負けずにセンの滝がこんなに多いのはなぜなのか。もちろん右に挙げたのはほんの一例にすぎず、本腰を入れて調べれば、大小まだまだ続々と出て来るはずである。

それを考える一つのヒントに、インドネシアのジャワ島のルマジャンという所の、秘境ともいえる山奥にある滝の名がある。標高五〇〇メートルの渓谷の中で、落差約一二〇メートルの高さを誇る。現地語で、「千の滝」という。「天国の欠片（かけら）」という、ロマンチックな別名もあるそうだが、景観は無数の糸を垂らしたように見えるという。

これは白糸の滝と同様な見方であり、名付け方である。白糸が「千」＝「無数」に垂れている滝という意味で、「千の滝」なのだろう。これを「線の滝」と解釈してしまうと夢がない。滝には自ずから備えている神秘性がある。それが線ではなく、千の糸になり、更には仙人を思わせる仙の字を当てたもの、と考える事が出来るのではないだろうか。

それが女性的な優雅さを備えると、「嫦娥の滝」になったり、「嫗仙の滝」になったりする。「嫗」は媼と同じ老女の事である。能楽に出て来る、物腰の優雅な仙女をイメージした名称であろう。

なお、筒井功氏の『日本の地名』（河出書房新社）では、長野県山ノ内・栄村境の大滝（おおぜん）をはじめ幾つかのセンのつく滝の名を例にあげて、これは「近づく・迫る」などの意味を表すセムの撥音便化したもので、「迫ったところ」「行き止まりの場所」を指して、（そこから落下する）滝をもセンといったのではないかと述べていることを付記しておく。

稲荷火（とうかっぴ）――今は見えなくなった「狐の嫁入り」

両神山の麓の旧両神村に生まれた私は、子どもの頃、時々、前の山の中腹にチラチラと続く、狐の嫁入りの火を見た。あれがそうだと言われて目を凝らすと、確かに小さな火らしいものが一列になって、チラチラと点いたり消えたりして続いていた。

その頃は竈（かまど）と囲炉裏（いろり）の生活だったから、鍋（なべ）や釜（かま）の外側に着いた煤炭（すすすみ）に火が点くと、チラチラと小さな火が点滅するものだったが、それをトウカッピといい、山の斜面に続く狐の嫁入りの提灯は、それを大きくしたようなものだった。

学校でも、体育の時間だったか、校庭の川向こうの北側の山肌にトウカッピが起こったことがある。先生がそれを見つけて、授業はそっちのけで、皆でそれに見入った事は小学校時代の忘れられない思い出の一つである。

『秩父の伝説』も、長瀞町井戸の聞き書き風の伝説を、「オトウカ」と題して載せている。

「井戸地区から荒川を隔てた西北西に当たる間瀬峠の稜線近くの山腹に、オトウカとかキツネの嫁入りとか呼ばれるものが見えたという。五つか六つの横一列に提灯の明かりがつき、ゆっくりと北から南に動いていった。
荒川の左岸からも、近くの里山の山腹に見られたという。この灯りが見えると、『キツネの嫁入りだあ！』といって子どもたちは外に飛び出していって眺めた。（略）」

トウカッピ・オトウカは、狐の嫁入りとか、キツネ火ともいうように、同じ現象である。キツネは稲荷様のお使いとされているから、稲荷神社には、狐の焼き物がたくさん供えてあるのを、よく見かけるところである。そのためにキツネは「おトウカ」と呼ばれた。

稲荷を音で読むとトウカである。おトウカの呼び方は主に群馬・長野・埼玉で、江戸時代に稲荷信仰が流行り出してからのことらしい。江戸の特徴として、「火事・喧嘩・伊勢屋・稲荷に犬の糞」といわれたほど、江戸市中には稲荷社が多かった。当時の滑稽本、『大山道中膝栗毛』（一八三三）に、「朝っぱらから江戸なかで、おとふ（う）かにでもつままれた人だアとおもって……」という一節があるように、狐に化かされたという話もたくさんあった。

狐は、『新訳華厳経音義私記（しんやくけごんきょうおんぎしき）』（七九四）に「野干（やかん）。倭語（わご）で岐都祢（きつね）、又狐」とあり、『和名抄』（九三〇）にも「射干（やかん）」があり、古くはこれが狐の別名であったようだ。『源氏物語』（一〇〇八頃）には、「もとより荒れたりし宮のうち、いとどきつねのすみかになり」とあり、『宇治拾遺物語』（一二一八頃）に出て来る狐は、「塚屋に子どもが」食べ物を欲しがって待っていると語っている。このように、狐は人里近くの山麓に穴を掘り、あるいは古墳や、無人になって荒れ果てた建物などにも棲むので、人との関わりは深かった。キツネの名称は、人家近くに来て寝るから、「来ツ寝」という解釈が古くからある。『日本霊異記』（七八七頃）第二話の、「狐を妻として子を生ま令むる縁」では、「来つ寝＝岐都祢」の語源説話を述べている。

その風貌や、夜になると押し歩く不可解な行動から、稲荷神の眷属などとして霊獣と見られたり、人に害をする狡賢い獣と見られたり、その見方は幅広いものがある。

稲荷神社と狐の関わりは、穀物の神である倉稲魂命の別名・御饌津神を三狐神と書き習わしたことから始まったという。関西では今でも狐はケツネである。

稲荷はもと京都の豪族・秦氏の氏神だった。『山城国風土記』（七二一頃）逸文＝京都地方の風土記の一部残っていた文書によると、秦氏は大変な田畑を持っていて、稲穀を貯えていた。あるとき、餅を的にして矢を射ったところ、餅はたちまち白鳥になって山の峰に止まり、そこに「稲生りき」＝稲が生えた。そこで、秦氏は白鳥＝稲穀の霊を「稲生社」として祀ったのが、後にイナリ社と呼ばれるようになったという。稲荷の「荷」はたくさんの稲束を担ぐという意味である。

本社は京都府伏見区にある伏見稲荷。この社殿に、和銅四年（七一一）二月の初午の日に稲生神が降臨したとされることから、毎年この日が祭日になっている。

平安時代になると、延暦一三年（七九四）、平安遷都直後に、京の鎮護として東寺が創建されることになった。その建設資材として、秦氏が稲荷山の木を寄贈したことから、稲荷神は東寺の守護神とされ、平安京全体に信仰が広まった。『枕草子』（一〇〇一頃）でも、「みこもりの神・加茂」と並べて「いなり」を挙げている。

弘仁一一年（八二〇）、東寺が空海に勅賜されると、真言密教の専修道場となり、稲荷信仰は、真言密教の奉ずる茶枳尼天（だきにてん）と習合した。茶枳尼天は白狐に乗っているとされることから、日本古来の三狐神（みけつのかみ）と重なって、稲荷神と狐の関係を揺るぎないものにした。

このように、稲荷神は五穀の守り神として、真言宗の普及と共に全国に広まったが、室町時代以降、日本の産業の中心が、農業から商工業へと移行するにつれて、稲荷様のご利益は、「五穀豊穣」から、「商売繁盛」へと変わり、更には福運・子授け・火防の神にまで幅を広げた。

商業の町であり、「火事と喧嘩は江戸の華」と囃された、江戸に稲荷社が多い由縁である。因みに、江戸時代の暖簾（のれん）を受け継ぐデパートの屋上には、必ずといっていいほどお稲荷様が祀ってある。

狐火を見せたり、時には人の家に火を付けてアタをするという狐が、火防の神にまでなるのは、信者の期待の篤さによるものである。いま、全国には四万社の稲荷社があるという。

私がかつて聞き取りを行った、皆野町の水上ことさん＝明治四〇年（一九〇七）生まれも、キツネの体験を次のように述べている。水上さんの家は沢の奥まった山の中で、前の山には狐穴というところがあると語っていた。

「私は子どもの頃、親戚に飯炊きに出されてね。そのころ、姑おっかさんが気が変になっちゃってね。狐が憑かってるって皆がいったけど、不思議なもんでねぇ、布団を干すと長い毛がいっぱいいたかってたんだよ。犬の毛のような、毛皮の毛が抜けたようなのがね。それでね、足駄の下駄を履いて、目の高さもあるような布団を干す竿の上を、ササッと渡るんだよ。

それを見た時はびっくりしたねぇ。布団干しの竿が揺れねえように、脇に添え木が打ってあるのを足場にして、ヒョイと登ったと思うと、竿の上をね、ササッと渡るんだよ。

その頃はこの辺に狐がいっぱいいてね。生まれた辺りじゃぁ、見たことはないが、ここへ来たら、夜なんどは公会堂の裏の角屋がえれえ賑やかだなあと思ったら、田んぼにいっぱい狐がいてね、聞いてはいたが、狐火がついたのは初めて見たよ。向こうの山の裾に一町くらい、いまじゃ何メートルっつうんだが、一町くらいの長さに点いては消えちゃ、それはきれいなもんだったよ。ピカピカピカッと一列にねぇ。

それで、ずいぶん化かされたもんだ。化かす時は狐が先に立って、狸は後に立つっつうもんだがね。後に立たれたときにゃ怪我をするって言われたもんだ。

平草のおミカさんという人が、皆野の魚屋に行って、帰りが遅くなって、一〇時半頃だったかさぁ。おカツさんの家で、助けてくんなっつう声がするんで出て見たら、おミカさんがバラ藪の中にいて、魚をみんな盗られてしまって、バラで引っ掻いた体になって出て来たことがあったよ。

そんな事がよくあったから、夜なんか、狐に憑(た)かれた姑さまが、洗い髪をバサッとしていられると、おっかなくて、一人でおしっこにも行けなかったねえ。

それでいて私には、バカだの、狐だの、狸だのって、悪態をつくんで、もう嫌になって家に帰るべえと思ったんだが、その度にお爺さんに、我慢して居てくれろって頼まれたから、仕方なく居たんだよ。

そのうちに、井戸の天野さんという神道様(しんとうさま)を頼んで、拝んでもらえば憑きが落ちるって聞いて、その通りにしたら、一日ごとに、一枚紙を剝がすように治ったんだから、不思議だいねえ。

姑さまは、治ったら、私に両手を突いて、謝ったいねえ。申し訳なかったたって。だから、当時は狐や狸に化かされる人がえらいたもんだよ。今じゃ、ほんとに考えられねぇことだいねえ。それが、今じゃ、その狐を襟に巻くんだからねぇ。えらい世の中になったもんだ」（拙著『秩父の女衆』）

どっちが、「えらい世の中」か分からないが、狐が仕返しに火を付けた話は、前出の『宇治拾遺物語』にも出ているから、かなり古くからの考え方と思われる。これも他の動物と違って、神霊をもった生き物と考えられていた証拠と思われるが、同書は、先の塚穴で子どもが待っている狐が人に憑いて、しとぎ＝米の粉で作った餅を食らった話も載せている。

これは、食らった残りを懐に入れたはずなのに、「失せにけるこそ不思議なれ」と、話を結んでいる。平草のおミカさんが、買ってきた魚がみんななくなってしまったという、不思議に通ずるものがある。

江戸時代には「王子の狐」が有名だった。当時、江戸郊外にあった王子稲荷には、大晦日の晩に全国の狐が集まって、官位を決めるという話が流布していた。何しろ、稲荷様のトップは、正一位という最高の官位をもつ、稲荷大明神なのである。

稲荷神が正一位というのは、神階を決めた『延喜式』に、京都で大きな勢力を持つ秦氏の力が影響していたことは確かだが、江戸時代になると、微妙に上方（かみがた）＝京阪神地方に対する対抗意識が働いて、江戸は江戸という思いがあった。

江戸の人々の思いには、伏見稲荷も、豊川稲荷も、笠間稲荷も一緒だった。江戸後期には、王子稲荷を勧進元にして、相撲の番付表に倣って、江戸市内の稲荷社の番付表まで作られていた。残された史料によっては、一〇六社の番付や八三社の番付、また、「百番付」などもあるという。これを東西の横綱・大関・関脇・小結から前頭まで並べて、話題にしていたというのだから、稲荷様の人気も相当なものである。

大晦日の晩には、大勢の人が王子に狐火を見に集まった。その火の燃え方で、新年の吉凶を占ったりしたというのだから、江戸でも農業神という意味も残っていたらしい。

江戸の俳人・与謝蕪村（よさぶそん）は人々のそんな思いを集約して、「公達（きんだち）に狐化けたり宵の春」と詠んでいる。春うらら、狐も浮かれ出しそうな、とぼけた味がある。

初めの、『秩父の伝説』所載の「オトウカ」の話は、結末を（略）にしたが、ここにその部分を転記すると、次のようになっている。「キツネの嫁入りの現象を見たのは、七十代後半から八十代以上の人たちである。時期は夏の月の出ない夜だったという」

私達は小学校の体育の時間に、北の山の中腹にそれを見て大騒ぎをしたのだから、「夏の月の出ない夜」とは限らないと思うが、「七十代後半から八十代以上の人たち」というのは、正にそのようである。

明治生まれの水上さんが、「今じゃ、狐（の毛皮）を襟に巻く」と、「えらい世の中」を嘆息交じりに語ったのは、昭和五七年（一九八二）のことである。その頃には前の山裾の狐穴も消えてしまい、若い人の間では、その地名も忘れられてしまっていた。

念仏坂(ねんぶつざか)――成仏のための念仏と、生きたいための念仏と

《秩父市の品沢を流れる沢を篠葉沢といった。なんでも、この篠葉沢が品沢という土地の名になったという事だが、その川辺に二つの池が並んでいた。でっかい方が大池で、小(ち)ちぃ方を小池といった。二つの池は底の方がつながっていて、大池の水が減れば小池の方から、小池の水がなくなれば大池の方から、水が入って行って、いつも水面の高さは同じになっていた。

その池の近くに、龍源寺というお寺があった。お寺では一人の若僧が修行に励んでいたが、毎日のようにお参りに来る村の娘を見初めて、いつしか二人はいい仲になった。

和尚さんは、初めは微笑ましく見ていたが、そのうちに娘は日に三度もお参りに来るようになり、若僧もソワソワと落ち着かず、修行もおろそかになってきた。和尚さんは見かねて、若僧をお寺の蔵に押し込めてしまった。

名僧になることを夢見て、ここまで励んで来たのにと、将来を悲観した若僧は、還俗(げんぞく)して娘と一緒になろうかとも考えたが、それも和尚さんに迷惑を掛けることになると思い直

した。若僧は悩みに悩んだ末に、いっそのこと、真っ直ぐにお釈迦様のお膝許に参って成仏することに心を決めた。

ある月夜の晩に、蔵を抜け出した若僧は、念仏を唱えながら、大池にまん丸く映っている月をめがけて飛び込んだ。これを聞いた娘は、次の晩、念仏を唱えながら小さな池の畔に来て、その池に映る小っちゃな月の中に身を投げた。哀れな娘は、この世では恋しい若僧と一緒になれなくとも、池の底を通って、あの世では一緒になれると信じていた。

それからは、月夜の晩になると、池の底から、二人のお念仏を唱える声が聞こえて来た。耳を澄ますと、その声は池の畔を巡って、大宮郷へ通じる峠の天辺にまでも微かに聞こえていた。

和尚さんをはじめ村人は、二人の成仏を祈って、この峠を通るときには、いつも念仏を唱えながら行き来していた。そのことから、いつしかこの峠は念仏坂と呼ばれるようになった》

念仏坂と呼ばれる坂は全国に数多い。北海道の様似町の海岸の奇岩を攀じて登る念仏坂の険しさは、伊能忠敬の『測量日記』(寛政一二年・一八〇〇)にも、詳しく述べられている。これは念仏を唱えて、仏の加護を求めたくなるほど、危険な坂道だという事である。

東京都北区赤羽北の念仏坂も、同じ思いから付けられた坂である。この辺りは荒川や新河岸川沿いの低地から、高台に登るための坂が多く、かなりの高低差のために、崖地に付けた斜めの道は、まさに崖っぷちの危険な坂道である。おまけに、関東ローム層の土質は滑りやすい。念仏を唱えたくなる所以である。

秩父市の札所二三番・音楽寺から二四番・法泉寺に至る巡礼古道にも、念仏坂という急坂がある。

東京都小金井市の前原町の念仏坂は、かつてこんもりとした森に囲まれ、周囲に墓地があって、夕方や夜間の通行は怖くて、つい念仏が口をついたと語られている。東京都新宿区の曙通りわきの念仏坂は、永井荷風の小説にも登場するが、小さい坂ながら名称の謂れは二つある。一つは崖っぷちの怖さであり、もう一つは坂の下に寺があり、日夜念仏の声が聞こえて来たからというものである。

全国に散在する念仏坂の由来は、だいたいこの三つに大別できる。難路による危険性から、近くの墓地などへの恐怖心から、近くの寺から念仏の声が聞こえて来る事によるという三つである。

その点からすると、この念仏坂の伝説はかなり物語性に富んだものと言えるだろう。因みに、この話の一部には異説もある。その筋書きは、若僧は己の身を恨み、松の木に首を吊ってしまう。娘は若僧を慕って、小池に身を投げたが、後に大蛇となって寺に出没したので、和尚さんはそれを苦にして入寂してしまう。村人は若い二人の成仏を願って念仏講を作り、供養した——、というものである。

池に身を投げた娘が大蛇に化身する話は、こうした伝説によくあるパターンである。このように何らかの禁忌によってなさぬ恋を、死でもって清算する話にはとかく怨念が付きまとうものだが、この念仏坂の話にはそれがないので、むしろさわやかな印象を受ける。

なお、念仏坂とほぼ同じ由来を持つ「念仏橋」も各地に見られる。小鹿野町両神の小沢口にある念仏橋は、戦国時代の甲斐・武田信玄の侵攻にまつわって語られている。

《武田勢は手向かう者は言うに及ばず、道案内を拒んだ村人など、従わない者は誰彼かまわず引っ捕らえて、小沢口の川原で首を刎ねた。刎ねた首は見せしめに、橋の近くに晒しておいた。村の人々は、橋を渡るときにはそこで手を合わせ、念仏を唱えたことから、念仏橋と呼ばれるようになった》

余談だが、この話から思い出すことがある。幼い頃、祖母に聞いた昔話の一つだが、《昔、薪を背負ったあるお爺さんが、うんこらしょっと坂道を歩いていると、鬼が出て来て取って食うぞと言った。お爺さんは恐ろしさにぶるぶるふるえながら、ナムアミダブツ〜ナムアミダブツと念仏を唱えた。

鬼はそれを聞いて、大笑いをしながら、何だ、その変な歌はと、お爺さんに尋ねた。お爺さんは震えながら、これを詠うと何でも願いが叶う、ありがたいお歌でござんすと答えた。鬼は、おもしろがって、そんならその歌を教えろ、お前さんを食うのはその後でいいと言った。

お爺さんは食われるのはずーっと後にすべえと思って、この歌は七反返(しちへんげえ)しと言って、ナムアミダブツを一三回ずつ七回繰り返して詠うと、ご利益が出るんだと、そう言った。鬼はいいことを聞いた、そうすれば、何でも願い事が叶うんだなと、そういって、早くその歌を教えろとせがんだ。

お爺さんが、いつもお念仏でやっているように、節を付けて、ナ～ム・ア～ミダ～ブツ・ナ～ムと詠い出すと、鬼も本気になって真似をして後に続いた。二人の声がだんだんでっかくなって、辺りの山にこだました。

こうやって、とうとう一三回を一区切りに、七回も繰り返して、お念仏は終わりになった。お爺さんは、お念仏を繰り返し唱えているうちに、だんだん心が落ち着いて来て、もう何も怖いものがなくなった。そこでお爺さんは、お約束だから、さあ、食ってくんなと言って、鬼の前に身を乗り出した。

すると、鬼はなんと、いつの間にか角がもげてなくなっていて、あの怖い顔はすっかり仏さんの顔になっていた。お念仏を繰り返しているうちに、仏様の功徳が身に回って、鬼は成仏して、三宝浄土に帰って行ったんだったとさ》。

だいたいこんな話だったが、これもどこかの坂にでもまつわる、法話だったのではないだろうか。

ついでに言うと、鬼が成仏して帰ったという「三宝浄土」は、「西方浄土」の間違いだろう。お婆さんが耳で聞いて、そう思い込んでいたのか、幼かった私がそう聞きなしてしまったのか、とにかく、「三宝浄土」という言葉はないのだが、何となくありがたそうに思って聞いた言葉なので、耳底に残っているままに記してみた。

尾坂（おさか）――テーマを忘れた伝説

皆野町金崎に尾坂という峠がある。この峠周辺は大変地盤の弱い所で、昔から何度も崩壊・崩落災害を起こし、地域の人々はその度に改修や通路の変更を余儀なくされていた。現在の通路になるまでは、少なくとも四回の変更があったようである。そして今では広い自動車道になっているが、昔は狭く曲がりくねった暗く寂しい峠道だった。

その峠の寂しさから生まれたらしい一つの伝説がある。

《昔の事、暮れ方になって一人の旅の男がトボトボとこの峠を登ってきた。男は頂上の近くまで来ると、急に腹が痛くなって、道端にうずくまってしまった。すると、そこへ緋の衣を着た白いひげの僧が現れて、「どうなされた」と聞く。僧は、額に脂汗を流して呻く男を見て、すぐに察して、男を横に寝かせた。

僧は手にした払子（ほっす）＝長い毛を束ねて柄を付けた禅僧の持つ法具で、男の全身を撫で擦（なですり）ながら、目をつぶって何やら呪文を唱えだした。すると、たちまちのうちに男の腹痛は消え去り、男はものに憑（つ）かれたように、半身起き上がった。男がお礼を言うと、僧はにっこりしたが、もう一度お礼を言って頭を上げると、もう、僧の姿はそこにはなかった。

旅の男は峠を下り、麓の茶屋に腰を下ろして、茶店の女将(おかみ)さんに峠であった不思議な話をした。その話はたちまち近所の評判になった。

それから幾日か経ったある日、茶屋に一人の修行僧が立ち寄った。僧は女将さんからその話を聞くと、「拙僧は修行の身。是非ともその高僧にお会いして、法話をお聞きしたいものだ」と言って、何とか会う手立てはないだろうかと相談した。

女将さんは、「裏の家のお婆さんが、夕べから歯が痛くて苦しんでいるから、峠の頂上まで連れて行けば、そのお坊さんが出て来るかもしれない」と言った。修行僧は喜んで、お婆さんを背負い金剛杖を突いて尾坂の峠を登って行った。

頂上に着くと、二人は道端に腰を下ろした。お婆さんはまた歯の痛みが激しくなって、押さえ押さえしながら呻き声を漏らしていた。

修行僧が目がくらむような不思議な感覚に襲われ、一瞬もうろうとした後に、ふと我に返ると、目の前に白いひげを生やした緋の衣の坊さんが立っていた。

「いかがいたした」と、坊さんはお婆さんの顔を覗き込んで静かに尋ねた。お婆さんが、夕べから歯が痛くて苦しんでいると答えると、坊さんは、「それはお困りじゃな。すぐに治して進ぜよう」と言うなり、手にした払子でお婆さんの頬を撫でながら、呪文を唱えた。

そのとき突然、修行僧は手にした金剛杖で坊さんに殴りかかった。「ギャ」という悲鳴とともに、坊さんは白い煙に包まれたと見る間もなく、白い煙はたちまちのうちに森の中に消えて行った。

修行僧も後を追ったが、すぐに見失ってしまった。修行僧はお婆さんを背負って茶店に戻ると、峠に棲む妖怪を退治してきたと語った。その後、峠で緋の衣の坊さんを見かける人はいなくなったという》

聞いていて、どうも釈然としない話である。たぶん語られているうちに、話が擦り切れて、こんな話になってしまったのだろうが、何を伝えたいのか意味が分からない。

第一、妖怪退治なら、妖怪は人に悪さをしなければならない。悪さをしたり、困らせたり、それなら退治されるのも、聞き手はもっともなことだと納得するのだが、この妖怪は人の苦しみを救っている。

子どもが聞いたら、「何で、お婆さんの歯の痛みを治してくれるのに、お坊さんを殴ったの？」と、聞き返されるだろう。祠を建てて祀られたという話なら分かるのだが、何で修行僧に退治されなければならないのかと、子どもでも不思議に思う話である。

この手の話なら、緋の衣の狸か狐が人を化かし、困らせて楽しんでいたのを、法力を持った修行僧がやって来て、知恵比べのあげくに、逆に騙してやっつけたというのが普通である。

そして、「呪文を唱えている坊さんの尻を、金剛杖で横殴りに殴りつけた。坊さんはギャッと叫んで飛び上がった。坊さんの回りは白い煙に包まれ、やがて煙が収まると、坊さんの姿はなく、そこには太い狸の尾っぽだけが残されていた。それから誰言うとなく、この峠は尾坂と呼ばれるようになった」とでもすれば、りっぱな地名伝説になるところである。あるいは、元はそんな話ではなかったかと思えてくる。

この尾坂だが、元は御坂だったのに違いない。大正三年（一九一四）、秩父鉄道は、宝登山駅＝現・長瀞駅から荒川に鉄橋を渡して、皆野駅を経て大宮駅＝現・秩父駅まで延長した。上長瀞駅が出来たのはその翌年の事である。

この延長計画は、初めは宝登山駅から、その先の今は廃線となっている金崎駅を経て、そこから尾坂を越えて、出来たばかりの秩父新道の大淵〜赤平川に鉄橋を渡して尾田蒔〜大宮町＝現・秩父市というものだった。このことからも当時の尾坂が交通上、重要視されていたことが分かるが、尾坂地区の地盤の軟弱性から、この鉄道敷設計画は断念せざるを得なかった。

こんな因縁を持つ尾坂のことだから、過去四回も崩落や地滑りによって、通路を変更せざるを得ず、通行人は雨や雪でも降る度に危険を感じて、祈るような気持ちで通ったことだろう。形は変わってしまったが、峠の妖怪伝説はそんなところを背景に生まれたものだろう。

『新編武蔵風土記稿』は尾坂と書いて、江戸時代からそう表記していることが分かるが、明治の埼玉県議会の尾坂改良計画の文書には、「小坂」とある。地元の陳情書にそうあったのだろうか。

尾坂でも小坂でも、たぶん元は御坂＝オサカ・ミサカだったに違いない。それは古来、日本人がもつ、異郷との境界を画す坂の神秘性や、自然の偉大さに対する畏怖を含んだ信仰心から来た呼び名である。したがって、これは坂を崇める普通名詞が、その坂を指す固有名詞的なものになったと言えよう。

古代の人々が足柄の御坂と崇めたのと同様に、様々な形で行く手を阻む荒ぶる神の住まう金崎の坂を、人々が怖れと祈りを込めて、オサカ＝御坂と呼び習わしてきたのは、自然な心の表徴だったのである。

なお、尾坂峠といわずに、いまなお、オサカで通しているのも珍しく、興味のあることである。山国日本は、交通上、峠だらけである。そのために、山を上ったり下りたりすると書く、「峠」という和製漢字が作られたほどである。

それまで「○○坂」で通っていたものに、峠の字を加えて「○○坂峠」と言い出したのは室町時代以降の事である。「足柄の御坂」が「足柄峠」になり、「雁坂」が「雁坂峠」になった。それが一般的となったなかで、いまなお、「尾坂」で通しているのは稀有な事であり、歴史的な言い方として、尊重すべきことだと思う。

きんまら祝儀——生産予祝の性信仰

《昔、子どもが生まれなくて困っていた夫婦が、子どもをお授け下さいと、神仏に祈っていると、ある晩、二人はそろって夢を見た。夫の夢には勢至菩薩が現れて、明日の朝、起きたらすぐに妻と共に下の河原に行って、鶺鴒が止まっている石を、家の近くに運んで祀るがよいと告げた。妻の夢には弁天様が出て来て、明日の巳の刻＝午前一〇時頃、夫と一緒に下の河原に降りて、鶺鴒が止まっている石を運んで、家の近くに祀るがいいと言って消えた。

二人は朝起きて、夕べ見た夢を話し合って、これは正夢に違いないと言って、早速、二人して下の河原に降りてみた。すると、半分砂利に埋もれた丸太のような形をした大石の上で、鶺鴒がピコピコと尾羽を振って止まっていた。

二人は勢至菩薩様のお告げ石はこれに違いないと言って、砂利から掘り出して見ると、見事な男根の形をした石棒が現れた。二人は急いで家に運ぼうとしたが、重すぎてとても運べたものじゃない。仕方がないので、近所の衆に頼むと、珍しい形をした石なので、皆喜んで家の近くまで運んでくれた。

そうこうしているうちに巳の刻になったので、二人はまた河原に降りた。すると、さっき掘り起こした穴のすぐ傍で、半分砂に埋まった平たい石に、一羽の鶺鴒が止まって、さっきのように尾羽をしきりに振っていた。おお、これだとばかりに、二人でやっと掘り起こして見ると、なんとそれは女陰の形をした平石だった。二人は驚いたが、これもとても重いので、また、近所の衆に手伝ってもらって、やっとのことで家の近くに運び上げた。

近所の人達は、二人の夢の話を聞くと、それなら二つの石を並べて祀るのがいいだろうと言って、平石には「巳日待供養塔」と刻んで、並べて祀った。夫婦はそれから日夜お祈りを捧げていると、ちょうど十月十日の晩に、玉のような男の子を授かった。

夫婦はもとより、村の人達も喜んで、それからは勢至菩薩を祭る二十三夜待には男衆が、巳日待には女衆が、村中で集まってお日待を続けている》

小鹿野町黒竹地区で行っていた、お日待の由来である。二十三夜待は月待講とか三夜様ともいって、陰暦二十三日の夜、月の出を待って祈る行事である。月の満ち欠けは日時の推移を知る手段であり、女性の生理と関わって安産の信仰と結びつき、主に女性の日待となっていることが多い。

女性の地位が低かった時代、月に一度か、年に何度とかのお日待は、信仰行事なので、この日ばかりは口うるさい姑さまにも憚ることなく、日待宿に出かけることが出来た。特に二十三夜は月の出が遅いので、深夜まで待つことになる。そのために、女衆だけの集まりはくつろいで、ときには浮世草紙の『新色五巻書』（一六九八）の「廿三夜待は女中の友りんき」というように、仲間同士の情事を嫉妬して話題に乗せるというような場面もあった。

安産信仰から、子宝に恵まれるという意味で、あるいは作物の生産性と結びついて、この日待が男の日待に移行することもあった。ここの日待はその例である。なお、昔の農村では夜なべ仕事は日常的なものだったが、この地区では、「二十三夜様には休むものだ」といわれて、日待のないその夜には早寝が推奨されていたというのも、示唆的な話である。

女衆の巳待は己巳の日、巳の時刻に行う、弁財天の祭りである。その時刻を待って弁天様を拝むと、お姿が現れ、それを拝んだ人は幸運に恵まれるという。子どもを願う人は子宝に恵まれ、病弱な子は丈夫に育つのである。

弁天様のご眷属は蛇である。蛇は脱皮するところから、罪や汚れを払うとか、生まれ変われるという信仰がある。弁天様を拝んで白蛇を見かけたり、脱皮した殻を財布に入れておけば金運に恵まれるともいう。弁天様はいつでも池の傍に立つ。水は命の源である。

縄文時代の石棒に見るように、男根は命の泉・生産性の象徴として、古来、素朴な信仰の対象だった。時には野に立つ神として、時には神社の御神体として、自然石や加工して仕上げた立派な石像・木像が、金精様とかきんまら様などと呼ばれて、各地に祀られている。

栃木県・日光の金精峠の名の由来は、勝道上人が日光開基の折に、その地の最高峰に男体山と名付け、この峠に金精神社を建てたことによるという。岩手県遠野市では、かつて各家庭で金精様を祀っていたことが、柳田國男の本によって有名になった。しかし、明治の廃仏毀釈政策によって、こうした民間信仰は、「淫祠邪教」のレッテルを張られて排除され、破棄されたり、捨てられたりして、数が少なくなった。

遠野市では昭和四七年（一九七二）の砂防工事の折に、河川に埋もれていた一・五メートルもある巨大な石棒を発見して、これも明治維新のときに捨てられたものだろうと話題になった。それが今、遠野市を代表する「山崎の金精様」である。この例祭は五月五日の子どもの日。地域の子ども達が、神輿を担いで子どもの生まれた家を回って、無病息災を祈る。

祭りの古式を残していると思われるのが、新潟県長岡市下来伝地区で行われている、「ほだれ祭り」である。社殿の脇に立つ大人二人でも抱えきれないほどの杉の大木を見れば、かなり古い神社と思われるのだが、紅白の幔幕を吊り上げた中央に、「ほだれ大神」

の額を掲げた素朴な社殿の中には、御神体として、重さ六〇〇キロ、高さ一・五メートルという、磨き上げられた木製の男根像がそそり立っている。境内にも、大杉の根方などに、大小何体もの石棒が立ち並ぶ。

祭りは三月の第二日曜日。廻り念佛と習合したものか、あるいは、二つの行事を一日で済まそうとするものか、初めは、「大数珠繰り（おおじゅずく）」といって、大きな数珠を大勢で担いで地域を練り歩き、その房で人々の頭をなぜて、無病息災を祈る。

それが済むと、氏子たちの手で、大杉に巻いた注連縄（しめなわ）を新しいものに取り替える。新藁で作った重さ二〇〇〜三〇〇キロの注連縄というから、並大抵のものではない。続いて神前に集まり、神官を中心に型通りの祭典。終わると、神前に据えられた酒樽の前に、この一年の初嫁たちが揃って鏡開きである。

御神酒を頂いて景気付いた若衆達が、御神体の巨根を担ぎ出し、四〇〇キロの台座に合体させる。横たわった巨根に初嫁四〜五人ずつが跨る（またがる）と、大勢の若者がこれを神輿風に担いで、法螺貝と太鼓の音に合わせて、子授けと安産を祈りながら、境内を一周する。境内では、この日限りという、棒付きのアイスキャンデー風の、男根そっくりの飴の店が出るという、念の入れ方である。

金精祭りの古い様式を思わせるが、「ほだれ様」は「穂垂れ様」で、五穀豊穣を祈ったものと考えられる。愛知県小牧市の田縣神社（たがたじんじゃ）のこれと似た祭りは、ずばり「豊年祭」である。祭日は三月一五日。木曽檜で作った直径六〇センチ、長さ二メートル余りの、反りかえった男根様の御神体を神輿に載せ、お旅所から田縣神社まで厄男達が担いで、五穀豊穣と子授けを祈願する。

「淫祠邪教」の弾圧に耐えてよくぞ残った祭りと思うが、それ以前にはこのようなおおらかな民俗信仰は、全国的に行われていた。近代国家へという、短絡的な国策の強行が、方言を悪い言葉として消滅させたと同様に、土俗的な信仰も急速に消し去られた。土俗信仰は潜伏キリシタンのような確信的なものではなかったから、当時の一般的な感覚からすれば、政府＝お上から、「悪」のレッテルを張られれば、悪と認識せざるを得なかった。そのために記録さえ残さず、記憶があっても、「恥」として語ろうとしなかった。

　そのなかで、私の手元で言えば一つだけ、小鹿野町教育委員会が採録した、貴重な証言がある。『小鹿野の言い伝え・昔ばなし』（一九七四・ガリ版刷り）の「きんまら祝儀」という聞き書きである。所は町内の三ヶ原地区。日待の由来を伝える黒竹地区に隣接する集落である。

「昔、今から七十年ほど前まで、三ヶ原部落では〝きんまら祝儀〟というお祝いを正月十四日の晩にしたものです。

これは、その年の正月十四日までに祝言をあげた若夫婦のために、親戚や部落の人たちが大ぜい集って、夫婦仲よく、体もじょうぶで、子宝にも恵れるようにと祈ってお祝いし合う行事です。

その晩、若夫婦の家に集る人々は、手づくりの野道具やお勝手道具を大きな籠に入れて背負いこんできて、若夫婦の家に贈るのですが、その贈物の中に〝きんまら〟があるのです。これは、おっかぞという木の大木で作った、たくましいばかりの男性の性器なのです。祝儀の最中に、年寄りのおばあさんは、このきんまらを前掛けにくるんでお嫁さんにさし出し、お嫁さんははじらいながらそれをありがたくいただくのです。

それからがたいへんです。若衆も老人もきんまらを手にふりかざして座敷じゅうさわぎまくり、男女の一座はみんな笑いこけるのです。遠く河原沢の方からも見物人が集まってきて、それはにぎやかなものでした。

なお、つけくわえると、この席のご馳走には豆腐のおからで巧みにつくりあげられた女性の性器も出され、みんなでそれをおいしくいただくという念の入れようだったそうです」

この日の小正月の物つくりでは、おっかぞ＝ぬるでの木で削り花や野道具の模型・粟(あわ)穂(ぼ)・稗穂(ひえぼ)などを作って、神棚や田畑の隅に捧げて豊作を予祝する事は、全国的に行われているのだが、秩父ではこのとき、やはりおっかぞの木で男根の模型を作り、井戸に飾る風習があった。涸れる事のない井戸を女性に見立てて、そこに男根を差し込むことによって、豊穣を予祝する古くからの行事である。おそらく、もっと古くはこの晩、三ヶ原ばかりでなく、各地でそのような仕来りが繰り広げられていたのだと思う。

　なお、節分の夜の豆撒きの後で、夫がおっかどで作ったきんまら様の棒を持ち、妻が箕（み）を抱えて、夫婦して座敷の囲炉裏の周りを踊り回るという風習が、戦後まで残っていた地域があることも聞いている。三峯神社に伝わる節分祭の「ごもっとも様」の仕草も、この風習を残すものといえるだろう。

　これらの行事はすべて、古来有名な筑波山の歌垣にもつながる、生産予祝の行事と考えられる。黒竹の日待伝説は、それら子授け・安産・五穀豊穣という、すべての生産活動の活性化を祈り・願う気持ちを、語り伝えるものだったのである。

粥仁田峠の榛名の池の大蛇伝説——夏の夕立による土石流

粥仁田峠は、皆野町三沢から東秩父村へと越える峠である。峠越えの旅人がここで粥を煮たから、粥煮た峠だという人もいるが、江戸時代の、『新編武蔵風土記稿』では、「皆新田峠」と書いている。何度も言うが、地名を考えるとき、漢字の表記にはこだわらないことである。

因みに、同書では「路幅、凡七尺。大宮＝現秩父市辺より川越通り江戸街道なり」と記している。当時の峠道で、道幅が約二メートル余りもあったというのだから、人馬の往来がかなり多い、重要な峠だったことが予想される。

明治一七年（一八八四）の秩父事件のとき、官憲が川越方面からこの峠に向かって進撃しているという報せを受け、落合寅市を隊長とする困民党の一隊が、荷車に花火を打ち上げる木製の大砲を積んで、この峠を駆け上ったという話からもこの峠路の整備がうかがえる。

寅市は後に捕らえられ、裁判所で尋問を受けたとき、この峠を、秩父弁で「けーにた峠」と答えている。尋問調書では、当てる漢字が分からなかったらしく、供述通りに、「けーにた峠」と記している。

三沢から峠に登っていく途中に、畔に榛名神社を祀った小さな池がある。名付けて榛名の池である。自然に出来た湧水の池なので、地元では雨乞いにもこの水を使っていたが、この池には次のような伝説がある。

《峠の池の畔は旅人のいい休み場だった。けれども、この頃、池に棲む大蛇が時々顔を出すという噂が広がり、旅人は休むどころか、なるべく足早に通り過ぎるようになっていた。

それを聞いた、三沢に住む弓の名人と、風布のこれまた負けず劣らずの弓の名手が、大蛇退治に乗り出した。

夏の蒸し暑い日だった。朝からよく晴れていたが、こんな日には午後になると、大蛇が顔を出すことが多かった。三沢の男が榛名の池の真向かいの大霧山に陣を取ると、風布の男は二本木峠にほど近い愛宕山まで出張って来て弓を構えた。

昼過ぎまで暑い日差しがギラついて、池の面は静かにそれを照り返していた。午後二時を回った頃、突然強い風が吹いたとおもうと、池の真ん中に水柱が立って、池の主ががバッと姿を現した。

待ち構えていた二人の男は、一斉に矢を放った。ところが、二本の矢は大蛇の頭上でぶつかり合い、跳ね飛んで下の谷底へと落ちて行った。二人は急いで二の矢を放った。すると、三沢の矢は大蛇の右目に、風布の矢は大蛇の左目に見事に突き刺さった。

池の水が音たてて浪立ち、水面が大きく揺れたと見る間もなく、空は真っ黒な雲に覆われ、雷鳴と共に激しい雨が降って来た。度々光る稲光が、真っ赤な血に染まってのたうつ大蛇の姿を映し出した。

大粒の雨に、池はたちまちのうちに溢れて、深い谷側に向かって滝のように流れ出した。その水に乗って、大蛇はのたうちながら谷底に向かって降りていった。大蛇が出た池の縁は崩されて、池の水はほとんどなくなってしまった。

その後、村人は相談して、池がなくては困るが、あまり大きな池にして、また大蛇が住むようになっても困るからと、大蛇が壊した池の縁を少しだけ修復して、小さな池に仕立てることにした。

そうして、大蛇が破った池の水が流れだした沢を、「いっとき沢」といい、二人の矢がぶつかって落ちた淵を、「矢関」と呼ぶようになったんだと》

大雨などによる突然の大水を、秩父では「いっさん水」とか、「いっとき水」と言う。「いっとき沢」は、大水が一時に流れて谷幅を広くした沢とか、普段はほとんど水のない涸れ沢で、大雨の時だけ流路になる沢という意味である。また、「矢関」は「谷堰」で、谷水のたまる淵の事である。

「夏の蒸し暑い日。こんな日には午後になると大蛇が顔を出す」とは、こんな日には午後になると大夕立が来るという事である。二人の男の放つ矢は稲光を表している。たちまちのうちに溢れた水が池の縁を壊していっさん水になって涸れ沢を走る。これを大蛇がのたくる姿に見立てた話である。

山腹の窪みに出来た崩れやすい溜まり水は、歴史的に見れば何回も崩壊・激流の惨事を起こしたものと思われる。その現象を、一般的には水の神＝大蛇の仕業と考えて、「蛇喰え」「蛇崩え」「蛇抜け」などと言った。ここではその言葉は遺っていないが、大蛇が引き起こした現象としているところは、それと同じ思想である。その現象と、地名とを結びつけた、巧みな伝説と言えるだろう。

なお、いま粥仁田と書いている峠は、落合寅市がいうように地元ではケーニタで、その地質や形状を見ると、おそらく元は「崩えニタ峠」である。水が湧きやすく、伝説通り崩れやすい峠という意味である。

ニタはヌタ・ノタとも言って、湿地帯の事である。猪のヌタ場は、猪が体に付いた虫などをこすり落とす湿地帯をいう。そこで七転八倒する様子を、ノタクル・ヌタクルなどという。料理のねばねばした葱ヌタなども、同類の語である。

榛名の池のようにちょっとした窪地に湧水が溜まることを見ても、この峠一帯が水の湧きやすいニタ地帯であることは明らかである。

太郎落し淵（たろうおとしぶち）——秩父のヤマタノオロチ伝説

秩父市荒川の太郎落し淵の大蛇伝説は有名で、いろいろな本で紹介されているが、ここでは、『荒川村の民話と伝説』（平成四年・荒川村教育委員会）の「太郎落し淵」から引用してみよう。

《この渕は昔から大蛇が住んでいると言われておった。この大蛇は時にはシモヨケ渕から大反山の山腹を横ぎり、浦山川の雄釜（おがま）、女釜（めがま）に遊び、更に名栗の清泉寺という寺の池に回って遊んでおったと言われている。

或る時、村人の万造は、山開き前に大反山に草刈りに出かけた。村人はまだだれも入っていない山だから、道の両側に茂った草木を分けながら「やっぱり来てよかった、こりゃあ、ええ餌になるぞ」と独り言を言いながら、山に登って行った。

山についた万造は、まずひと息いれて仕事にかかろうと思い、タバコに火を付けて、「フー」と気持ちよさそうに煙を吐いておった。そして、いよいよ草刈りを始めようとした時だった。

前方二メートルほど先の草木が、波のように揺れておるのに気が付いて、不思議に思いながら草ムラをのぞいて「アッ」と驚きの目をみはった。

そこには一匹の大蛇が、とぐろを巻いておったのだ。大蛇は、人の気配にかま首をもたげて、鋭い眼を万造の方に向け、火のような赤い舌をのぞかせておった。

万造は真ッ青になり、心臓が今にも飛び出しそうなほどだった。「早く逃げねば危ねえ！」と、気持ちはあせるのだが、大蛇を刺激しないようにと思って、必死に恐さをおさえながら、じわりじわりと後ずさった。

いま大蛇がかま首をサッとのばしたら、万造は間違いなく餌食になってしまうだろう。十センチ、二十センチと離れていく万造を、大蛇はじっとにらみつづけている。

と、その時、草ムラの中で、大蛇の尻尾がスルスルと動いた。万造は思わずギクッとなって、息をのんだ。だが、大蛇はそれ以上動く気配はなかった。やがてかなり離れたところで、万造は一ッ気に立ち上がると、夢中で山道を駆け下りた。

それは走るというより、まるで転がり落ちているように見えるほどだったが、やがて走ることも出来なくなった万造は、激しく肩で息を吐きながら、恐怖のまなざしで後ろをふり向いた。

幸い、大蛇が追って来る気配はなかったので、ドカーッと草ムラに仰向けになり、息が楽になるのを待った。「危ねえところだったなあ……おら、もうダメかと思ったでや……」

それからしばらくして、呼吸も落ち着いてきたので、万造は半身起き上がり、腰のタバコ入れに手をかけた。そのとたん、「うわあーッ」と叫んだ。

見れば、大蛇が矢のような速さで向かって来ておった。万造ははじかれたように、無意識でそばの樹の枝に飛びついた。それとほとんど同時に、大蛇が異様な匂いをさせながら、風を巻き起こし、草や雑木をなぎ倒して走り過ぎていった。

万造は目玉を白黒させて、口から泡を吹き出してふるえておったが、急いで飛び起きると、再び転がるように山道を駆け下りて行った。

こうして、やっとの思いで村に逃げ帰った万造は、恐怖と興奮でまだガクガクふるえながら、人々に大蛇のことを告げようとわめいたが、みんな笑うばかりで誰一人、本気にする者はいなかった。

だが、そのうちに、「それじゃ、俺達で確かめてみべえや」ということになり、翌日、四、五人が万造の言った山に登って驚いた。万造の言った通り、大蛇が通った跡の草木はなぎ倒されて、枯れておった。人々は今さらながら、大蛇のモノ凄さを思い知ったのである。その大蛇の道は、ハッキリと「太郎落し渕」へ続いておった。

「太郎落し渕の主だったんべ！」、「ん！　やっぱりこの渕の主は、大蛇だというのは本当だってでや」と言いながら、静まり返っている渕をのぞき込んで、思わずブルブル！　と首をすくめて、身ぶるいしたのだった。

それからというもの、「太郎落し渕」は大蛇の住かであることを、土地の人々は誰もうたがう者はいなかった。

だから夏、干ばつで困り果てた時には、雨乞いにお寺の坊さんが渕に行って、読経三昧にふけるのだが、それでも効果のない時は、木を切り倒し、岩を転がして渕に投げ入れると、たちまち雷鳴が起こり、大雨が降りだすということが、今に言い伝えられているのである》

荒川・安谷川の「太郎落し淵」の大蛇伝説だが、要は、この淵には雨乞いに霊験のある、偉大な力を持った主が住んでいるという話である。池や沼や淵あるいは滝などに住む大蛇や龍の類話はたくさんあるが、それにしては、この話は雨乞いの霊験の結論に至るまでの経過が長すぎる。そこで注目したいのは、村人・万造が見た大蛇の行動である。

ここには淵が溢れた時の、つまり谷川の洪水の様相が、大蛇の動きになぞらえて、つぶさに描かれている。万造が初めに見た大蛇は、普段は危険な様相は見せながらも、静かに水をたたえている淵のたとえである。

ところが、「大蛇は風を巻き起こし、異様な匂いを発すると」＝この淵はいったん強風を伴った台風や嵐がやって来ると、崩れた土砂などを含んだ濁流となって、異様な匂いを発しながら、「草や雑木をなぎ倒して走り去っていった」＝川幅を広げ、谷筋の草叢や木々をなぎ倒して流れ去っていった。

記紀神話の、スサノオノミコトの八岐大蛇退治の話を、想起させる描写である。神話では、天ツ国を追放されたスサノオが、出雲国の簸の川の畔に降り立つと、一人の娘を囲んで嘆く老夫妻に出会う。訳を聞くと、私達には八人の娘がいたが、毎年今頃になると山の方から八つの頭を持った大蛇が出て来て、娘を一人ずつさらっていく。今年もそろそろ出て来る頃なので、最後の一人を奪われるのかと思って、こうして悲しんでいるのだと言う。スサノオが八つの甕に酒を用意させて、八つの頭を持った大蛇が酔ったところを退治して、その尾から天叢雲剣を取り出した話はご承知の通りである。

老夫妻が言う、「この頃になると、山から八つ頭の大蛇が出て来て、次々と娘をさらう」というのは、「秋の実りの頃になると、毎年台風で山から洪水が押し寄せ、まだ治水工事の整っていないこの平地に出ると、濁流が幾筋にも分かれて流れを作り、たくさんの稲田を荒らしていく」ということである。

八岐大蛇は田畑を荒らす洪水を表し、娘は奇稲田姫の名が示す通り、美しく稔った美田のことである。なお、八人の娘・八つの頭の八という数字は、たくさんとか無数という意味で、たくさんの美田と、幾筋もに分かれて流れる濁流を表している。

近年、長梅雨や大型台風による水害が、各地で起こっているが、テレビなどで俯瞰(ふかん)した映像を見ると、堤防を破って流れる濁流は、まさに八岐大蛇そのものである。

大雨による崖崩れや地滑りが起きるときには、その前兆として、まず、小石がパラパラと落ちるという。それから、腐った沼地の水のような異様な匂いが漂うものだという。万造が感じた異様な匂いとはそれであり、本書の序文に記した、地主さんの言う「猿の小便」の臭いに一致する。

初めのうちは笑って聞いていた村人達も、万造の真剣さにうたれて、淵を見に出かける。そこで見た、大蛇が走り去った跡は、無惨になぎ倒された草木が枯れていた。これこそ洪水の去った後に残された、殺伐とした風景である。何もかも飲み込み押し流した洪水が残すものは、川の中に座る大岩や、皮を剝かれて裸になった倒木と、それに引っ掛かっている枯れ枝と、川岸に靡き伏している枯草だけである。

この伝説は、太郎落し淵の主の雨乞いの霊験だけでなく、谷川の土砂崩れを伴った洪水の恐ろしさを、伝えようとしたものである。もしかしたら、元は二つの伝説を一本化したものかと思えるほど、洪水の伝え方がリアルであり、雨乞いの方は取って付けたような感じさえ受けるのである。

（引用の「太郎落し淵」所収の『荒川村の民話と伝説』は、秩父市に合併する前の平成四年に、荒川村誕生五〇周年記念特輯として発行されたものであり、著者は山田えいじ氏である）

蛇崩（じゃぐえ）――土砂災害警告伝説

前項の話と似たものに、『秩父の伝説』採録の「塚山の湖」（秩父市太田部）という伝説がある。概要を記すと――。

《昔、塚山の大塚神社の傍に美しい湖があった。この水は麓の人々の大切な飲み水となっていた。

いつの頃からか、この湖で白蛇が泳いでいたとか、湖の真ん中で大蛇が顔を出していたとか、いろいろな噂が流れて、人々は気味悪がって、湖から流れてくる水を使わなくなった。

ある年の冬、これまで凍った事のない湖が凍り、水も流れなくなったが、春になるとその氷が溶けて、湖水が勢いよく流れ始めた。そこに降り出した雨が七日七夜も続いたので、湖水は増水し、沢の水は溢れて噴き出すほどになった。八日目には雨は止んだが、黒雲が村を包み、雷鳴が轟き、湖の水は滝のように溢れだした。

そのとき、湖面の真ん中が泡立ったかと思うと、そこは真っ二つに割れて大蛇が現れ、炎のような口を開けて唸り声をあげた。村人が驚き慄(おのの)いているのをよそに、ひときわ大きな雷鳴が轟いたとみるや、湖岸が崩れて濁流が滝となって流れ落ちた。このとき大蛇は竜となり、溢れる湖水とともに沢を伝って、のたくるようにして降りていった。

人々が呆気に取られて見ていると、湖水がみんななくなる頃には青空が広がり、竜の姿になって降りて行った沢は、一直線の広い堀になっていた（いま、地元では、この堀を蛇(じゃ)崩(ぐえ)の堀と呼んでいる）》。

これは、いつか山腹の湖が破れた事実を伝える伝説だと思われる。これによく似た伝説が秋田県にある。五城目町蛇喰地区に伝える、次のような伝説である。

《昔、この土地のずっと上流の山の中に、地滑りによって堰止め湖(せきとめこ)が出来た。いつかこの湖に一匹の蛇が棲みついた。蛇はだんだん成長して、やがてこの湖が狭苦しくなってきた。蛇はこの川の下流に八郎潟という大きな湖があると聞いて、いつか移り住みたいと思っていた。けれども、既に大きな体になっていたので、とても川の流れに沿って下るわけにはいかなかった。大きくなった蛇は、いつかは大雨が降る、その時がチャンスだとばかりに、その日をじっと待っていた。

あるとき大雨が続いて、湖水がじわりじわりと溢れだした。大蛇はこの時とばかりに、一気に堤の土手を破り、大波に乗って村々の田んぼや家々を押し潰し、のたくりながら八郎潟を目指して下って行った。大蛇が通った後の村の人々は、村を大蛇に喰われたと言って、この辺りを蛇喰（じゃぐえ）と呼ぶようになった》

蛇喰はジャグエ・ジャグイ・ジャバミといって、山や崖、川岸や土手などの崩壊または地滑り現象を言う古い言葉である。また、蛇崩（じゃぐえ）とも書く。

同じ太田部の楢尾地区には、「蛇喰（じゃぐえ）」から村人を救ったお諏訪様の霊験譚が語られていた。

《昔。その年の梅雨はいつになく大雨だった。雨で仕事のできなくなった楢尾の人々は、こぞって、諏訪神社に雨止め給えと願をかけた。

ある朝の事、雨が止んだので、人々はお諏訪様に、お礼の御参りに集まった。そこへ一人の見馴れぬ老婆が現れて、「蛇喰が来るぞ。皆々、早々に諏訪の窪に逃げるがいい」と告げて、ふっと消えた。

人々は、これはお諏訪様のお告げに違いないと言い合って、手分けして村の家々に触れ回った。村人がみんな諏訪の窪に集まったとき、裏の山が急に膨れ上がったように見えると、すさまじい音を立てて崩れ出した。崩れた土砂は家も畑も巻き込んで、下の谷川へとなだれ落ちて行った。

諏訪の窪に集まった人々は、みんな青ざめて、震えながらその様子を見ていたが、お陰で、村人は誰一人怪我をする者もなく、全員無事で喜び合った。人々は、あの老婆はお諏訪様の化身に違いないと言って、社殿を再建し、盛大にお礼のお祭りを催した。お祭りは年中行事として、いまに続いている》

蛇喰（じゃぐえ）とは蛇喰（じゃばみ）ともいうように、昔の人が、土砂崩れや地滑りは、大蛇の仕業と考えたための表現である。各地にある古い地名だが、例えば利根川その他幾筋もの河川を擁する深谷市を見ると、利根川筋の北阿賀野地区には「蛇喰（じゃくい）」、福川筋の岡下地区には「蛇久恵（へびくえ）」という小地名がある。「久恵」は好字化を求めたものだろうが、いま、意味を残そうとするならば蛇崩と書くのが分かりやすいのではないだろうか。

ともあれ、このジャグエ伝説は、昔の山崩れの記憶を伝承するものであって、住民に対する危険信号・警戒警報なのである。これを単なる昔話として聞き流すのではなく、その意味を込めて語り続けることが伝説の意義を生かすことになる。

地球温暖化に伴って、自然災害が多発している現代、土地についての名称や伝説を見直すことが提唱されている。それを見直すことによって、災害の危険予知ができる事が分かったからである。

地名や伝説にはそれなりのメッセージが込められている。特に危険な場所についての警告が多い。蛇喰もそうだが、危険な場所と言えば当然、耳に心地よい名称であるはずがない。人は本能的に心地よい言葉を求めるものだから、先人からのメッセージを忘れると、地名や伝説をイメージの良いものに替えたがる。

近年話題になっているのが、平成一一年（一九九九）の豪雨によって甚大な被害を受けた、広島県の安佐南区八木地区の土砂災害である。ここはかつて、八木蛇落地悪谷（やぎじゃらくじあしや）と呼ばれていた。聞いただけで、自然災害を予知させる地名である。この地名の由来については、戦国時代のこと、八木城主が山に棲む大蛇を退治したとき、斬り落とした首が空高く舞い上がって落ちた所なので、この名が付いたという伝説がある。

近くには、この伝説に基づいて、「蛇王池」の碑が立ててあり、神社には、竜を退治した武将の傍を激流が奔る様子を描いた、絵馬が掛けてあるという。

地名と伝説と石碑と絵馬とを並べてみれば、これらが自然災害の危険地域であることを告げる、先人のメッセージであることは明らかである。ところが、いつしかその意味は風化して、イメージの転換がはかられ、蛇落地は上楽地に、悪谷は芦谷と表記が変えられてしまった。「上楽地芦谷」とくればこれは高級リゾート地の神戸市の芦屋を連想させたりして、何となく高級感をイメージさせるような地名である。

高度成長期にここは宅地造成されて、たくさんの家屋が建てられた。そこへ豪雨による土砂崩れが起こり、たくさんの住宅を飲み込んで、三〇余人の犠牲者を出した。地名や伝説に込められた先人の知恵を、今更ながら大切に思う。

その意味において、最初の塚山の湖が大蛇によって崩されたという伝説だが、実はその最後の（いま、地元では、この堀を蛇崩え堀と呼んでいる）部分は私が付け加えたものである。それがなければ、直線堀はこうしてできたという、単なる由来話になってしまうことになる。

その次の、「蛇喰」の話も、同じ太田部地区のものなのだから、かつて、「蛇喰」はこの地域でも普通に使われていた言葉だったと思われる。やはり塚山の湖の話は、蛇喰の話を通して、山腹の湖の辺りの崩れやすさを伝えようとしたものだったのが、いつしか「蛇喰」の言葉を忘れ、その意味を忘れて、まとめの言葉が消滅してしまったのではなかったか。

秋田県の五城目町の蛇喰地区では、地形との共存を図って、今でも地名はそのままにして、上流からの土砂災害の危険に備えながら、この伝説を語り継いでいるという。「蛇落地悪谷」の改名と、五城町の「蛇喰」地名の保存の在り方は、全く真逆なものだが、それぞれが大事な教訓を示すものとして、記憶に留めておくべきものと思う。

あとがき

地名伝説といいながら、地名には直接的には関わらないものまで取り上げてしまった。しかし、その土地の伝説は、その土地に沁みついている文化として、必ずしも無縁なものではないという思いから、それらも取り上げてみた。

よく言われることだが、昔話と伝説の違いは、前者が「昔々・ある所に」と、時間も場所も特定せずに語るストーリーで、話し手も聞き手も初めから空想の物語と思っているのに対して、後者は時や場所を特定し、事物や事跡を証拠物として用意してあり、話し手も聞き手も、（とりあえず）事実として受け止めて語り継ぐものである。

どちらも文字化される前に口承によって受け継がれて来たものだが、昔話の方は一定のストーリーがあるので、そう簡単に変更したり、省略したりすることは出来ない。それに対して、伝説の方は、あらすじだけ残せば伸縮自在である。事実と証明するはずの人物が入れ替わったり、異なる時代の人物が交流したりしている例は、本文の中でみて来た通りである。

また、寺社の縁起も特定の神仏や伝説上の偉人・歴史上の人物などが出て来るが、これは神官・僧侶・知識人などの知識と知恵の産物で、この寺社がいかに由緒あるものかという事を解き明かしたものである。それが民間に流布すると、多少の形を変えながら、地域の伝説となって語り継がれていくものだから、縁起と伝説とはほとんど区別がつかないものになる。それがまた、地域住民の生活の座標軸となって、連帯と結束の意識を強めたということは強調しなければならないだろう。

地域の伝説を調べていく中で、自然に宿る八百万の神と遠い先祖との結びつきは、切っても切れないほど強いものであることを確認した。特に農耕民族としての、自然の恵みへの感謝と、時に残酷な仕打ちをする自然への恐れとが綯い交じった感情が、様々な神というものを形象化し、その神との共生を図ろうとするところから、各種の伝説が生まれてきたと言えるだろう。

次には、その土地の具体的な自然環境と、その中で営まれた生活の歴史が、いろいろな伝説に凝縮されているという事である。これらは皆、地域で語り伝え合うことによって、喜怒哀楽を共有し、共によりよい明日への希望を紡ぐための、大切な村の文化であった。

その点では、伝説に虚も実もない。地域の人達にとっては全てが真実なのである。本書の題名は、「伝説の虚実」としたが、それは、科学万能の世になって、伝説そのものが軽視され、顧みられなくなっている今日において、話の内容が細切れになったり、擦り減ったりしているなかで、今残っている伝説が歴史的事実を伝えようとしているものか、希望を託して夢を語ろうとしているのかと、その区別をしてみようという意味である。

先に昔話と伝説と並べたが、今はそこに積極的に現代的意義を見出し、また、現代もそれらが作られていることを併せて、民話という言葉が使われている。ここではそうした考え方を取り入れて、主に伝説の範疇(はんちゅう)を取り上げてみたいと思ったものである。

取り上げた伝説は、元をたどれば高校生時代の郷土研究の部活動で得たものが多いが、後に方言や地名の由来を調べていく過程で採録したものや、各種の本で読み知ったものもある。以前から、秩父の伝説は各市町村誌の採録をはじめ、読み物風に編集した本などもたくさんあるが、なかでも二〇〇七年に秩父市教育委員会が編集・発行した、『秩父の伝説』は、最も新しいうえに、総集編ともいえるものである。本書ではこれらの本をおおいに参考にさせていただき、またその記述に依拠して論を進めたものもある。

また、秩父の歴史の中で、唯一の戦乱ともいえる戦国末期の北条・武田の合戦は、各地に大きな印象を残しているらしく、それについての伝説は極めて多い。それを論ずるに当たっては、秩父歴史文化研究会の『鉢形領内に遺された戦国史料集・第一集・第二集』その他の諸資料に負うところが多く、たくさんの史料を引用させていただいた。

その他、本文中に記した方々、末尾に掲げたたくさんの参考資料等に助けられて、ようやく出来上がったのがこの本である。その点では先学に助けられてというよりは、先人の調査研究の成果を編集して、ちょっぴり私見を加えた本と言った方が相応しいのかもしれない。

なお、伝説の土地を実見するなかで学んだことはたくさんあるが、一つ記しておきたいのは、最初に取り上げた、寄居町の「西行戻り橋」を見に行った時の事である。橋のすぐ傍に「末野四区」の表示がある。大里郡寄居町の秩父郡長瀞町に隣接する末野地区という土地標示である。戻り橋が架かる谷川の名は逆川。地元の人に聞くと、サカガワという人と、サカサガワと答える人がいた。どちらにしても、戻り橋の伝説にはまたとない川の名である。

橋のたもとの伝説の説明板を見た後で、私は川の名にゆかしさを感じて、谷川の左側に沿った細道を上流に向かって辿ってみた。カーブした道をほんの二、三〇メートル遡ると、左側に「陶の窯跡」の標示板があった。それによると、この辺り一帯に七世紀から一〇世紀にかけての陶の窯跡が集中していて、ここは県の指定史跡だという事だった。

「陶の……」の文字を見たとたんに、私はハッとした。これまで私はこの末野の地名は、山に迫る地形から見て、疑いもなく広野の末を表しているものと思い込んでいた。

だから私は、前著『秩父の地名の謎101を解く』の「波久礼」の項でそれに触れて、

「(波久礼) 駅の所在地の末野地区は、文字通り大里郡の広い平野が秩父山地に阻まれて野末となっている所である」と、一方的に断じている。地形としては間違いないのだが、言外にそれが地名の由来であるといっていることを、読者は読み取るはずである。

しかし、ここが上代の陶工房地帯となると、再考せざるを得ないのではないか。上代の陶器の窯跡のある土地には、陶の地名の残る場合が多い事から見て、ここは陶野(すえの)ではなかったかという思いである。念のために、寄居町役場の生涯学習課に問い合わせてみると、やはりその通りで、末野・陶野の二説があるが、現地では陶野の方が有力視されているという事だった。今となっては、私の考えもその方に傾いてきた。

これまで、地名を考えるときに、後付けの漢字に惑わされてはならないと、ずいぶん注意してきたつもりだったが、恥ずかしながら、ここではそれを忘れて、現地の歴史的特徴などは調べもせずに、地形と文字だけで安易に決めつけてしまっていた。思い込みの早とちりは、厳しく反省しなければならないという自戒を込めて、付記しておく次第である。

さて、伝説の話に戻って、囲炉裏を囲んだ夜の団欒のなかで、郷土への誇りを持って語る親達と、胸おどらせて聞き入った子ども達の姿を思い浮かべながら、もう一度故郷の伝説に耳を傾けると、遥かな山間や深い谷底から、遠い祖達(おやたち)の哄笑や悲鳴が聞こえて来るようである。

遠い祖達が代々語り継いで来て、現代に生きる私達に何を語りかけて来るのか、もう一度耳を澄まして、そのなかから現代的意義を探り出してみたいという思いから、編纂を思い立ったのがこの本である。大方の御批正をお願いするものである。

取材に際してお手を煩わした方々、資料を提供され、いろいろとご助言をくださった方々、また、慣れないパソコン操作の行き詰まりを、一五キロも離れた土地から電話一本で駆けつけては、修正・正常化して作業を手伝ってくれた、長男の暁光・美奈子夫妻など、お世話になった方々には、心からお礼を申し上げるものである。

かつて妻と同職にあった茂木延夫さんには、美しい写真で表紙カバーを飾っていただいた。茂木さんは仕事の傍ら自然の美をテーマに三〇年余のキャリアを積むアマチュア写真家である。併せて、細々とした要望を聞いて下さり出版の労をとられた、東京図書出版編集部の関係者諸氏に感謝の意を捧げるものである。

参考文献

『荒川村の民話と伝説』山田えいじ・荒川村教育委員会・1992年
『稲荷信仰』直江廣治編・雄山閣出版・1983年
『江戸時代　信仰の風俗誌』小野武雄・展望社・1980年
『大塩野旅人宿』山中正彦・2020年
『小鹿野の言い伝え・昔ばなし』小鹿野町教育委員会・1974年
『尾田蒔村誌』尾田蒔村誌編纂委員会・1992年
『角川日本地名大辞典・11埼玉県』角川書店・1978年
『閑話休題』大場博・2016年
『木下順二・民話の世界』塩田庄兵衛他・創風社・1995年
『広辞苑』（第六版）岩波書店・2008年
『小沢口集落のルーツを探る旅』小澤裕次・2006年
『古代の武蔵を読む』土田直鎮・吉川弘文館・1994年
『最後の証言者』新井章・けやき会・1993年

『埼玉県の地名・日本歴史地名大系11』平凡社・1993年
『埼玉の伝説』「埼玉の伝説」刊行会・埼玉県国語教育研究会編・日本標準・1981年
『山村と峠道』飯野頼治・エンタプライズ・1990年
『新編　埼玉県史・通史編1・2・3』埼玉県・1988年
『新編武蔵風土記稿』第一二巻・大日本地誌大系18・雄山閣・1996年
『図説　秩父の歴史』井上勝之助監修・郷土出版社・2001年
『図説　日本民俗学全集1・神話・伝説編』藤沢衛彦・あかね書房・1961年
『精選　日本民俗辞典』福田アジオ他・吉川弘文館・2006年
『戦国の境目』梅沢太久夫・まつやま書房・2013年
『戦国の作法』藤木久志・平凡社・1998年
『高篠村誌』高篠村誌編纂委員会編・1980年
『地図で歩く秩父路』飯野頼治・さきたま出版会・2006年
『秩父散歩』秩父・野の花の会編著・北泉社・1980年
『秩父市誌』秩父市・1962年
『秩父史談・西秩父の巻』近藤通泰・秩父新聞社・1960年
『秩父路の古城址』中田正光・有峰書店新社・1985年
『秩父路のヤマトタケルの尊』坂本時次・木蘭社・1994年

『秩父の女衆』高田哲郎・民衆社・１９８４年
『秩父の地名の謎１０１を解く』高田哲郎・埼玉新聞社・２０１８年
『秩父の地名の謎99を解く』高田哲郎・埼玉新聞社・２０１９年
『秩父の伝説』秩父の伝説編集委員会編・秩父市教育委員会・幹書房・２００７年
『秩父の伝説と方言』秩父市教育委員会・１９６２年
『秩父の峠道』日下部朝一郎・木馬書館・１９８１年
『秩父の俳句紀行』野口正士・萩原印刷・２０２０年
『秩父の婆衆』高田哲郎・民衆社・１９９６年
『秩父の文学碑』野口正士・はらだ出版企画・２００４年
『秩父の祭と行事』堀口英昭・ちちの木の会・１９９２年
『秩父の民俗』栃原嗣雄・幹書房・２００５年
『秩父の民話と伝説集』矢尾百貨店・１９９８年
『秩父札所めぐり』井上光三郎・幹書房・２００２年
『秩父風土記　両神村・坂本版』復刻・坂本好房／高橋稔
『ちゝぶ文学散歩』野口正士・はらだ出版企画・２００９年
『秩父　祭と民間信仰』浅見清一郎・有峰書店・１９７０年
『秩父ゆかりの畠山重忠公』彦久保一光・１９９３年

『秩父・吉田　いさま風土記』古林安雄・オリンピア印刷・２０１６年
『地名の古代史』谷川健一／金達寿・河出書房新社・２０１２年
『地名の謎を解く』伊東ひとみ・新潮社・２０１７年
『中世武蔵人物列伝』埼玉県立歴史資料館・さきたま出版会・２００６年
『長瀞町誌・民俗編１』長瀞町・１９９９年
『ながとろ風土記』長瀞町教育委員会・１９７４年
『滑川町の地名』高柳茂・まつやま書房・２０１５年
『日本国語大辞典・第二版』小学館・２０００年
『日本古典文学大系１・古事記　祝詞』岩波書店・１９７０年
『日本古典文学大系２・風土記』岩波書店・１９５８年
『日本古典文学大系９・竹取物語　伊勢物語　大和物語』岩波書店・１９５７年
『日本古典文学大系19・枕草子　紫式部日記』岩波書店・１９５８年
『日本古典文学大系22〜26・今昔物語集１〜５』岩波書店・１９７０年
『日本古典文学大系27・宇治拾遺物語』岩波書店・１９６０年
『日本古典文学大系34〜36・太平記１〜３』岩波書店・１９８５年
『日本古典文学大系67〜68・日本書紀・上下』岩波書店・１９６９年
『日本古典文学大系70・日本霊異記』岩波書店・１９６７年

『日本古典文学大系84・古今著聞集』岩波書店・1969年
『日本古典文学大系85・沙石集』岩波書店・1966年
『日本古典文学大系100・江戸笑話集』1966年
『日本史年表』歴史学研究会・岩波書店・1994年
『日本と世界の宗教がひと目でわかる！』歴史の謎研究会編・青春出版社・2008年
『日本の神様を知る事典』阿部正路監修・日本文芸社・1992年
『日本の地名』筒井功・河出書房新社・2011年
『鉢形領内に遺された戦国史料集　第一集』『同　別編』秩父歴史文化研究会・まつやま書房・2019年
『鉢形領内に遺された戦国史料集　第二集』『同　別編』秩父歴史文化研究会・まつやま書房・2020年
『原谷村誌』原谷村誌編纂委員会・1989年
『萬松山　光源院史』光源院・同護持会・2013年
『仏教「早わかり」事典』藤井正雄監修・日本文芸社・1992年
『仏教民俗辞典』仏教民俗学会・新人物往来社・1993年
『ふる里小鹿野いろり話』小鹿野町・1994年
『北条氏邦と鉢形領支配』梅沢太久夫・まつやま書房・2015年

『北条氏邦の鉢形領を支えた人びと・シンポジウム資料編』秩父歴史文化研究会「鉢形領内における武将の調査研究会」２０１８年
『仏さまの履歴書』市川智康・水書坊・１９９２年
『皆野町誌・通史編』皆野町・１９８８年
『皆野ふれあいの里・ほのぼの散歩』皆野町商工会・２００１年
『村のまつり』荒川村教育委員会・１９９２年
『吉田町誌』吉田町・１９８２年
『両神山』飯野頼治・実業之日本社・１９７５年
『りょうかみ双書１・年中行事』両神村・１９８６年
『りょうかみ双書２・祭りと芸能』両神村・１９８８年
『りょうかみ双書３・両神山』両神村・１９９０年
『りょうかみ双書４・昔がたり』両神村・１９９１年
『両神村風土記』高田朝吉・１９５５年
『両神村土地宝典』日本公図株式会社・１９８３年（山中正彦氏のご教示による）

高田　哲郎（たかだ　てつお）

1935年、埼玉県秩父郡両神村に生まれる。県立秩父高等学校、國学院大学文学部卒業。秩父郡小鹿野町の中学校で国語科の教員を勤めた後、東京経済大学非常勤講師。「中国山村の子ども達に学校を贈る会」を主宰して、小中学校６校を贈り、1000余人の奨学生を育てる。中国石家荘市名誉市民。東日本大震災に際し、「東北の被災者と支援者をつなぐ会」の代表として、北茨城市から陸前高田市まで120余回の支援活動を行い、現在も継続中。

《著書》

『秩父の女衆』、『秩父の婆衆』（秩父で生まれ育った高齢女性からの聞き書き）民衆社。

『あちゃむしだんべぇ物語　秩父方言のルーツを探る』全５巻、民衆社・幹書房。

『秩父の地名の謎101を解く』、『秩父の地名の謎99を解く』埼玉新聞社。

『中学生讃歌』『翔べ中学生 ── 続中学生讃歌』民衆社。『思春期』明治図書出版。『なんで勉強するの？』岩崎書店。他、教育関係書多数。

秩父の地名伝説の虚実（うそほんと）

2021年７月15日　初版第１刷発行

著　　者　髙田哲郎

発 行 者　中田典昭
発 行 所　東京図書出版
発行発売　株式会社 リフレ出版
〒113-0021　東京都文京区本駒込 3-10-4
電話 (03)3823-9171　FAX 0120-41-8080
印　　刷　株式会社 ブレイン

ISBN978-4-86641-426-3 C0025
Printed in Japan 2021